新时代察雅县
脱贫攻坚实践

禄树晖　主　编

张志恒　更登磋　副主编

社会科学文献出版社
SOCIAL SCIENCES ACADEMIC PRESS (CHINA)

今昔巨变话扶贫

栉风沐雨，砥砺前行，察雅县自强不息！站在 2020 年回望往昔反贫困历程，回望 2016~2019 年伟大的脱贫攻坚之役，察雅县发生翻天覆地的变化。

为时代放歌，为历史画像，用全新的视角，抚今追昔，用鲜活的脱贫攻坚故事、生动的画面展现沧桑巨变，描绘察雅人史诗般波澜壮阔的画卷；探寻和发掘察雅精神的来源和生动实践，那一定是鼓点铿锵，荡气回肠！

2020 年察雅县全景

2020 年察雅县夜景

烟多镇今昔对比

吉塘镇今昔对比

察芒公路今昔对比

村民房今昔对比

基层村支部今昔对比

易地扶贫搬迁前后

乡村学校今昔对比

学校教室今昔对比

察雅县基础设施

学校新貌

荣周乡易地扶贫搬迁安置点

香堆镇易地扶贫搬迁安置点

阿孜乡易地扶贫搬迁安置点

宗沙乡易地扶贫搬迁安置点

巴日乡易地扶贫搬迁安置点

察拉乡易地扶贫搬迁安置点

金色荣周

卡贡乡苗木繁育基地

吉塘镇特色小城镇

阿孜扎拉牧场全景

美玉羊

上图：察雅澜沧江文化艺术节

下图：察雅县特色产品展示

察雅县特色服饰

察雅县特色银饰

吉塘藏靴

易地扶贫搬迁群众的幸福生活

安全饮水

硕果累累

构树种植基地

卡贡金帅苹果

察雅县群众安居乐业

（本书照片由齐齐格果果拍摄）

编委会

占堆旺秋	张　亮	张　伟
张　勇	张少强	赵　波
赵　宇	赵长超	赵任平
赵晓峰	赵玉林	郑江涛
朱雪琼	朱颖玫	

序

根据国家统计局的“中国城镇居民贫困问题研究”课题组和“中国农村贫困标准”课题组的研究报告，贫困一般指物质生活困难，即一个人或一个家庭的生活水平达不到一种社会可接受的最低标准。贫困包括收入贫困、能力贫困、权利贫困、人文贫困等，是一个动态的和历史的概念。我国是社会主义国家，消除贫困、改善民生、实现共同富裕是社会主义的本质要求。我国对贫困认定除以贫困线为标准外，还兼顾教育水平、健康状况、居住条件等多方面。党的十八大以来，习近平总书记站在全面建成小康社会、实现中华民族伟大复兴的高度，把脱贫攻坚摆到治国理政的突出位置，提出一系列新思想、新观点，做出一系列新决策、新部署，推动我国减贫事业取得巨大成就，为世界减贫事业贡献了中国方案。

治国必治边，治边先稳藏。西藏是我国“三区三州”中唯一省级集中连片特殊贫困地区。一江三河流域的宽谷区域、藏东南高山峡谷区域、藏西北高海拔区域的贫困内涵和外延各不相同，绝对贫困与相对贫困、长期贫困与短期贫困并存，条件制约型贫困和能力约束型贫困相互交织，这些情况决定了西藏的脱贫攻坚工作既具有重要性，又具有特殊性和典型性。察雅县位于西藏自治区东部，昌都市东南部，地处横断山脉北段，属藏东“三江流域”深山峡谷区。察雅县地处深度贫困地区，贫困特征可概括为“深、后、难、弱”。“深”是指察雅县贫困程度深；“后”是指察雅县基础设施落后；“难”是指察雅县群众增收难；“弱”是指产业支撑能力弱。

脱贫攻坚工作开展以来，察雅县以习近平新时代中国特色社会主义思想为统领，牢固树立“四个意识”，坚定“四个自信”，坚决做到“两个维护”，深入学习贯彻习近平总书记关于脱贫攻坚的重要论述，全面深入贯彻落实党的十九大会议精神和中央第六次西藏工作座谈会精神，聚焦全面建成小康社会总目标，以精准扶贫统揽察雅县经济社会发展全局，全面落实党中央、西藏自治区、昌都市关于打赢脱贫攻坚战系列决策部署，把助力脱贫攻坚作为一项重要政治任务和第一民生工程，紧紧围绕贫困群众稳定实现“两不愁三保障”（“两不愁”就是稳定实现农村贫困人口不愁吃、不愁穿；“三保障”就是保障农村贫困人口享受义务教育、基本医疗和住房安全）总目标和“三率一度”（漏评率、错退率、综合贫困率和群众满意度）达标要求，科学分析形势，积极应对挑战，加强组织领导，狠抓责任落实。强化党政一把手负总责，五级书记抓扶贫的责任制，深化落实“五个一批”脱贫措施，全方位推进精准脱贫，取得显著成效。于 2019 年以优异成绩顺利通过国务院扶贫开发领导小组办公室（简称国务院扶贫办）组织的国家级贫困县退出专项评估考核，实现整体脱贫摘帽。

实践证明，察雅县谱写了一部奋力摆脱贫困的、可歌可泣的壮丽史诗，走出了一条具有中国特色、西藏自治区特点、昌都市特征、察雅县特殊性的新时代脱贫攻坚的实践之路。察雅县的脱贫具有划时代和里程碑意义，为 2020 年西藏昌都市全面建成小康社会谱写了一曲察雅县的辉煌乐章，为全面深入实施乡村振兴战略做出了贡献。

史本林

2020 年 6 月于陕西咸阳

总　论

党的十八大以来，习近平总书记先后8次召开打赢脱贫攻坚战专题会议。2015年在延安召开革命老区脱贫致富座谈会、在贵阳召开部分省区市扶贫攻坚与“十三五”时期经济社会发展座谈会，2016年在银川召开东西部扶贫协作座谈会，2017年在太原召开深度贫困地区脱贫攻坚座谈会，2018年在成都召开打好精准脱贫攻坚战座谈会，2019年在重庆召开解决“两不愁三保障”突出问题座谈会，2020年3月6日在北京召开决战决胜脱贫攻坚座谈会。每次会议都围绕一个重大主题，提出相关要求，体现以习近平同志为核心的党中央决战决胜脱贫攻坚的信心和决心。习近平总书记在2018年新年贺词中指出：“到2020年我国现行标准下农村贫困人口实现脱贫，是我们的庄严承诺。一诺千金。到2020年只有三年的时间，全社会要行动起来，尽锐出战，精准施策，不断夺取新胜利。三年后如期打赢脱贫攻坚战，这在中华民族几千年历史发展上将是首次整体消除绝对贫困现象，让我们一起来完成这项对中华民族、对整个人类具有重大意义的伟业。”总书记的话既是察雅县打赢脱贫攻坚战的总动员令，也为新时代察雅县脱贫攻坚的实践指明方向。

一

改革开放以来，我国脱贫攻坚事业取得举世瞩目的成绩，新时代脱贫攻坚取得决定性进展，创造了人类历史的奇迹。我国曾是世界上贫困人口最多的国家，也是世界上最早进行国家救助的国家之一。几千年来，在中华民族发展史上，扶危济困、改善民生始终是我国传统文化的内在追求。从儒家经典中蕴含的“仁爱”“民本”“大同”等思想，到中国共产党消除贫困、改善民生的使命，消除贫困始终是中华民族孜孜不倦的向往。中国共产党成立以来，一直把为人民谋幸福、为中华民族谋复兴作为使命。中华人民共和国成立以后，中国共产党更是把全心全意为人民服务作为执政理念和根本宗旨，建立社会主义制度，为消除贫困奠定制度基础。改革开放以来，特别是从 20 世纪 80 年代中期开始，我国开始实施有组织、有计划、大规模的扶贫开发，先后制定和实施《国家八七扶贫攻坚计划（1994～2000 年）》《中国农村扶贫开发纲要（2001～2010 年）》，2011 年印发《中国农村扶贫开发纲要（2011～2020 年）》。改革开放以来我国扶贫开发取得举世瞩目的成就，7 亿多农村人口摆脱贫困，对全球减贫的贡献率超过 70%。

2012 年 11 月，中国共产党召开第十八次全国代表大会。此后，以习近平同志为核心的党中央把扶贫开发纳入“五位一体”总体布局和“四个全面”战略布局进行部署，把贫困人口脱贫作为全面建成小康社会、实现第一个百年目标的底线任务和标志性指标，在全国范围全面打响脱贫攻坚战，我国扶贫开发进入新时代脱贫攻坚阶段。经过全党全国共同努力，新时代脱贫攻坚战取得决定性进展。党的十八大以来，全国农村贫困人口累计减少超过 9000

万人。截至2019年末，全国农村贫困人口从2012年末的9899万人减少至551万人，累计减少9348万人；贫困发生率从2012年的10.2%下降至0.6%，累计下降9.6个百分点。[①] 脱贫攻坚成果显著，贫困地区的生态环境得到明显改善；贫困地区的农村基础设施明显改善，公共服务水平明显提升；贫困地区的基层治理能力和管理水平明显提高；贫困地区贫困群众脱贫攻坚内生动力得到有效激发，为建立稳定脱贫长效机制奠定坚实基础；脱贫攻坚工作培养和锤炼了一大批干部和人才，营造了良好的社会氛围。我国已实现数亿人脱贫，我国的经验可以为其他发展中国家提供有益借鉴。脱贫攻坚不仅成为中国特色道路自信、理论自信、制度自信、文化自信的生动写照，而且成为全球反贫困事业的靓丽风景。

二

习近平总书记关于扶贫工作的重要论述是新时代脱贫攻坚创新实践的指导思想。根据党的十九大关于脱贫攻坚的新部署、新要求，新时代脱贫攻坚进入决战决胜阶段，形成新时代脱贫攻坚实践创新的宏观背景。

习近平总书记关于扶贫工作的重要论述成为习近平新时代中国特色社会主义思想的重要组成部分，为新时代脱贫攻坚实践创新提供根本遵循和行动指南。第一，习近平总书记关于扶贫工作的重要论述是马克思主义反贫困理论的继承和发展。习近平运用马克思主义的立场、观点和方法，深刻思考我国贫困问题的演变

---

① 资料来源：http：//paper.people.com.cn/rmrb/html/2020-01/25/nw.D110000renmrb_20200125_1-01.htm。

规律，基于长期的实践积淀，深刻阐述扶贫开发在治国理政中的战略地位和作用，科学提出精准扶贫、精准脱贫基本方略，鲜明指出深化国际减贫合作、共建人类命运共同体的前进方向，是马克思主义反贫困理论中国化的最新成果。第二，习近平总书记关于扶贫工作的重要论述具有丰富内涵。习近平总书记关于扶贫工作的重要论述充分体现了马克思主义政党的本质特征和社会主义的本质要求，充分体现了中国共产党以人民为中心的发展思想，充分体现了新发展理念对脱贫攻坚的统领，充分体现了当代共产党人和党的领袖的深厚情怀。第三，习近平总书记关于扶贫工作的重要论述具有鲜明的理论品格。它的理论品格集中体现在人民性、实践性、科学性、开放性、国际性，为解决我国贫困问题、制定更好的扶贫政策提供思想方法和指导原则。第四，习近平总书记关于扶贫工作的重要论述的核心是精准扶贫、精准脱贫基本方略，不仅为打赢脱贫攻坚战提供了理论武装和思想动力，而且对推进国家治理体系和治理能力现代化具有方法论意义。第五，习近平总书记关于扶贫工作的重要论述具有巨大的国际价值。这种价值体现在习近平总书记关于扶贫工作的重要论述回应了其他发展中国家在解决贫困问题中的世界难题，比如，如何在经济下行、经济复苏缓慢进程中发挥政府在减贫中的主导作用，更好地动员更多力量、构建更完善的有效贫困治理体系？如何通过由上到下、由下到上互动，形成一个更精准的识别机制，把大规模贫困人口识别出来？如何采用更综合性、更体系化的机制应对综合性贫困、多维贫困的治理挑战？伟大思想引领伟大实践。习近平总书记关于扶贫工作的重要论述不仅是扶贫实践的动力，而且为新时代脱贫攻坚实践创新提供了广阔空间。

新时代脱贫攻坚的艰巨性、复杂性凸显，对新时代脱贫攻坚实践创新提出新挑战、新需求。习近平总书记指出，脱贫攻坚不是敲锣打鼓一下子就能够完成的。随着脱贫攻坚进入深水区、决胜期，其艰巨性、复杂性在多个方面呈现出来。第一，在最贫困的地方按照最精准的要求开展扶贫，各种不精准的必然性就是其中的重要挑战。这些挑战在实践中贯穿精准扶贫的全过程。通过深入总结不同实践和各种成功做法，促进精准扶贫落地生根。第二，党的十九大把精准脱贫作为三大攻坚战之一，而且有明确时限、明确目标。精准脱贫是中国共产党对中国人民、对全世界的庄严承诺，必须兑现。打好精准脱贫攻坚战，攻克深度贫困地区的脱贫任务是重中之重。深度贫困包括深度贫困区域、深度贫困群体以及深度贫困中的深度贫困。所谓深度贫困中的深度贫困，是指老人、留守妇女、残疾人等深度贫困群体中的特殊贫困群体，解决这类特殊贫困群体的贫困问题难度更大、更复杂。第三，高度重视激发贫困人口的内生动力。习近平总书记高度重视扶贫同“扶志”“扶智”相结合，多次对此做出重要论述、重要批示。激发贫困人口的内生动力是一个世界难题，不少拉美国家陷入福利陷阱，造成“养懒汉”现象，根本原因就是没有把建立和提高内生动力作为扶贫的根本目标。对于我国脱贫攻坚实践中出现的各种对政府过于依赖的思想行为，必须予以高度关注和切实解决。激发贫困人口的内生动力需要以社会整体发展、整体提升为支撑。如果整个社会风气没有在脱贫攻坚战中得到相应改善，全社会互助互爱的社会氛围没有在高强度脱贫攻坚投入中形成，那么脱贫攻坚战就未能打好。上述三个方面是脱贫攻坚的艰巨性、复杂性最突出的表现，需要持续深入地寻找演变规律，形成破解难题的对策。

新时代脱贫攻坚的战略性和长期性特征逐步呈现，要求新时代脱贫攻坚实践创新要立足当前、面向长远。脱贫攻坚的战略性和长期性集中体现在习近平总书记在党的十九大报告中提出的“脱真贫、真脱贫”的要求上。这六个字富含哲理，意味着脱贫攻坚不仅是短时间内要实现的目标，而且是长远治理要实现的目标。“脱真贫”要求各种资源一定要瞄准贫困人口，一定要保证经济社会发展中落在后面的区域和群体能够通过精准扶持，赶上主流发展水平。这是解决不平衡、不充分发展的前提，是实现共同富裕的基础。把“脱真贫”落到实处需要一个长期过程。还应该看到，脱贫攻坚中建立的治理体系不是到2020年就结束，而是将在2020年后的扶贫工作中继续发挥作用，确保始终实现“脱真贫”。“真脱贫”包含一系列精准脱贫体系。从政策资源整合投入、大扶贫格局完善、东西部扶贫协作、攻克深度贫困地区脱贫任务、扶贫同“扶志”“扶智”相结合，到实行最严格的考核评估制度，都是围绕“真脱贫”而逐步形成的精准脱贫体系。同样，这套治理体系也不应随着2020年脱贫攻坚战的结束而结束，而是要在新征程发展中继续发挥“真脱贫”的作用。因此，在扶贫实践中，我们不仅要注意经验的有效性，而且要从制度、机制、理念等层面研究脱贫攻坚对国家平衡发展、充分发展以及实现共同富裕的作用。

脱贫攻坚取得决定性进展所呈现的多重意义及深远影响，为新时代脱贫攻坚实践创新提供新视角、新议题。就一般性总结来说，脱贫攻坚成效显著，贫困人口大幅度减少，贫困地区基础设施明显改善，公共服务水平不断提高，干部得到锻炼，大扶贫格局得到完善，更好的社会氛围形成。除此之外，脱贫攻坚的意义和影响还体现在以下方面。第一，打赢脱贫攻坚战是我国2020年前发展的底线任务。实际上，从人类发展史看，在任何发展阶段，减贫都是必须面对的底线任务。第二，脱贫攻坚中得出的实践启示对于农村治理、乡村振兴、新发展理念的落实都具有重要价值。这些价值需要总结、提炼和转化。第三，在脱贫攻坚中体现出的“短板意识”和“底线思维”是国家治理的宝贵经验。“短板意识”不仅让我们重视促进均衡发展和改善不平等状况，而且提供科学思维方法，这对完善政策和提升社会经济发展的包容性有重要启示。第四，从价值观层面看，脱贫攻坚是以人民为中心的发展思想的生动体现和实践。以人民为中心是中国共产党最重要的发展理念，也是中国共产党的初心和使命。脱贫攻坚正是最能体现共产党执政理念的最生动实践。第五，脱贫攻坚的成就成为坚定“四个自信”的重要载体。让最底层、最贫困人群脱贫和发展，体现发展尊严，这是中国特色社会主义制度优越性的体现，也是制度自信、道路自信、理论自信和文化自信的底气。第六，脱贫攻坚是国家治理体系和治理能力现代化的体现。在习近平总书记关于扶贫工作的重要论述的引领下，逐步建立我国特色扶贫制度体系。该重要论述是国家治理体系的重要组成部分。脱贫攻坚的过程实际上就是国家治理能力现代化的过程。可见，我们不仅需要从直接影响效果层面对新时代脱贫攻坚实践进行全面总结，而且需要从更高、更理性的层面，从治国理政层面以及中国共产党执政新思想、新理念层面对新时代脱贫攻坚实践进行深入系统的凝练。

三

察雅县位于西藏自治区东部，昌都市东南部；北连卡若区，东邻贡觉县，南与芒康、左贡两县接壤，西与八宿县毗邻。呈东西窄，南北长的菱形，东西宽 182 公里，南北长 216 公里，辖区面积 8255.59 平方公里。察雅县地处横断山脉北段，属藏东“三江流域”深山峡谷区域。县内山脉属唐古拉山的东延部分，西有他念他翁山，东有宁静山，中间有澜沧江峡谷。察雅县地貌有东中的高原和西部的高山峡谷两大基本形态，高原有丘状高原和山原地貌之别。按照地貌划区，察雅县可分为丘原区、山原区、高山深谷区。察雅县地处中纬度，在地理维度上属于亚热带气候，但受西藏高原大地的作用以及县城内部地形、地势差异的影响，察雅县出现高原温带半干旱季风气候和高原寒温带半湿润季风气候。

察雅县作为深度贫困县，整体呈现“深、后、难、弱”特征。“深”体现在：贫困程度深，贫困发生率平均为 33%以上，贫困发生率高于 50%的乡有王卡、巴日两乡，贫困发生率高于 20%的村有 97 个；“后”体现在：基础设施较落后，2019 年之前与周边五县的“六大通道”尚未全部贯通，群众走出大山的机会不多，生产和生活方式较为落后；“难”体现在：群众增收难，群众文化水平低，位于“大三岩”片区、“大骨节”病区的建档立卡户较多，存在因病返贫、因灾返贫等隐患；“弱”体现在：产业支撑能力弱，产业总量少、规模小、链条短，传统农牧业、庭院式经济和小农经济特征明显，现代化程度低，产业规模、效益和抗风险能力不强，产品销售渠道不畅，品牌效益不明显。

脱贫攻坚工作开展以来，察雅县始终坚持以习近平新时代中国特色社会主义思想为统领，牢固树立“四个意识”，坚定“四个自信”，坚决做到“两个维护”，深入学习贯彻习近平总书记关于扶贫工作的重要论述，全面深入贯彻党的十九大会议精神和中央第六次西藏工作座谈会精神，正确处理好经济社会发展中的

“十三对关系”[①]，聚焦全面建成小康社会总目标，以精准扶贫统揽察雅县经济社会发展全局，全面落实打赢脱贫攻坚战的系列决策和部署，把脱贫攻坚作为一项重要政治任务和第一民生工程，紧紧围绕贫困群众稳定实现“两不愁三保障”总目标和“三率一度”达标要求，科学分析形势，积极应对挑战，加强组织领导，贯彻落实好党中央、西藏自治区、昌都市关于精准扶贫、生态文明、教育医疗、产业发展、城市建设的重要政策。面对经济总量小、贫困程度深、发展不平衡、配套设施不完善等问题，察雅县正确处理当前和长远、实际与规划等关系，创造性地提出并实施以“产业富县，产业特色化；城镇兴县，新型城镇化；团结稳县，社会和谐化；教育强县，教育素质化；生态立县，生态文明化；民生和县，全面小康化”为主要内容的“六县六化”强县举措，有力补齐发展短板，提升公共服务，改善民生，实现社会全面进步的目标，全方位推进实施精准脱贫，取得显著成效。

首先，强化组织领导，确保正确引领。第一，健全组织领导。察雅县认真落实县委牵头、整体谋划、统筹协调的扶贫责任，成立以县委书记任组长的扶贫工作领导小组和县长任总指挥的脱贫攻坚指挥部，指挥部下设办公室和易地搬迁、产业发展、社会保障、宣传发动、结对帮扶等 14 个专项小组，明确一个职能部门具体抓落

---

① “十三对关系”即国家投资和社会投资的关系，重大项目和民生项目的关系，发挥优势和补齐短板的关系，城镇就业和就近就便、不离乡不离土、能干会干的关系，扶贫搬迁向城镇聚集和向生产资料富裕、基础设施相对完善地区聚集的关系，央企在藏资源开发和解决当地农牧民增加收入的关系，保护生态和富民利民的关系，城市发展和提高农牧民基本公共服务能力的关系，高校毕业生政府就业和市场就业的关系，简政放权和地方承接的关系，企业增产提效和改善企业职工福利待遇、促进农牧民群众增收的关系，中央关心、全国支援和自力更生、艰苦奋斗的关系，鼓励干部担当干事和容错纠错的关系。

实，抽调37名干部专职负责精准扶贫，有效充实扶贫力量。制定《察雅县“十三五”脱贫攻坚规划（2016~2020年）》《察雅县深度贫困地区脱贫攻坚实施方案》《察雅县“十三五”易地搬迁实施方案》《察雅县“十三五”生态补偿脱贫实施方案》《察雅县“十三五”教育脱贫实施方案》《察雅县“十三五”转移就业脱贫实施方案》《察雅县“十三五”社会保障实施方案》和年度实施计划。第二，健全责任体系。察雅县按照五级书记抓扶贫和区负总责、地市直管、县抓落实、乡镇专干以及党政同责要求，将察雅县划分为13个脱贫攻坚战区，完善县、乡镇、村居三级书记抓扶贫责任制和“县委常委包乡镇、科级干部包村居、一般干部包户”的机制，与各乡镇党支部与村居党支部逐级签订脱贫攻坚工作目标责任书，修订完善《中国共产党察雅县委常委会议事决策规则》，定期听取脱贫攻坚汇报。2016年以来，县委、县政府、县扶贫工作领导小组、县脱贫攻坚指挥部召开各类会议223次，及时学习贯彻上级文件和会议精神、听取汇报、研究部署脱贫攻坚工作。第三，健全督促机制。察雅县坚持把督导检查作为推动脱贫攻坚的有力抓手，建立党政一把手模范带头，县级干部带队蹲点推动，责任乡镇、单位共同参与的督导机制，制定《察雅县委常委督导包片工作制度》，严格执行“四定”措施，即每个县政府直属机关（简称县直单位）固定督导一个乡镇、每个县直单位固定藏汉督导人员两名、脱贫攻坚指挥部分解确定每阶段督导任务、制定督导标尺。积极发挥县委、县政府督查室、组织、纪检监察等部门的监督作用。县委、县政府主要领导以身作则，遍访所有乡镇、村居，乡镇党委书记、乡镇长和选派村党支部书记走访辖区内所有贫困户。第四，营造浓厚氛围。察雅县按照“智志双扶”和注重激发贫困群众内生动力的要求，根据《察雅县脱贫攻坚政策专项宣传实施方案》，依托“四讲四爱”群众教育实践活动，借助各类新闻媒体，广泛宣传和报道党和国家的扶贫政策以及察雅县脱贫攻坚开展的情况和取得的成效。2016 年以来，累计举办各类宣讲培训班 710 余次，培训宣讲人员 5300 余人，发放藏、汉双语宣传资料 2.47 万余份，开展各类宣讲活动 2500 余场，受教育群众达 17 万余人。第五，从严执纪问责。察雅县始终把监督问责摆在重要位置，不断完善问责机制，保持反腐败的高压态势，紧盯重大工程、重点领域、关键岗位，强化对权力集中、资金密集、资源丰富的部门和行业的监督，持续深化对扶贫领域腐败问题的专项治理。2016 年以来，累计受理扶贫领域问题线索 18 件，先后诫勉谈话 2 人、党纪政务处分 4 人，释放失责必究的强烈信号，为脱贫攻坚提供坚强的纪律保障。

其次，深化落实“五个一批”脱贫措施，确保脱贫成效。察雅县始终坚持以项目推动为抓手，以促进贫困群众脱贫增收为核心，以“六个精准”（扶贫对象精准、措施到户精准、项目安排精准、资金使用精准、因村派人精准、脱贫成效精准）为指导，扎实推进“五个一批”工程。第一，坚持把发展生产作为主攻方向。察雅县立足区位优势，以“五个一万级”产业为载体，以“六个千万级”工程为龙头，按照大、中、小、微型产业项目分别带动县、乡、村、户机制，紧抓发展经济林果、苗木、蔬菜、牛羊育肥等特色主导产业，加快产业项目实施，确保扶贫产业项目成效。第二，坚持把易地扶贫搬迁作为重要补充。察雅县严格按照“六靠、五方便、两避让”的原则，投入资金 7.8 亿元，建设易地扶贫搬迁安置点 26 个，对居住在自然条件恶劣、资源匮乏地区的 2406 户 12751 人建档立卡实施易地搬迁。结合农牧区特点，确定“六改”措施，即改基础、改屋面、改独木梯、改门窗、改厨房、改厕所，对察雅县 1328 户（含建档立卡户 374 户），实施农村危房改造。第三，坚持把生态补偿作为双赢之策。察雅县坚持绿色发展、生态富民的可持续发展道路，让有劳动能力的贫困人口实现生态就业。投资 9834 万元，实施“万亩经济林”建设项目，种植经济林木 1.17 万亩，种植杂交构树、苹果、蜜桃等经济苗木，吸纳建档立卡户 83 户 498 人，带动增收超过 170 万元，户均增收 5000 余元。积极实施还林、还草、草场保护政策，安排生态岗位 21665 个。制定完善《察雅县脱贫攻坚生态保护转移就业岗位考核管理办法（试行）》，进一步加强和规范生态保护转移就业岗位人员管理，切实发挥岗位作用。第四，坚持把发展教育扶贫作为治本之计。察雅县扎实开展控辍保学，积极推行制度控辍、条件控辍，做到应招尽招。实施“县、乡、村、户”“局、校、班、户”双线控辍责任制和控辍保学“四书制”，将防流控辍和足额招生作为乡镇党政“一把手”工程和经济社会考核的重要指标。及时足额拨付学生“三包”经费和学生营养改善经费，兑现区、市、县困难大学生资助资金，兑现中铝·格桑花教育助学基金。加大教育基础建设力度。2016 年以来，累计投入资金 1.83 亿元，新建学校 3 所，改扩建学校 17 所。第五，坚持把社会保障兜底作为基本防线。制定《察雅县“十三五”社会保障实施方案》《年度社会保障工作计划》，明确内容，细化措施，健全特困供养人员、农牧区人员最低生活保障、社会救助体系。

最后，坚持多措并举，助力脱贫攻坚。察雅县坚持各项工作服从脱贫大局、优势兵力集中于脱贫大局、行业资源服规脱贫大局，构筑起以“五个一批”为主，党建扶贫、行业扶贫、援藏扶贫、金融扶贫等多方力量、多种举措有机结合、互为支撑的“5+N”扶贫格局。第一，狠抓党建促脱贫。察雅县坚持把党建促脱贫摆在重要位置，成立党建促脱贫领导小组，由县委常委全面负责联系乡（镇）党建促脱贫。2016 年以来，察雅县培养“种养能手”106 名、“致富能手”368 名、“能工巧匠”340 名，党员致富带头人 293 名，通过党建有效提升村党组织能力。第二，狠抓转移就业。察雅县坚持政府主导、尊重农牧民就业意愿、立足产业发展、突出培育重点、注重实效原则，培养一支有文化、懂技术、善经营、会管理的农牧民技能人才队伍，实现培训促就业、就业促增收、增收助脱贫、脱贫奔小康的良性循环。2016 年以来，察雅县培训农牧民群众 4412 人。通过岗位推荐、就业引导、自主就业方式，农牧民富余劳动力转移就业 6.7 万人，就业增收 1.93 亿元。第三，狠抓健康扶贫。察雅县建立起“基本医保+大病保险+医疗救助”三重医疗保障防线。2016 年以来，报销城乡居民基本医疗保险 1 亿元，受益群众 1.6 万余人。投入资金 1.4 亿元，提升新卡、察拉、宗沙等 7 个乡镇卫生院基础设施，建成县人民医院、藏医院、疾控中心以及吉塘镇、巴日乡、香堆镇、阿孜乡卫生院，对察雅县卫生室完成提质改造，察雅县医疗条件显著提升。第四，狠抓结对帮扶。察雅县深化“54321”结对帮扶机制，依托县级干部结对 5 户、副县级干部结对 4 户、正科级干部结对 3 户、副科级干部结对 2 户和一般干部结对 1 户的结对帮扶机制，实现干部与贫困群众结对帮扶。2016 年以来，察雅县投入结对帮扶资金 630 万元，干部电话联系贫困群众 1.5 万余次，入户走访 5.1 万余次，开展宣讲活动 1.2 万余次，发放各类宣传资料 1.5 万余册，群众受教育 12.7 万人次。察雅县的企业通过“百企帮百村”活动累计帮扶建档立卡贫困户 48 户，落实帮扶资金 37 万元。第五，狠抓援藏扶贫。重庆市、广东省等援藏省市和中国铝业股份有限公司（简称中国铝业）等援藏企业深入贯彻落实东西部扶贫协作座谈会精神，主动融入察雅县，不断加大援助力度。2016年以来，察雅县投入计划内援助资金3.1亿元，实施学校、卫生院、新农村等建设项目19个。第六，狠抓金融扶贫。察雅县的金融部门按照“服务三农、精准扶贫、做强县域经济”的思路，积极发挥金融行业的优势，广泛宣传精准扶贫政策，精简贷款程序，提升金融扶贫水平。2016年以来，察雅县发放精准扶贫农户小额到户贷款3132笔，发放金额1.32亿元；发放产业扶贫贷款8笔，发放金额935万元，带动当地建档立卡贫困户就业196户263人。第七，狠抓基础设施建设。察雅县大力实施“水电路讯网、教科文卫保”十项提升工程，全面改善贫困地区的基础设施条件和公共服务水平。2016年以来，察雅县投入改善基础设施建设资金12.6亿元，对365个农村安全饮水点进行新建、改造、升级和配套，保障群众饮水安全；实施农村电网改造升级工程，主电网覆盖12个乡镇，覆盖率为92.3%；实施道路交通项目98个，建设公路629公里，新建桥梁11座，改造危桥13座。察雅县公路总里程1613公里，11个乡镇道路通畅，有2个乡镇的公路在建设中。138个行政村道路中47个通畅，65个行政村道路在建设中。手机网络信号实现全覆盖；广播电视覆盖率98.2%；县城和乡镇中心小学教育网全覆盖，中学的物理、化学和生物实验室和科学实验室以及音乐、体育、美术和卫生课设备配备到位，满足教育教学需要。医疗卫生覆盖率为100%，新农合参保率为100%，村卫生室实现全覆盖，农牧民群众30分钟健康服务圈基本形成。

2016年以来，在党中央、国务院的亲切关怀下，在援藏省市、国有企业的无私援助下，以及西藏自治区、昌都市的坚强领导下，察雅县人民齐心协力、齐抓共管，脱贫成效得到西藏自治区、昌都市的充分肯定，贫困乡镇、村居基础设施明显改善，发展环境进一步优化，困难群众思想观念进一步转变，自我发展能力有效增强，经济长足发展，社会长治久安，群众不愁吃、不愁穿，住房更加安全，基本医疗和义务教育得到有效保障，为推动实施乡村振兴战略打下坚实基础。

四

2019 年脱贫摘帽以来，察雅县委、县政府立足本县的资源，发挥区位优势，积极构建“融城、融江、融线、融经开区”的空间区域发展格局。“融城”即准确把握西藏自治区实施的“大县城”战略契机，主动融入昌都市经济发展，充分发挥距离昌都近的区位优势，利用好能源、矿产、旅游、藏药、特色农牧业等产业基地建设和川藏铁路、机场快速通道等重大项目建设的带动作用，加快棚户区改造，布局香堆和荣州等特色小城镇建设，推进“七城同创”工作，统筹城乡发展。“融江”即以澜沧江、麦曲河、金河流域河谷地带为基础，大力发展经济林木种植、蔬菜种植等河谷经济特色产业，做稳、做优以青稞为主的粮食产业，保障农业生产供给，加快农业供给侧结构性改革，带动农牧民增收和乡村振兴。利用好澜沧江水能资源充沛的优势，加快推动班达电站建设。把握国家加大对重点生态功能地区转移支付力度的有利契机，加大对沿江自然环境的保护力度，积极开展申报工作，将沿江沿河天然林纳入天然林资源保护工程（简称天保工程），进一步加强沿江沿河生态建设。“融线”即发挥 318 国道、214 国道、203/303 省道、机场高速、机场后勤补养基地、川藏铁路建设的带动作用，以沿线主要乡镇为节点，构建以烟多镇为代表的政治、经济、文化、商业中心，大力发展以吉塘镇为代表的民宿、生态、温泉、观光等服务产业，全力推动以香堆镇为代表的旅游产业，继续发展以阿孜绵羊、宗沙牦牛为代表的畜牧产业，深入挖掘苹果、桃子、山杏、杂交构树等经济林木的多功能价值，注重深加工，完善产业链，努力形成集镇群和商业产业集聚带。"融经开区"即主动融入昌都市经济开发区一体发展，发挥自身政策、产业、劳动力等比较优势，加大矿泉水、太阳能、风能、矿产等资源开发力度，重点引进生态农牧、清洁能源、旅游等绿色产业，充分发挥民族服装、矿物颜料、金银手工艺品、民族手工艺品、苹果醋、构树等特色产品优势，不断发展与昌都市经济开发相适应的电商、物流、休闲、原料供应产业，形成与昌都市经济开发区互利互惠、共同发展的良好格局。加大园区经济建设力度，巩固提升产业园区功能，加强基础设施配套建设，同步优化投资创业环境，推动简政放权，优化办事流程，实现"互联网+政务服务"县乡全覆盖，全力打造高效的服务环境、公平竞争环境和亲清新型政商关系，为经济发展提供制度保障，营造良好氛围，为脱贫成效巩固提供持续动力。

2020 年，为全面完成脱贫攻坚任务，根据《中共中央国务院关于抓好"三农"领域重点工作确保如期实现全面小康的意见》及西藏自治区、昌都市的意见，察雅县做出重要部署。第一，察雅县聚焦脱贫攻坚关键少数，落实脱贫攻坚巩固提升方案，瞄准突出问题和薄弱环节狠抓落实。确保剩余建档立卡贫困人口如期脱贫，坚决啃下脱贫攻坚最后的硬骨头。全面巩固"两不愁三保障"成果，防止反弹。对没有劳动能力的特殊贫困人口强化保障兜底，实现应保尽保。第二，察雅县努力克服疫情影响。全面落实分区分级精准防控策略，创新工作方式，统筹推进疫情防控和脱贫攻坚，优先支持贫困劳动力务工就业，在企业复工复产、重大项目开工、物流体系建设方面优先组织和使用贫困劳动力，鼓励企业更多招用建档立卡贫困家庭人员，通过“点对点”帮助贫困劳动力有序返岗。切实解决扶贫农畜牧产品滞销问题，组织好产销对接，开展消费扶贫，利用互联网拓宽销售渠道，多渠道解决农产品销售难问题。支持扶贫产业恢复生产，做好农资供应等春耕备耕，用好产业帮扶资金和扶贫小额信贷政策，促进扶贫产业持续发展。加快扶贫项目开工复工，确保易地扶贫搬迁配套设施建设、住房和饮水安全扫尾工程任务如期完成。做好对因疫致贫、因疫返贫人员的直接帮扶工作，密切跟踪受疫情影响的贫困人口情况，及时落实好兜底保障帮扶措施，确保他们的基本生活不受影响。第三，察雅县多措并举巩固脱贫成果。加大就业扶贫力度，加强劳务输出地和输入地精准对接，稳岗拓岗，支持扶贫龙头企业、扶贫车间尽快复工，利用公益岗位提供更多就近、就地就业机会。加大产业扶贫和易地扶贫搬迁后续的扶持力度。在成功实现“搬得出”后，确保“稳得住、有就业、能致富”。第四，察雅县保持脱贫攻坚政策稳定。保持现有帮扶政策总体稳定，严格落实“摘帽不摘责任、摘帽不摘政策、摘帽不摘帮扶、摘帽不摘监管”要求，主要政策不能急刹车，驻村工作队不能撤。加快建立防止返贫监测和帮扶机制，对脱贫不稳定户、边缘易致贫户以及因疫情收入骤减或支出骤增户加强监测，提前采取有针对性的帮扶措施。第五，察雅县严格考核开展普查。严把退出关，坚决杜绝数字脱贫、虚假脱贫。加强督查巡查，加强常态化督促指导。第六，察雅县接续推进全面脱贫与乡村振兴有效衔接。脱贫摘帽不是终点，而是新生活、新奋斗的起点。察雅县针对主要矛盾变化，理清工作思路，推动减贫战略和体系平稳转型，统筹纳入乡村振兴战略，建立长短结合、标本兼治的体制。激发低收入人口发展的内生动力，逐步实现共同富裕。

2020 年，察雅县将与全国一道在人类历史上第一次消灭绝对贫困，这注定会被载入察雅县史册。消灭绝对贫困并不意味着察雅县与贫困做斗争的事业会终结。随着经济社会快速转型，相对贫困有效治理将成为推动察雅县乡村振兴战略、城乡一体化发展和社会主义现代化建设中的重大议题。2020 年后察雅县将继续加大扶贫力度。首先，这是由中国共产党的性质决定的。中国共产党的初心和使命就是为中国人民谋幸福，为中华民族谋复兴。扶贫开发最能体现中国共产党的初心和使命，最能体现中国共产党以人民为中心的发展思想，也最能体现中国共产党的宗旨和社会主义的本质要求。其次，理论和国际发展实践表明，任何社会，即使是发达国家，总会存在一定比例的相对贫困人口。扶贫开发是察雅县解决新时代不平衡、不充分发展问题的重要举措，是实施乡村振兴战略的重要基础，也是逐步实现共同富裕的重要途径。再次，从国内外减贫历史看，扶贫过程中往往会出现“扶贫—脱贫—返贫”的恶性循环，要打破它，就必须始终保持对扶贫工作的重视，避免贫富差距拉大，加大成本难度。最后，察雅县是西藏主要的深度贫困县，人口总量虽然不大，但相对贫困人口比重不小，短期内很难主要通过福利救济兜底解决贫困，必须坚持开发式扶贫和保障性扶贫相结合，不仅要减贫，而且要通过开发增强贫困人口的劳动技能，提升各族群众的整体素质。2020 年，察雅县将全力打赢打好脱贫攻坚战，研究在新冠肺炎疫情防控常态化下 2020 年之后的扶贫工作，布局好“十四五”县域发展规划，这不仅是建立稳定脱贫机制的需要，而且是实现脱贫攻坚战和脱贫攻坚战之后扶贫工作无缝衔接的需要；不仅是中国共产党向第二个百年奋斗目标进军的需要，而且是在提前 10 年完成联合国 2030 年发展议程减贫目标的基础上继续引领全球减贫事业、为全人类做出更大贡献的需要。

面向未来，加强新时代察雅县脱贫攻坚实践创新，一方面要加强研究精准扶贫、精准脱贫的新情况、新问题，为完善政策、确保打赢脱贫攻坚战提供参考。另一方面，要加强对察雅县新冠肺炎疫情防控常态化下 2020 年之后扶贫工作的研究。瞄准相对贫困，在扶贫标准、目标任务、工作范围、基本方略、体制、政策体系、保障措施等方面深入探索，为民族地区的减贫实践贡献察雅县的实践和智慧。

目　　录

第一篇　理论篇

第二篇 实践篇

第三篇　故事篇

第一篇　理论篇

第一章　坚决打赢脱贫攻坚战的时代机遇与现实挑战

察雅县地处藏东深山峡谷地区，人均耕地少、交通不便利、信息闭塞。察雅县是西藏 44 个国家级深度贫困县（区）之一，农牧区人们的市场意识淡薄，“等靠要”思想较为严重。新时代察雅县脱贫攻坚战打响之际，经济社会发展基础较弱，农牧区贫困发生率高、贫困程度较深、贫困特征明显、致贫原因复杂。察雅县既面临诸多困难与挑战，又面临千载难逢的发展机遇。

第一节　脱贫攻坚的经济社会发展基础

党的十一届三中全会以来，在党中央、西藏自治区和昌都市的亲切关怀下，在援藏省份和援藏企业的无私援助下，察雅县紧紧围绕促进经济社会快速发展的任务目标，努力提高农牧民收入，推进产业结构调整，加强基础设施建设，促进经济增长方式转变，攻坚克难，使察雅县国民经济继续保持平稳较快发展，为脱贫攻坚提供坚实的经济社会发展基础。

一　脱贫攻坚的经济基础

察雅县区域发展条件受限，资源利用程度低，自身造血功能差，支柱产业培育形成尚需时日。2015 年，全县生产总值 89063 万元，人均生产总值为 13000 元，农村居民人均可支配收入为 7058 元，与昌都市有一定差距。察雅县要在 2020 年底前完成经济发展水平接近全市平均水平，只有抓住脱贫攻坚战的契机，付出前所未有的努力，全力推进跨越式发展，才能迎头赶超。

二　脱贫攻坚的社会基础

2015 年底，察雅县公路里程少、通达性差，85%以上为砂石路面；电力设施落后，现有电力条件无法满足人民群众生产生活用电需求；城市供排水管网不完善，排污设施差；通信干线密度小；农业机械化程度低，水利设施老化，抵御自然灾害能力弱。师资力量薄弱，教学质量不高；卫生资源配置不合理，公共卫生服务体系不健全；城乡广播电视、体育文化及农牧业服务等设施滞后，无法满足广大群众需求。

三　脱贫攻坚的治理基础

察雅县始终把脱贫攻坚作为最大政治任务和第一民生工程，深入学习和贯彻习近平总书记关于扶贫工作的重要论述，不断增强“四个意识”，坚定“四个自信”，做到“两个维护”。全面贯彻创新、协调、绿色、开放、共享五大发展理念，围绕既定的“狠抓河谷经济，破解瓶颈制约，加大对外开放，统筹城乡发展”和“六县六化”县域发展思路，不断解放思想，创新思路，增强政府治理能力，为经济社会长治久安和高质量发展提供强有力的组织保障。

第二节　贫困状况、特征与致贫原因

察雅县属国家级贫困县，是我国“三区三州”深度贫困地区西藏片区44个深度贫困县之一，在昌都市属于贫困面广、贫困程度深、贫困人口多的县。确保2020年贫困人口全部脱贫，实现居民人均可支配收入比2010年翻一番，接近昌都市平均水平，任务艰巨。

一　贫困状况

（一）贫困人口占比较大

贫困人口包括一般贫困人口、低保人口和特困人口。2015年底，察雅县总人口13735户66080人，非农牧业人口2403户3950人。2015年底，察雅县识别建档立卡贫困人口4526户20829人，约占察雅县农牧民总人口数的33%，约占昌都市17.05万贫困人口总数的12.2%。

（二）贫困人口分布较广

2016年，建档立卡精准识别过程中，察雅县识别贫困人口4165户20815人，主要分布在察雅县13个乡镇138个行政村。其中，荣周乡、巴日乡、香堆镇、烟多镇、王卡乡贫困人口分布较多，贫困程度较深。

二　贫困特征

察雅县的贫困特征是“深、后、难、弱”。具体如下。

（一）贫困程度较深

2015 年底，察雅县识别建档立卡贫困人口 20829 人。贫困发生率高于 50%的有王卡、巴日两乡，贫困发生率高于 20%的村有 97 个。

（二）基础设施滞后

2015 年之前，察雅县与周边五县（区）“六大通道”尚未全部打通，交通网络建设仍存在“死胡同”现象，尤其是地处深山峡谷区的农牧民，由于交通不畅，走出大山的机会不多；信息闭塞，农牧民与外界交流有限；农田、草场等基础设施建设滞后，生产方式较为传统。

（三）群众增收难

察雅县自然灾害频发，广大农牧民面对的来自自然的风险较高，易陷入“灾害发生（自然风险）—风险暴露增加—社会脆弱性增加”的困境。农牧业是察雅县最主要的就业领域，农牧业易受冲击，灾害恢复困难，加重了农牧民脆弱程度。察雅县人民群众文化水平普遍较低，位于“大三岩”片区、“大骨节”病区建档立卡户较多，因病返贫、因灾返贫的隐患大。

（四）产业支撑能力弱

察雅县产业总量少、规模小、链条短，传统农牧业和庭院式经济、小农经济特征明显，现代化程度低，产业规模、效益和抗风险能力不强，产品销售渠道不宽，品牌效益不明显。

三　致贫原因

察雅县致贫既有自然地理原因，也有历史文化原因。这两种原因相互交织，加重了整体贫困，给脱贫攻坚带来了诸多困难。只有精准识别致贫原因，才能更好地打赢脱贫攻坚战，实现脱贫摘帽。

（一）恶劣的自然生存条件是察雅县贫困的主要原因

1. 环境复杂。察雅县属藏东高山峡谷区，呈典型“V”字形地貌，不同海拔高度，气候呈明显垂直分布。察雅县位于海拔3000米到4000米的河谷地带，降水较多，气候温凉，适宜农作物生长，但受高山峡谷地形、地貌限制，人均耕地不足1亩。土地资源匮乏，限制农业发展，第二、三产业难以吸纳农村剩余劳动力。察雅县环境恶劣，地广人稀，平均每平方公里不足8.5人，人口居住分散，经济集聚难，发展成本高。施工条件艰苦、难度大、技术要求高、有效工期短、工程成本难控制。虽然察雅县草场和矿产资源丰富，但资源优势需要充分转化为经济发展优势。

2. 灾害频发。察雅县地表切割破裂，峡谷幽深，流水湍急，雨季易出现洪水、泥石流等自然灾害。农牧业生产受雪灾、风灾、低温冰冻、霜冻、雹灾、旱灾等自然灾害影响严重，受森林破坏、水土流失、草地退化威胁严重，农牧业产出低。

（二）封闭落后是察雅县贫困的根源

察雅县贫困人口主要分布在偏远、交通不便、信息闭塞的深度贫困乡镇，贫困群众主动接受和使用新技术的意识不强，结合生产生活实际充分利用现代科学技术综合能力弱，受教育程度低、发展能力差、组织化程度不高。主动学习习惯缺乏，对社会经济发展关注度低，属于典型知识能力贫困。贫困群众普遍思想保守，“等靠要”和“红眼病”思想严重，自主脱贫意识差。落后的思想和封闭的文化导致自然生育观。家庭劳动力不足，但子女多，经济负担重。优生优育难度大，家庭教育不到位，影响孩子健康成长，导致贫困代际传递。

（三）导致贫困的其他原因

1. 缺乏生产技能。察雅县建档立卡信息系统显示，1517户因缺乏生产技能，无法在第二、三产业就业，仅靠农牧业维持生计，占贫困户总数的 36.42%。

2. 缺乏劳动力。察雅县缺乏劳动力致贫 805 户，占贫困户总数的 19.32%。缺乏劳动力的贫困户的特点：一是家中要么未成年子女多，需要抚养；要么家中有老年人口需要赡养。二是单亲家庭导致贫困。未婚先育或离婚家庭，子女一般随母亲生活，男方除提供道义上的资助外不负任何责任。未婚生育妇女主要生活在父母家里，其子女则由她们的父母和兄弟姐妹共同抚养，有些未婚生育妇女带孩子单独生活，她们的生活压力极大，生活贫困。

3. 缺乏资金。察雅县缺乏资金致贫 928 户，占贫困户总数的 22.3%。从供给层面看，由于贫困群众收入水平低，储蓄倾向低，社会投资少，资本积累小，因此群众的收入水平很难提高。从需求层面看，贫困群众收入低，购买力不足，社会投资受限。

4. 疾病致贫。察雅县疾病致贫 132 户。恶劣的气候条件成为影响农牧民健康的一大因素。关节炎、心脏病、大骨节病等慢性病多发。农牧民缺乏基本卫生常识，健康风险大。营养不良造成体质虚弱、学习能力低下、工作能力有限。

5. 基础设施建设落后。察雅县交通条件落后致贫的 288 户，偏远村落由于交通落后，基础设施薄弱制约经济发展致贫。

第三节 脱贫攻坚面临的机遇和挑战

我国经济发展进入新常态，供给侧结构性改革正在推进，经济高速增长转向高质量发展。在这种经济发展背景下，察雅县既迎来难得的发展机遇，又面临诸多困难与挑战。

一　脱贫攻坚面临的机遇

察雅县脱贫攻坚离不开党中央的特殊关怀、离不开各援藏省市的无私援助、离不开自治区的大力支持和昌都市的坚强领导。在脱贫攻坚的关键时期，察雅县迎来比任何时期都难得的机遇，主要表现在以下方面。

（一）政策机遇

1. 国家全面推进打赢脱贫攻坚战。2013 年 11 月，习近平总书记到湖南湘西考察时首次做出“实事求是、因地制宜、分类指导、精准扶贫”的重要指示。2014 年 3 月，习近平总书记参加两会代表团审议时强调，实施精准扶贫，瞄准扶贫对象，进行重点施策。2015 年 1 月，习近平总书记在云南强调坚决打好扶贫开发攻坚战，加快民族地区经济社会发展。2015 年 11 月，习近平总书记在中央扶贫开发工作会议上明确，“到 2020 年我国现行标准下农村贫困人口实现脱贫，贫困县全部摘帽，解决区域性整体贫困”。2017 年习近平总书记在深度贫困地区脱贫攻坚座谈会上强调“以解决突出制约问题为重点，以重大扶贫工程和到村到户帮扶措施为抓手，以补短板为突破口，强化支撑保障体系，加大政策倾斜力度，集中力量攻关，万众一心克难，确保深度贫困地区和贫困群众同全国人民一道进入全面小康社会”。全国的脱贫攻坚战为察雅县精准扶贫和精准脱贫提供了宏观平台。

2. 西藏自治区将打赢脱贫攻坚战作为重中之重。2016 年西藏自治区政府工作报告指出“实施好全区脱贫攻坚规划，完善专项、行业、社会、金融、援藏‘五位一体’大扶贫格局”。2017 年西藏自治区政府工作报告指出，“确保完成 13 万贫困人口脱贫，20 个贫困县（区）、1705 个贫困村脱贫摘帽，易地扶贫搬迁 16.3 万人，贫困人口人均可支配收入增长 16%”。2018 年西藏自治区政府工作报告强调统筹推进昌都“三岩”片区跨市易地搬迁、高海拔等特殊区域农牧民易地搬迁。高度重视援藏工作，确保援藏资金、人才和项目更多向深度贫困地区、向基层倾斜。2019 年西藏自治区政府工作报告明确制订打赢深度贫困地区脱贫攻坚战三年行动计划，深入实施精准脱贫。统筹整合财政涉农资金 167.3 亿元，25 个县（区）达到脱贫摘帽标准，2100 个村居达到退出标准，18 万人达到脱贫标准。易地扶贫搬迁累计投入 144.9 亿元，入住 21.8 万人。昌都“三岩”片区跨市扶贫搬迁完成入住 1639 人。

3. 昌都市坚强领导全市打赢脱贫攻坚战。按照党中央、西藏自治区和昌都市统一部署，察雅县有效开展脱贫攻坚工作。西藏自治区党委八届八次会议把昌都市纳入藏东经济区，提出加快昌都市发展的一系列政策和措施，推出一系列促进昌都市加快发展重大项目，为昌都市脱贫攻坚创造千载难逢的机遇。察雅县在昌都市具有重要战略地位，西藏自治区和昌都市各项措施的落实，必将为察雅县经济社会长治久安和高质量发展以及打赢脱贫攻坚战注入强劲动力。

4. 援藏政策给察雅县脱贫攻坚注入新活力。国家援藏政策是察雅县从落后走向进步、从封闭走向开放、从传统走向现代的重要推动力量。察雅县由原来中国铝业一家对口援藏公司变为中国铝业和重庆市共同援助，援助力量不断加强，充分体现党中央、自治区、昌都市对察雅县高度重视，对各族人民群众无限关爱，有力促进察雅县解决好教育、卫生、就业、产业发展的突出问题。

（二）经济发展机遇

1. 新经济为察雅县脱贫攻坚提供新动力。2016 年我国政府工作报告指出，“当前我国发展正处于这样一个关键时期，必须培育壮大新动能，加快发展新经济”。新一轮科技革命和产业变革催生新技术、新产业、新业态和新模式。数字经济、平台经济和智能经济可为察雅县产业扶贫、教育扶贫、卫生医疗扶贫提供强大技术、模式支撑。

2. 改革开放增强察雅县脱贫攻坚的经济基础。国家“一带一路”愿景和构建沿边开发新格局，将西藏确定为通向南亚的“贸易走廊”。西藏自治区将昌都确定为藏中经济圈与周边其他重要经济区的“中继”节点城市和西藏面向内陆地区的重要窗口。察雅县作为康巴江南、昌都花园、古道重镇，可发挥区位优势和资源优势，融入昌都市经济开发区，借力加大招商引资力度，加强区内外经济交流合作，助力脱贫攻坚。

（三）社会发展机遇

1. 和谐稳定的社会局势为察雅县打赢脱贫攻坚战提供保障。察雅县全面贯彻落实习近平总书记“治国必治边、治边先稳藏”的重要论述，巩固边界，管住重点，抓好常规，化解矛盾，建立机制，强化责任，社会保持稳定，为打赢脱贫攻坚战提供了有力保障。

2. 社会主要矛盾转化为察雅县打赢脱贫攻坚战指明了方向。十一届六中全会将我国社会主要矛盾概括为“人民日益增长的物质文化需要同落后的社会生产之间的矛盾”。这是基于当时我国落后的生产力现实做出的正确判断，表现为物质文化产品生产能力落后，供需呈现总量性矛盾。经过30多年的发展，我国社会生产力水平显著提高，2017年党的十九大报告指出：“新时代我国社会主要矛盾已经转化为人民日益增长的美好生活需要和不平衡不充分的发展之间的矛盾。”我国社会主要矛盾不再是供给不足的总量矛盾，而是人们对美好生活需要的结构矛盾。这一转化为察雅县打赢脱贫攻坚战指明了方向、提出了要求。

二　脱贫攻坚面临的挑战

机遇与挑战并存，在看到察雅县脱贫攻坚出现重大机遇的同时，也要清楚地看到察雅县脱贫攻坚面临的挑战。

（一）区位劣势明显，市场经济发展困难

察雅县属藏东高山河谷地区、三江流域高山深谷区、三江北部河谷亚区。山脉河流呈北西至南东走向。地貌由东中高原和西部高山峡谷两大基本形态单元构成，高原又有丘状高原和山原地貌之别。高寒缺氧，地理环境复杂，人口居住分散，难以形成经济集聚效应，影响市场经济发展。复杂的地理条件在一定程度上使察雅县远离经济文化中心城市，其在资金、技术、人才、市场规模等存在巨大劣势。

（二）基础设施薄弱，社会事业发展滞后

察雅县公路里程少、通达性差，85%以上为砂石路面；电力基础设施落后，巴日和阿孜两个乡还未通国电，现有电力供应无法满足群众生产生活用电需求；城市供排水管网不完善，排污设施差；通信干线密度小，设备落后；农业机械化程度低，水利设施老化，抵御自然灾害能力弱。师资力量薄弱，教学质量和办学效益不高；卫生资源配置不合理，公共卫生服务体系不健全；城乡广播电视、体育文化及农牧业服务滞后，无法满足人民群众需求。

（三）经济发展差距明显

察雅县区域发展条件受限，资源利用程度低，造血功能差，支柱产业培育和形成尚需时日，农村居民人均可支配收入与昌都市的平均水平有一定差距。

第二章　坚决打赢脱贫攻坚战的理论遵循与行动指南

党的十八大以来，习近平总书记围绕脱贫攻坚提出一系列新论断，深刻揭示新时代中国脱贫攻坚的重要性，科学回答新时代中国脱贫攻坚的重大理论与实践问题。习近平总书记关于精准扶贫、精准脱贫和打赢脱贫攻坚战的系列重要论述，是对新中国成立以来我国脱贫攻坚理论及实践经验的高度总结和全面提升，把中国脱贫攻坚理论推向前所未有的新高度，成为习近平新时代中国特色社会主义思想的重要组成部分。党中央、西藏自治区、昌都市关于脱贫攻坚做出一系列新决策、新部署，提出一系列新要求，科学引领全国、西藏和昌都市的脱贫攻坚实践。上述两方面为察雅县坚决打赢脱贫攻坚战提供了理论遵循和有力的实践指南。

第一节　坚决打赢脱贫攻坚战的理论遵循

脱贫攻坚战打响以来，察雅县以习近平总书记关于脱贫攻坚的系列论述精神为指导，在中央特殊关怀、各援藏省市的无私援助、西藏自治区特殊支持和昌都市坚强领导下，察雅县把正确处理好西藏经济社会发展“十三对”重大关系作为打赢脱贫攻坚战的根本方法，深刻领会习近平总书记关于新时期扶贫工作重要论述的丰富理论内涵，坚持执政为民，狠抓脱贫攻坚，强化关键指导，为察雅县如期脱贫摘帽、全面建成小康社会发挥重要的指导作用。

一 坚持执政为民

中国共产党坚持执政为民是体现人民主体地位的必然要求。新时代人民主体的丰富内涵是党的执政之本，权为民所赋是党的执政之基，权为民所用是党的执政之要。察雅县深刻把握权为民所赋，切实做到权为民所用，向察雅县人民庄严承诺，坚决打赢脱贫攻坚战。

（一）“立党为公，执政为民”具有深刻的政治内涵

2014 年 2 月，习近平总书记在接受俄罗斯电视台专访时庄严承诺：“中国共产党坚持执政为民，人民对美好生活的向往就是我们的奋斗目标。”满足人民日益增长的美好生活需要，就是要“更好满足人民在经济、政治、文化、社会、生态等方面日益增长的需要，更好推动人的全面发展、社会全面进步”。就察雅县而言，这一庄严承诺蕴含五个方面的基本要义。

1. 满足人民日益增长的经济生活需要。新时代伴随社会主要矛盾转化，人民群众日益增长的经济生活需要主要表现为人民群众对摆脱深度贫困、追求更高生活品质的渴望。这要求察雅县要大力发展实体经济，全面实施乡村振兴战略，坚决摆脱贫困。

2. 满足人民日益增长的政治生活需要。新时代人民的美好生活需要日益广泛，人民不仅对物质生活提出更高要求，而且对民主、法治等方面的要求日益增多。习近平总书记指出，“民主不是装饰品，不是用来做摆设的，而是要用来解决人民要解决的问题

的”。满足人民日益增长的政治生活需要，要切实坚持党的领导、人民当家做主、依法治国有机统一，要切实加强人民当家做主的制度保障，要深化全面依法治国实践。

3. 满足人民日益增长的精神文化生活需要。习近平总书记在党的十九大报告中指出：“满足人民过上美好生活的新期待，必须提供丰富的精神食粮。”要求察雅县必须坚持以人民为中心的文化发展方向，在推进文化发展过程中坚持把社会效益放在首位，加强党对文化事业的绝对领导。

4. 满足人民日益增长的社会生活需要。人民日益增长的社会生活需要，主要指人民日益增长的在社会公平、正义以及在安全、教育、就业、健康、社会保障等民生方面的需要。这就要求察雅县要抓住人民群众最关心、最直接、最现实的利益问题，不断促进社会公平、正义，打造共建共治共享的社会治理格局。

5. 满足人民日益增长的美好生态环境需要。生态恶化、环境污染，不仅影响经济社会可持续发展，而且影响人民群众健康。中国共产党要树立和践行“绿水青山就是金山银山”的理念，推进绿色发展和绿色生活，着力解决突出的环境问题。

（二）“立党为公，执政为民”是打赢脱贫攻坚战的重要保障

“民生连着民心，民心关系国运。”治国理政的最大难题就是民生问题，解决民生问题是中国共产党执政的最大政治，改善民生也是最重要的政绩。察雅县农牧区贫困人口规模大、贫困程度深、致贫原因复杂，位于我国“三区三州”深度贫困地区。20 世纪 90 年代中期以来，察雅县先后实施《察雅县八七扶贫攻坚计划（1994~2000 年）》《察雅县农牧区扶贫开发（2001~2020 年）》。落实东西扶贫协作、援藏扶贫、定点扶贫、组团式扶贫等扶贫和脱贫措施，体现了察雅县在贫困干预上的政治优势和制度优势。

深刻学习领会习近平总书记关于新时期扶贫开发重要论述的政治内涵，进一步加强察雅县打赢脱贫攻坚战的组织领导，这是“立党为公，执政为民”的基础。新时代脱贫攻坚战打响以来，察雅县扶贫开发取得巨大成就的基本经验就是坚持全党动员、全社会参与，政府、市场、社会协同发力，充分发挥我国社会主义社会的政治优势和制度优势。党的坚强领导和社会主义制度集中力量办大事的优势，是习近平总书记精准扶贫、精准脱贫和脱贫攻坚重要论述的政治基础，是构建现有扶贫治理体制的重要保障。

（三）“立党为公，执政为民”唱响察雅县精准扶贫的主旋律

新时代脱贫攻坚战打响以来，察雅县牢固树立“做好民生工作、让人民群众满意”的政绩观，以人民群众最关心的“两不愁，三保障”为底线，坚持“两精准，一满意”，遵循“一做、二争、三抓”的西藏扶贫工作要求，按照“守住底线、突出重点、完善制度、引导舆论”的思路，统筹教育、就业、收入分配、社会保障、医疗卫生、住房保障的重点环节，踏踏实实为农牧民群众办好事、办实事、办难事，持之以恒地抓民生、保民生、改善民生，用实际行动诠释“政策托底、实现普惠、供给持久、保障有效”等守住民生底线的伟大实践。察雅县精准扶贫的干预主体多元、资源投入大。各级干部有序、有效推进脱贫攻坚系统工程，倾注察雅县强有力的组织领导力。多元力量参与是察雅县贫困治理的藏东特色，察雅县的社会稳定和精准扶贫制度优势转化为察雅县扶贫开发的规划性和持续性优势。

二　狠抓脱贫攻坚

习近平总书记关于新时期精准扶贫、精准脱贫与脱贫攻坚重要论述蕴含丰富的哲学内涵，对察雅县坚决打赢脱贫攻坚战发挥关键

性指导作用。

（一）学习领会习近平关于新时期脱贫攻坚重要论述的哲学内涵，增强打赢脱贫攻坚战的使命感和责任感

1. 坚持实事求是和从实际出发。进入脱贫攻坚阶段，察雅县根据扶贫脱贫“不落一人”的更高要求，坚定不移地在农牧区贫困治理中坚持实事求是和从实际出发原则，探析贫困现象和致贫原因，探寻消除贫困、精准扶贫的模式和精准脱贫的路径。按照“发展是甩掉贫困帽子的总办法，贫困地区要从实际出发，因地制宜，把种什么、养什么、从那里增收想明白，帮助乡亲们寻找脱贫致富的好路子”的思路，深刻领会新时期脱贫攻坚重要论述的精髓，坚决贯彻执行脱贫攻坚实践。

2. 坚持普遍联系与统筹兼顾。习近平总书记指出：没有贫困地区的小康，没有贫困人口的脱贫，就没有全面建成小康社会；经济社会发展，关键在于补齐“短板”，其中必须补好扶贫开发这块“短板”。整体审视贫困和反贫困，察雅县既要为贫困户“量身定做”扶贫脱贫方案，也要看到贫困对社会发展全局、维护边疆稳定的影响，只有将精准扶贫纳入经济社会发展顶层设计，统筹安排，形成整体联动，才能从经济社会高质量发展全局认识察雅县深度贫困的普遍性特征。

3. 坚持对立统一与重点论。对立统一规律是唯物辩证法的核心，包含事物发展中矛盾双方的统一性与斗争性、普遍性与特殊性，以及发展的不平衡性。依据矛盾学说，察雅县践行精准扶贫、精准脱贫的矛盾是普遍存在的，又具有特殊性。不同扶贫措施的矛盾各具特点，不同矛盾和矛盾的不同方面在脱贫攻坚中的地位和作用不同。重点论强调分析和解决矛盾必须抓住主要矛盾和矛盾的主要方面，不能“眉毛胡子一把抓”。实践证明，察雅县抓扶贫开

发，既要整体联动，有共性要求和措施，又要突出重点，区别对待特困村和特困户帮扶。

毋庸置疑，习近平总书记关于新时期脱贫攻坚重要论述的哲学内涵是察雅县坚决打赢脱贫攻坚战的思想武器。实践证明，只有实事求是，理论联系实际，坚持对立统一与重点论，才能正确处理好新时代察雅县脱贫攻坚普遍联系和统筹兼顾的问题，才能保证高质量脱贫摘帽，如期全面建成小康社会。

（二）学习领会习近平关于新时期脱贫攻坚重要论述提出的艰巨任务，进一步认识脱贫攻坚的重要性和紧迫性

习近平总书记指出，“小康不小康，关键看老乡，关键在贫困的老乡能不能脱贫”“扶贫开发是我们第一个百年奋斗目标的重点工作，是最艰巨的任务”“各级领导干部，特别是贫困问题较突出地区的各级党政主要负责同志，要认真履行领导职责，集中连片特殊困难地区领导同志的工作要重点放在扶贫开发上。‘三农’工作是重中之重，革命老区、民族地区、边疆地区、贫困地区在‘三农’工作中要把扶贫开发作为重中之重，这样才有重点”。这两个“重中之重”，强调扶贫开发是“三农”工作的重点、难点，也是全面建成小康社会的重点、难点。

察雅县属于我国“三区三州”深度贫困地区的深度贫困县。察雅县属于农业县，“三农”特征是耕地少而分散，且呈台地式坡耕地分布，难于集中连片高标准开发，畜牧业分布于高海拔区域，饲草短缺，育肥难度大，出栏率低；村集体经济呈现小而散、多而不强；农牧民被“高山深谷”阻断，自身发展动力不足，缺乏现代经营理念。2016 年以来，察雅县认识到，要取得脱贫攻坚战全面胜利，不但要补齐基础设施建设滞后的“短板”，而且要实现 2019 年所有贫困人口摆脱贫困。精准扶贫、精准脱贫的时间紧迫、任务繁重。

（三）学习领会习近平关于新时期精准扶贫、注重实效的重要理念，进一步提高脱贫攻坚的精准度和有效性

脱贫攻坚要取得实实在在的效果，必须着力解决底数不清、情况不明、目标不准、措施不对路的问题，量身定做、对症下药，做到扶真贫、真扶贫、真脱贫。习近平总书记十分重视从实际出发抓好扶贫，强调，“帮助贫困乡亲脱贫致富要有针对性，要一家一户摸情况，张家长、李家短都要做到心中有数”“情况搞清楚了，才能把工作做到家、做到位”。习近平精准扶贫重要论述的核心是从实际出发，找准扶贫对象，摸清致贫原因，因地制宜，分类施策，开展有针对性的帮扶，实现精准扶贫、精准脱贫。实践证明，只有深刻领会习近平精准扶贫重要论述的丰富内涵，才能正确处理好“扶持谁”“谁来扶”“怎么扶”三个核心问题，才能进一步提高脱贫攻坚的精准度和有效性。

1. 解决“扶持谁”的问题，就是要找准扶贫对象，扶持真正的贫困人口。习近平指出：“确保把真正的贫困人口弄清楚，把贫困人口、贫困程度、致贫原因等搞清楚，以便做到因户施策、因人施策。”为实现“扶持对象精准”，要对扶持对象精准识别和精准管理。新时代脱贫攻坚战打响以来，为解决“扶持谁”这一反贫困领域面临的“硬骨头”，察雅县以贫困人口为靶向，高度重视精准扶贫瞄准精确率，最大化使各类扶贫政策对准贫困者受益，坚决杜绝符合条件的目标人群没有全部受益，防止出现弃真型误差；坚决杜绝不符合条件的人享受扶贫政策，防止出现存伪型误差。坚持“规模控制、分级负责、精准识别、动态管理”原则，对贫困户和贫困村建档立卡目标、方法和步骤、工作要求等做出周密部署，开展贫困人口识别、建档立卡和建立扶贫信息网络系统，采取建档立卡“回头看”，主动开展“查漏补缺”和剔除不精准“贫困户”，实现贫困人口动态管理，用实际行动、细致诠释“扶持谁”。

2. 解决“谁来扶”问题，就是要建立健全扶贫攻坚责任体系，压实责任主体。习近平总书记指出：“要解决好‘谁来扶’的问题，加快形成中央统筹、省（自治区、直辖市）负总责、市（地）县抓落实的扶贫开发机制，做到分工明确、责任清晰、任务到人、考核到位。”新时代脱贫攻坚战打响以来，察雅县积极动员党政机关、企事业单位、广大党员干部和社会力量，层层签订脱贫攻坚责任书，立下军令状；建立年度脱贫攻坚报告和督查制度，加强督查问责；把脱贫攻坚实绩作为选拔任用干部的重要依据，在脱贫攻坚第一线考察识别干部，激励各级干部到脱贫攻坚战场上大显身手；把夯实农村基层党组织同脱贫攻坚有机结合起来，选好一把手，配强领导班子。“扶贫一把手”很重要，将脱贫攻坚结合起来配好班子。扶贫一把手义不容辞肩负起解决好“谁来扶”这一现实问题的重担。

3. “授人以鱼，不如授人以渔”是解决“怎么扶”的关键。精准扶贫不是政府大包大揽，而是因户因人施策。2015 年 10 月 16 日，习近平总书记在减贫与发展高层论坛上首次提出“五个一批”脱贫措施。新时代脱贫攻坚战打响以来，察雅县根据贫困户的致贫原因和贫困实际，通过“五个一批”脱贫措施，分类施策，并将“扶贫、扶智、扶志”有机结合，从“输血式”向“造血式”不断转化，实现扶贫可持续发展。

三　强化关键指导

“十三对关系”是西藏自治区党委全面贯彻落实习近平新时代中国特色社会主义思想和党的十九大精神所做出的重大决策。西藏自治区党委深入贯彻落实中央第六次西藏工作座谈会精神，特别是以习近平同志为核心的党中央新时代治藏方略和“加强民族团结、建设美丽西藏”的重要指示，统筹推进“五位一体”总体布局，协调推进“四个全面”战略布局，坚持党的治藏方略。“十三对关系”是以吴英杰为班长的新一届领导班子带领西藏自治区各族人民不断总结西藏经济社会发展经验，深化对西藏经济社会发展规律认识的西藏智慧和重要理论贡献；是今后一个时期指导西藏经济社会实现长治久安和高质量发展的根本方法。新时代脱贫攻坚战打响以来，察雅县深刻领会学习“十三对关系”的重大意义，准确把握“十三对关系”的科学内涵，深入调查研究正确处理好“十三对关系”推进路径。这些举措对聚焦察雅县坚决打赢脱贫攻坚战、实现脱贫摘帽、如期全面建成小康社会，起到关键指导作用。

（一）“十三对关系”丰富和发展了西藏现代治理之路，为察雅县坚决打赢脱贫攻坚战起到关键性指导作用

习近平总书记关于“治边稳藏”的重要论述，承接民主改革以来党中央的西藏工作路线方针政策，紧密契合新时代发展要求。“十三对关系”是西藏各族人民学懂、弄通、做实习近平新时代中国特色社会主义思想，谱写好中华民族伟大复兴中国梦之西藏篇章的“施工图”。“十三对关系”是西藏自治区党委针对当前经济社会发展的客观实际，经过深思熟虑提出来的，涉及投资、项目、民生、脱贫、产业、改革、稳定、生态和干部队伍建设等方面，内涵丰富、高屋建瓴，具有很强的理论性、指导性和现实针对性。既深入贯彻习近平总书记和党中央决策部署，又顺应西藏各族人民过上幸福美好生活的热切期盼；既坚持马克思主义立场观点，又贯彻习近平总书记“两点论”“重点论”思想和工作方法；既立足于全面建成小康社会打好基础，又着眼破解主要矛盾谋长远；既注重整体

规划，又以重点突破带动整体推进；既解决经济方面问题，又解决社会方面问题。抓住关键、突出重点、破解难题，对察雅县而言，是做好各项工作的根本方法。党的十八大以来，察雅县始终把稳定作为第一责任，把发展作为第一要务，把脱贫攻坚作为重点，进一步深刻把握第一责任与第一要务的辩证关系，正确认识和处理好“十三对”重大关系，坚持改革力度、发展速度和生态保护相统一，正确把握和处理经济社会发展中出现的各种矛盾，用“绣花”的功夫做好以脱贫攻坚为统领的察雅县的各项工作，取得让人振奋的成就。

（二）“十三对关系”成为科学理性解决察雅县经济社会发展道路中的诸多障碍和实际问题的有力武器和重要“法宝”

察雅县在继续推动发展的基础上，结合新形势、新问题以及县经济社会发展面临的特征和变化、矛盾和问题进行综合分析和判断：社会大局总体稳定可控，但稳中有变数、稳中有风险、稳中有隐患；经济发展进入快车道，但总体层次低、总量小，初级性、依赖性特征明显；民生改善力度加大，但群众困难多、困难群众多，基本公共服务体系不完善、水平低；城乡面貌发生巨大变化，但基层基础设施不完善；现代文明进入群众生活，但广大群众需摆脱落后观念、克服陈规陋习；生态保护与建设力度不断加大，但应对气候变化、抵御自然灾害的能力还比较弱；党的建设得到加强，但“四风”问题不同程度地存在，从严管党、治党任重道远；各族干部无私奉献、积极作为，但基层组织和干部人才队伍建设还面临一些亟待破解的难题。以上问题都表明，察雅县在全面建成小康社会、推进社会长足发展和长治久安的进程中还存在一些矛盾和问题，必须着力解决。“十三对关系”正是运用系统思维和统筹方法解决察雅县经济社会发展中存在的各方面问题、纠正发展理念和体系机制中存在的问题的“总钥匙”，是察雅县解决问题的最佳答案、最优方案。

“十三对关系”不仅充满唯物辩证法和哲学智慧，而且是具有强力问题指向的解决西藏科学发展问题的科学路径。截至2019年，察雅县已建成产业园区、大学生创新创业基地、小微企业“双创”基地等“双创”平台。一批科技创新企业得到发展壮大。特色经济迅速崛起，成为察雅县经济发展中的亮点。在西藏自治区、昌都市的经济版图上，察雅县践行“十三对关系”，社会稳定发展，各族群众物质文化生活水平不断提高，在科学发展道路上实现跨越式发展，取得历史性成就，创造出具有察雅县特点的人间奇迹。

第二节　坚决打赢脱贫攻坚战的组织领导

脱贫攻坚战是一场时间有限、任务明确、务求胜利的硬仗。习近平总书记身体力行抓扶贫，为察雅县立标杆、做表率。新时代脱贫攻坚战打响以来，察雅县增强政治意识、大局意识、核心意识、看齐意识，切实把习近平总书记关于新时期扶贫开发的重要论述贯彻到各项工作中，把中央脱贫攻坚的决策部署落到实处，为唱响时代主旋律、实现脱贫摘帽夯实组织基础。

一　构建脱贫攻坚“七大”工作体系，强化组织保障

习近平总书记明确要求：“脱贫攻坚任务重的地区党委和政府要把脱贫攻坚作为‘十三五’期间头等大事和第一民生工程来抓，坚持脱贫攻坚统揽经济社会发展全局。”“市县抓落实”是脱贫攻坚机制关键一环。察雅县严格落实“自治区负总责、地市直管、

县抓落实、乡镇专干”管理体制和“工作到村，扶贫到户”机制，把握内涵，结合实际，建立七个体系，有力强化组织领导。

（一）建立领导指挥体系

新时代脱贫攻坚战打响以来，察雅县主动承担起脱贫攻坚主体责任，成立以察雅县县委书记为组长的脱贫攻坚领导小组，以察雅县县委副书记、县长为指挥长的脱贫攻坚指挥部。下设规划计划组、产业脱贫组、易地扶贫搬迁组等12个专项小组，落实决策部署。充实加强县、乡、村三级扶贫系统的机构和队伍建设，配强领导班子和专业技术人员。把各方面力量有效整合起来，集中在脱贫攻坚上发力，问题在哪里就在哪里解决，问题在哪里就在哪里进行改革，使过去很多解决不了的问题得到了有效解决，大大提高了办事效率。

脱贫攻坚领导小组的主要职责具体细化为四个方面。一是贯彻党中央、西藏自治区、昌都市脱贫攻坚的重要决策和部署。二是研究察雅县脱贫攻坚的相关政策、措施，制订察雅县脱贫攻坚规划和实施方案，推动脱贫攻坚有序进行。三是加强脱贫攻坚统筹协调，协调各单位将项目、资金向贫困地区、贫困人口倾斜；指导各单位全面按照“六个精准”“五个一批”“八个到位”总要求和察雅县“5+N”措施，理清思路，明确措施，全力打好察雅县脱贫攻坚战。四是建立重要工作会商制度，研究决定脱贫攻坚重大事项和问题。

（二）建立部署落实体系

坚持摸清底数、高度负责，进村入户、挨家调研，把贫困人口全部找出来，认真做好建档立卡工作，完善精准扶贫台账，做到人有名、户有卡、村有册、乡有簿、县有电子档案，实行动态管理，实名脱贫。

（三）建立责任落实体系

积极承担察雅县脱贫攻坚主体责任，全面落实察雅县、乡、村三级党委书记抓脱贫第一责任人的政治责任，脱贫攻坚领导小组落实组织协调责任，社会各方面落实共同责任，做到有目标、有任务、有责任、有主体。察雅县全面落实结对帮扶责任制，采取“扶志”“扶技”“扶资”“扶智”等方式多管齐下，组织科级以上干部和一般干部开展结对帮扶。

（四）建立规划设计体系

为把“顶层设计”落实好，编制《察雅县“十三五”关于扎实推进精准扶贫工作的意见》和20个行业扶贫专项实施方案。以规划、方案引领工作、整合资源，做到有决战决胜脱贫攻坚目标，有任务、有措施。对12个深度贫困乡镇的102个深度贫困村分类研究，编制《察雅县深度贫困地区脱贫攻坚整体方案》《察雅县产业发展规划》《察雅县健康扶贫实施方案》《察雅县教育均衡发展实施方案》，将资源、资金向深度贫困地区倾斜，人力、物力、财力向深度贫困地区汇聚。

（五）建立督导检查体系

出台《察雅县县委常委督导包片工作制度》，实行年初、年中、年末“三阶段”督导制度。用好专业督查、督导力量，不定期组织纪检、监察、财务审计等部门，通过书面督导、实地督导、蹲点督导、随机抽查的方式加强日常监督，实现督导常态化和制度化。

（六）建立科学考核体系

把脱贫攻坚成效作为干部年度考核的重要内容，把脱贫攻坚实绩作为选拔任用干部重要依据，严格奖惩，实行“一年一考核，一年一表彰制度”，对工作出色的单位和个人进行奖励；对工作不力的单位和个人，严肃问责，通报批评，限时整改；对先进集体和先进个人进行表彰，进一步鼓励干劲、激发斗志。

（七）建立党建脱贫体系

坚持抓好党建促脱贫攻坚，推进脱贫强党建，实现脱贫攻坚与基层党组织建设“双推进”。抓好乡镇领导班子建设，有针对性地选派政治素质高、责任心强、实践经验丰富的干部担任乡党委书记、乡长，提高带领群众致富能力。抓好以村党组织为核心的村级组织建设，大力整顿软弱涣散的基层党组织，选派政治坚定、作风正派、善于做群众工作的优秀干部到村任第一书记，真正把基层组织建设成为带领群众脱贫致富的坚强战斗堡垒，把党员干部培养成群众增收致富的带头人。

二　在“学、真、准、实”上发力，强化责任落实

察雅县万众一心、齐心协力，在“学、真、准、实”方面狠下功夫，强化责任落实。

（一）坚持学习常态化，脱贫攻坚在“学”上狠下功夫

把理论学习机制常态化，察雅县要求党员领导干部和工作人员，以习近平总书记扶贫攻坚相关理论和“治边稳藏”战略为指导，牢固树立“四个意识”、坚定“四个自信”、坚决做到“两个维护”。一是建立察雅县党委中心组和基层党组织学习日制度。将每周四确定为察雅县党委中心组和基层党组织学习日，组织开展学习活动。在学习日察雅县党委中心组和基层党组织以政治学习为根本，以深入学习习近平新时代中国特色社会主义思想为首要任务。县脱贫攻坚指挥部通过编辑微信公众号、工作简报等形式推送习近平总书记关于脱贫攻坚的重要论述和党中央、西藏自治区、昌都市、察雅县脱贫攻坚的决策和部署。这些决策和部署是察雅县党委

中心组和基层党组织的学习内容。各乡镇党委、各村委会和驻村工作队党支部结合实际制定年度学习计划，明确学习任务。二是建立干部教育培训制度。制订《察雅县脱贫攻坚干部教育培训实施方案》，加强脱贫攻坚业务培训，提升各级各类扶贫干部攻坚能力。定期开展乡镇扶贫分管领导、扶贫专干和第一书记专题培训。三是建立考核制度。将落实学习日制度和干部参加脱贫攻坚业务培训情况纳入党建和意识形态责任制，作为党建和意识形态考核的重要内容，构建“党建+”脱贫攻坚格局。

（二）实施职责清单制，脱贫攻坚在“真”上发力

精准扶贫是一项时间紧、困难大、矛盾多、任务重的任务，需要广大干部明职责、懂情况、真担当，扶真贫、真扶贫，带动群众发家致富。一是帮扶干部有职责。对标国家、西藏自治区脱贫攻坚考核的要求，研究制定、细化县、乡、村三级脱贫攻坚责任主体的职责，形成县委书记、县长、县扶贫分管领导，县行业扶贫分管领导，挂贫困村县处级干部、乡镇党委书记、乡镇扶贫分管领导，村党支部书记（主任）、第一书记（工作队长）、驻村工作队员、结对帮扶干部11类责任主体的职责清单，切实推动脱贫攻坚责任落实、政策落实和工作落实。二是帮扶有制度。全面实行县领导挂点乡镇、村，乡镇领导干部包片、乡镇干部包村，第一书记和工作队驻村、结对帮扶干部包户等制度。按照贫困村、软弱涣散村和集体经济薄弱村不少于4人，其他村不少于3人的标准，选派第一书记和工作队，做到因村派人精准。三是帮扶成效有体现。将贫困户家庭成员的基本情况、帮扶政策措施落实和贫困状况等情况，以表格形式统一编印《察雅县建档立卡贫困户精准脱贫登记证》，做到察雅县贫困户每户一证，作为贫困户享受扶贫开发扶持政策的凭证和贫困户家中的档案袋。它是体现帮扶过程和成效重要资料。统一制作贫困户档案盒，在调查摸底的基础上，入户核对体现贫困户程序性和政策性的印证资料，将其整理收集作为档案统一在村里存放，做到干部手册、贫困户档案盒、贫困户家中的档案袋填写内容与贫困户享受政策实际情况保持一致。

（三）聚焦因人因户措施精准，脱贫攻坚在“准”上下功夫

扶贫开发路径由“大水漫灌”向“精准滴灌”转变，关键在“准”。察雅县要求干部知晓业务、精通政策，找准方向、谋准思路、弄准对策，精准发力。识别求“准”，围绕“两不愁三保障”，做好走访调查，对非贫困户开展“漏评”、对贫困户开展“错评”和“政策遗漏”、对脱贫户开展“错退”全面筛查，切实做到应纳尽纳、应扶尽扶。制定政策求“准”，编印《察雅县精准脱贫政策宣传手册》，将产业、易地搬迁、转移就业、教育、生态保护、社会保障等扶贫政策和措施汇编成册，发给察雅县帮扶干部和贫困户。按照“已脱贫户抓巩固、未脱贫户抓达标”要求，逐户精准编写“一户一策”清单。施策求“准”，坚持“两不愁三保障”，不提高标准增大察雅县财政压力，也不降低要求或盲目扩大扶贫范围。编印《察雅县精准脱贫帮扶干部手册》，将帮扶村的基本情况、帮扶计划、落实情况，以及帮扶贫困户的基本情况、贫困状况摸底调查、帮扶记录等汇入其中，做到察雅县帮扶干部人手一册。组织广大干部带着干部手册、宣传手册进村入户开展驻村和结对帮扶贫困户基本情况大摸底，定期到自己结对帮扶的贫困户家中面对面地宣讲精准扶贫、精准脱贫政策，帮助贫困户解决具体问题，促使广大干部对所驻村精准扶贫和结对帮扶贫困户的基本情况以及享受扶贫政策做到“一清二楚”，切实提升群众政策知晓率与满意度。

（四）狠抓扶贫项目落实，脱贫攻坚在“实”上多措并举

脱贫攻坚涉及诸多事项，只有一个环节一个环节抓推进，才能一个事项一个事项有落实。首先，要求察雅县自上而下，必须树立“上班1分钟，干好60秒”工作思想，牢固树立“马上就办、办就办好、精细精准、实干担当”的意识，盯住时间节点，体现成效观念，当天事当天毕、抓工作不过夜。其次，建立工作清单、定期反馈、工作提示、履责提醒和“疑难杂症”会商等制度，抓住关键环节，每月列出工作清单，督促部门履行职责、强化监管，形成时时抓整改、处处抓落实氛围。再次，盯住项目安排、资金使用、措施到户、脱贫成效四个精准，落实“两不愁三保障”，补短板项目，保进度、保质量、保绩效。最后，在坚持村组上报、乡镇审核的基础上，派出复核组对察雅县上报实施的所有项目进行现场复验，重点复核实施项目在解决“两不愁三保障”短板上的必要性以及工程量、受益情况等。

三　唱响新时代脱贫攻坚主旋律，做好宣传引导工作

打好脱贫攻坚战，需要打好舆论战、宣传战。宣传工作既要造声势，又要鼓干劲，还要树典型。2016年以来，察雅县以传统媒体和新媒体为阵地，充分发挥政治优势和制度优势，全面宣传扶贫开发取得的重大成就，用信心凝聚力量，调动各方面的积极性，营造良好氛围。深入基层，宣传党中央、西藏自治区和昌都市脱贫攻坚的方针政策，让基层吃透，确保扶贫政策落实生根。生动报道各部门、各乡镇精准扶贫、精准脱贫的有益探索和科学实践，通过典型范例引领带动，促进扶贫工作不断深入。加强对外宣传，讲好察雅的扶贫、减贫故事，提升察雅县的软实力，坚决回击“达赖集团”分裂祖国的丑恶行径。

四 以底层关爱为指针，调动农牧民脱贫的积极性

开发式扶贫必须调动贫困地区和贫困人口的积极性，激发内生动力。脱贫致富终究要靠贫困群众的辛勤劳动实现。察雅县的脱贫攻坚战打响之初，“干部干，群众看”“坐在家门口晒太阳，等着政府送小康”等现象在一些乡镇局部存在。习近平指出：脱贫攻坚要防止“等靠要”问题。针对深山峡谷偏远乡镇、长期与世隔绝的贫困村、文化教育水平低贫困的群众，察雅县重视“精神贫困”，采取多种形式的关爱活动，调动群众的积极性，激发内生动力，让他们行动起来，改变贫困落后现状。

针对资源匮乏、劳动力过剩的现状，察雅县先后实施多批“走出去”活动，让村干部、年轻人在“走一走、看一看”行动中，多与外界接触，开阔视野。针对从深山中出来不容易、成本高的现实，利用兄弟省援藏、东西协作、组团式援藏契机，重视“引进来”，大力引进志愿者、企业等社会扶贫力量，想办法让贫困群众开阔视野，带动贫困人口脱贫。

脱贫攻坚任务艰巨、责任重大。察雅县深入学习习近平关于新时期扶贫开发的重要论述，认真贯彻落实党中央、西藏自治区与昌都市的扶贫开发精神，用心、用情、用力开展扶贫工作，坚决打赢脱贫攻坚战，为全面建成小康社会，实现第一个一百年奋斗目标做出贡献。

第三节 坚决打赢脱贫攻坚战的决策部署

察雅县关于精准扶贫、精准脱贫的决策部署，体现党和国家对巩固边疆的大力支持和对边疆人民福祉的关怀。察雅县主要从以下

四个方面具体部署脱贫攻坚工作。

一　以顶层设计为保障，构建横向到边的产业体系

精准扶贫伊始，察雅县围绕做大做强特色产业，着力构建扶贫产业体系，紧扣昌都市“一户一策”产业扶贫精准到户的决策部署，大力培育、扶贫特色产业，增加到户产业，引进培育龙头企业，发展农牧民专业合作社，壮大村级集体经济，建设果蔬保鲜库和增加农业保险等产业扶贫环节，构建起完备的产业扶贫体系，明确工作靶向，找准攻击点位，落实具体措施，夯实产业扶贫基础。

按照产业发展“精准到人、聚焦到户”的原则，选择覆盖面广、发展基础好、增收效果明显的特色产业作为扶贫产业的主攻方向，确定《察雅县“十三五”产业精准扶贫规划项目库》和制订《察雅县深度贫困地区产业扶贫项目投资计划》。动员农牧业干部和贫困乡镇、村帮扶干部，利用两个多月的时间集中开展调查摸底，完成特色产业与“一户一策”脱贫计划全面精准对接，确定分解方案，下发未脱贫建档立卡贫困户产业脱贫计划表，作为对“一户一策”产业脱贫计划动态细化和到户产业扶持项目资金投放和使用的依据。

严格按照西藏自治区、昌都市产业精准脱贫项目管理办法开展产业扶贫，结合产业发展实际，确定《察雅县产业扶贫项目管理办法（暂行）》《关于进一步完善产业扶贫项目利益联结机制的指导意见》《察雅县产业扶贫项目相关资料归档目录》《察雅县脱贫攻坚项目库建设管理办法》，对产业扶贫项目库建设、项目实施、资料归档、经营管理、利益联结机制等进行细化，提高产业扶贫项目的可行性、科学性以及经营管理水平。

按照构建产业体系、全产业链打造思路，积极培育产业扶贫示

范点，召开深度贫困地区脱贫攻坚现场推进会，安排部署产业扶贫工作。组织举办果品产业和蔬菜产业等产业扶贫现场推进会。现场观摩以及推广示范点的成熟做法、经验和模式，营造了奋勇拼搏加油干的良好氛围，对产业扶贫开创新局面起到了非常大的推动作用。

二　以兜底保障为助力，构建纵向到底的保障机制和关爱体系

制定出台《察雅县“十三五”社会保障脱贫实施方案》，根据每年社会保障实际，制订《年度社会保障工作计划》，明确内容，细化措施，健全特困供养、农牧区最低生活保障、社会救助体系，特困意愿集中供养率达100%，构建纵向到底的保障机制和关爱体系。

（一）不断提高农村低保标准，着力推进动态管理常态化

着手开展最低生活保障标准与扶贫线有效衔接，将满足最低生活保障条件的困难群众（特别是精准扶贫对象）按照低保审批程序纳入低保范围，全面落实精准扶贫对象低保政策兜底，做到动态管理、应保尽保、应退尽退。

（二）不断完善城乡医疗救助，加大临时救助与急难救助力度

严格遵循《西藏自治区人民政府办公厅转发民政厅等部门关于进一步完善城乡医疗救助制度　全面开展特重大疾病医疗救助工作实施意见的通知》《昌都市人民政府办公室关于转发昌都市城乡医疗救助及重特大疾病医疗救助工作实施细则的通知》，按照“托住底线、统筹衔接、公开公正、高效便捷”和“实事求是、因地制宜、多方筹资、多种方式、量力而行”的原则，根据救助对象的类别及医疗费用、家庭困难程度，通过支持参保参合、普通医疗

救助、重特大疾病医疗救助等开展救助，做到“应救则救”，推进精准脱贫。

（三）精准实施特困人员供养制度，确保农村特困人员实现同步小康

全面实施城乡统筹、政策衔接、运行规范、与经济社会发展水平相适应的特困人员供养制度，确保特困人员迈入小康社会。确保将所有无劳动能力，无生活来源，无法定赡养、抚养、扶养义务人或其法定赡养、抚养、扶养义务人无履行义务能力的60周岁以上的老年人、残疾人和未满16周岁未成年人纳入特困人员供养范围，确保不漏一户、不落一人，确保应救尽救。根据《西藏自治区特困人员救助供养办法（试行）》的通知要求，及时落实特困人员认定工作。切实保障集中供养需求。按照不低于1∶10的比例为特困人员配备工作人员和护理人员，提升管理服务水平。

（四）加强社保资金监管，确保社保服务品质大幅提升

按照兜底线、织密网、建机制的要求，着力完善“覆盖全面、城乡统筹、权责清晰、保障适度、可持续”的多层次社会保障体系，狠抓社会保险服务，实现社会保险登记、信息变更、转移、缴费、待遇核定等多项业务一窗办结，推动社会保险业务向基层延伸，实现“零距离”与“最多跑一次”服务理念，日均办件量保持在50件以上。加强基金运行分析，完善内部控制，加大稽核力度，有效防范社保基金欺诈行为。

三 以精准施策为拳头，建立扶贫工作的精准机制

建立察雅县脱贫攻坚项目库，对项目立项的合规性、投资的科学性、脱贫的有效性开展全面论证，确保项目能够落地。改革现有项目竞争入围机制，实行脱贫任务与扶贫项目资金捆绑，下放项目

安排权力，将项目安排权力和扶贫责任全部下放到各乡镇。改革扶贫资源整合机制，依据扶贫任务制定扶贫规划，实行年初下达的项目资金安排计划，扶贫开发项目实行村提出想法、乡镇组织申报、县扶贫攻坚指挥部组织审查审批，主管部门按照《中华人民共和国招投标法》要求对扶贫开发项目进行公开招投标。认真落实昌都市、察雅县关于建设项目充分吸纳农牧民参与施工的各项政策，支持在保证质量的前提下，引导农牧民施工企业参与项目建设，促进贫困人口增加工资性收入。

以重点扶贫项目为平台，坚持“渠道不乱、权责匹配，区负总责、强化监督，地市主导、县区抓落实，精准发力、注重实效”的原则，统筹整合扶贫资金，发挥财政资金杠杆作用，撬动金融资本和社会帮扶资金共同投入扶贫开发，构建“多个渠道引水、一个龙头放水”的扶贫资金投入新格局。察雅县作为统筹整合资金的主体和项目实施主体，既要加大本级财政投入力度，又要承担资金安全、规范、有效使用的具体责任。统筹整合资金范围是各级财政用于农业生产发展和农村基础设施建设等方面的资金，统筹整合资金要与脱贫成效密切挂钩，精确用于建档立卡贫困人口。按照“管总量不管结构、管任务不管项目、管监督不管实施”的原则，分级制订县、乡镇、村三级统筹整合资金分配计划。实行专人管理、专账核算和县级报账制管理，各级财政、审计等部门要加大对统筹整合项目建设、资金使用、职责落实等情况的审计和监督检查力度。

建立完善扶贫项目立项、审批、实施、验收、评估等管理制度，强化对扶贫资金使用的精细化管理。统筹整合资金不得用于形象工程、政绩工程，不得用于县城规划区内的基础设施建设，不得用于与扶贫不相关的楼堂馆所建设，不得用于发放津补贴，不得用于补充公用经费不足。察雅县脱贫攻坚指挥部将脱贫攻坚统筹整合资金使用管理纳入党政领导班子干部绩效考核内容。对虚报贫困人口数量，恶意套取扶贫资金或挤占、截留、挪用、随意调整脱贫攻坚整合资金使用方向者，依照《中国共产党纪律处分条例》《行政机关公务员处分条例》《财政违法行为处罚处分条例》等严肃处理。对在脱贫攻坚统筹整合资金项目安排实施、资金监管过程中出现问题、绩效考评不合格的人员，将依据相关法律、法规、条例，追究申报、审批、实施、监管主体及其相关人员的责任。将涉嫌犯罪的人员移送司法机关追究刑事责任。

建立项目效益分配机制。一是建立到户项目效益分配机制。到户项目为建档立卡户直接受益的项目，项目经营管理主体为建档立卡户，项目产生效益直接归建档立卡户所有。二是建立产业项目效益分配机制。产业项目为带动建档立卡户增收的项目。经营主体大多为致富带头人、农牧民专业合作社、企业等。此类项目效益分配主要机制是县扶贫办与经营主体和项目所在乡镇签订《察雅县脱贫目标责任书》，明确受益主体为建档立卡户，并附受益户名单。察雅县根据动态管理原则脱贫一批受益建档立卡户就更换一批受益户。项目经营主体要拿出本项目投入资金的60%以上，返还给建档立卡户，返还资金以工资性收入按户平均发放。三是建立扶贫资金入股项目效益分配机制。扶贫资金入股项目是将扶贫资金以入股方式投入企业和农牧民专业合作社，经营主体每年按照入股资金所占比例进行分红。所得红利按户平均分配原则，分配给项目建档立卡户，察雅县根据动态管理原则受益建档立卡户脱贫一批更换一批。

四　以协作参与方式，构建社会统筹的合作机制

广泛动员全社会力量参与扶贫开发是中国特色扶贫开发事业的

重要组成部分，集中体现社会主义制度的优越性和中华民族扶贫济困的传统美德，对于培育和践行和谐友善的社会主义核心价值观具有重大意义。脱贫攻坚工作开展以来，察雅县为营造全社会关心扶贫、爱心助贫的良好氛围，形成政府、市场、社会协同推进的大扶贫格局，重点从四个方面开展工作。一是完善社会扶贫体系。广泛动员全社会力量参与扶贫开发，构建包括定点扶贫、东西部扶贫协作、军队和武警部队扶贫以及各民主党派、工商联和无党派人士、企业、社会组织、个人参与的中国特色社会扶贫体系。二是创新社会扶贫机制。拓展社会扶贫组织动员和信息服务渠道，建立和完善社会扶贫激励机制，创新社会扶贫的资源筹集、配置、使用和监管机制。三是健全社会扶贫支持政策。落实社会扶贫相关财政、税收等政策，按照国家、西藏自治区、昌都市规定，完善干部挂职扶贫、驻村帮扶、扶贫志愿者行动等社会扶贫表彰和激励政策。四是营造社会扶贫的浓厚氛围。深化社会扶贫研究，推动社会扶贫实践创新。加大宣传力度，加强舆论引导，集全国之力、聚各方之财、集全民之智，营造扶贫济困的社会氛围。

第三章　坚决打赢脱贫攻坚战的伟大实践与显著成效

精准扶贫、精准脱贫的根本要求是做到“六个精准”。新时代脱贫攻坚工作开展以来，察雅县以扶贫对象精准、措施到户精准、项目安排精准、资金使用精准、因村派人精准、脱贫成效精准为推进脱贫攻坚的重要举措，取得诸多创新性成效。

第一节　不落一人：扶贫对象与措施到户精准

一　扶贫对象精准的举措与成效

精准识别是扶贫的基础。只有把生活真正贫困且达到帮扶标准的贫困户从那些只是“看起来”贫困的“假贫困户”中精准分离出来，才能真正做到精准识别。扶贫攻坚工作开展以来，察雅县按照统一标准，通过规范流程，找出真正的贫困村、贫困户，了解贫困状况，分析致贫原因，摸清帮扶所需，为后续实施“精准帮扶”“精准退出”奠定了坚实基础。

（一）严格执行识别程序

严格按照《昌都市脱贫攻坚精准识别工作方案》精神和《昌都市脱贫攻坚建档立卡贫困户信息卡》的填写要求，从县、乡、村抽调人员，组成专班，通过“六看、四访、三公、二审、一告”五步工作法，全面开展精准识别，确保识别精准、客观、公正，准确掌握贫困对象的基本情况，做到“底数清、情况明”。及时按照“人有名、户有卡、村有册、乡有簿、县有电子档案”的要求，做好基础资料收集整理归档，建立翔实的建档立卡档案2万余份，详细记录贫困户的家庭人口、生产资料、致贫原因、脱贫措施信息，有效提升决策的科学性，提高脱贫攻坚措施落实精准度，做到因人施策、因情施策、精准施策。

（二）严格执行贫困村和贫困户退出程序

在开展建档立卡贫困户退出工作时，察雅县严格按照“两不愁三保障”“三率一度”标准，执行“一申请、一评议、二审核、三公示、县区审定”的程序，由贫困户申请脱贫，村民代表大会评议，村居“两委”和乡镇审核，村、乡镇、县三级公示，察雅县扶贫开发领导小组办公室审定。贫困村退出时，坚持以贫困发生率降至3%以下为主要衡量标准，统筹考虑村内基础设施、基本公共服务、产业发展、集体经济收入因素，严格履行县、乡镇两级审核公示程序，坚决防止和杜绝“假脱贫”“数字脱贫”和“被脱贫”，做到识别精准，退出严格，群众认可。

（三）严格执行档案资料规范程序

按照《关于印发昌都市脱贫攻坚相关资料归档目录的通知》，规范县、乡、村、户建档立卡资料。每年在有序组织乡镇扶贫干部和驻村工作队逐户核查、逐户梳理的基础上，察雅县核实所有建档立卡贫困户的基础资料，确保扶贫手册填写准确规范、更新及时，并与实际情况和系统信息一致。根据已建成的两个县级脱贫攻坚示范村的经验，通过召开脱贫攻坚现场会，组织各乡镇对档案资料整理分类等进行参观学习。为各乡镇、村统一订制并发放档案盒、档案袋、文件夹等，极大地提升基层建档立卡档案资料的规范性。

（四）严格执行对扶贫对象动态监测的分级管理机制

一是组建县、乡镇脱贫技术指导小组，保证管理到位。由县扶贫攻坚指挥部牵头，各脱贫攻坚专项组、各乡镇主要领导和扶贫干部参与，通过邀请知名扶贫专家解读国家扶贫政策、入户示范指导，让察雅县扶贫一线领导干部掌握破解脱贫攻坚难点的办法。察雅县组建脱贫攻坚技术指导小组，由县级领导带队，分批、分次到各乡镇、各村、各农牧民家庭，宣传精准扶贫和精准脱贫理念，宣讲国家扶贫政策，使广大干部和群众真正了解“扶真贫、真扶贫、怎么扶、谁来扶”，夯实脱贫攻坚的管理基础。二是构建县、乡镇、村三级督查巡查，保证督导到位。按照精准扶贫和精准脱贫的要求，察雅县在建立贫困户帮扶档案时，以年度为节点，动态对建档立卡贫困村、贫困户、贫困人口进行核查。依据脱贫目标，构建县、乡镇、村三级督查巡查机制，定期对建档立卡开展“回头看”，全面核查建档立卡的贫困户、贫困村的贫困现状，准确把握贫困户、贫困村的致贫原因和发展需求，对不符合条件的在库贫困户核查退出，对符合条件的返贫户和新增贫困户及时进行调整，对扶贫领域的违规、违法行为不姑息养奸，发现一起，查处一起，处理一起。

二　措施到户精准的举措与成效

围绕“两不愁三保障”的目标，以项目推动为抓手，以促进贫困群众脱贫增收为核心，围绕“五个一批”“六个精准”，扎实推进脱贫攻坚工作。

（一）坚持把发展产业作为主攻方向

立足区位优势，把发展产业作为脱贫攻坚的长久之策和治本之举，以“五个一万级”产业（万亩青稞良种基地、万亩人工饲草基地、万头牛羊育肥基地、万吨花岗岩生产基地、万亩经济林基地）为载体，以“六个千万级”工程（现代农业示范园、阿旺绵羊饲养、扶贫产业园、宗沙牦牛育肥、烟多帮嘎杂交构树、蔬菜基地）为龙头，按照大、中、小、微型产业项目分别带动县、乡、村、户的工作机制，紧抓经济林果、苗木、蔬菜、牛羊育肥等特色主导产业，加快实施产业项目，确保扶贫产业项目成效。察雅县投入产业扶贫资金5.8亿元，实施产业项目95个，带动建档立卡贫困群众5651人增收，发放土地流转费、打工工资、效益分红扶贫收益2760.76万元，贫困群众增收效果显现。

（二）坚持把易地扶贫搬迁作为重要补充

综合考虑局部与全局、扶贫与生态、搬迁安置与产业发展、近期与长远的关系，严格按照“六靠、五方便、两避让”的原则，投入资金7.8亿元，建设易地扶贫搬迁安置点26个。所有安置点全部完工，涉及的建档立卡群众全部搬迁入住。投入资金3980万元（含县级整合资金889.1万元），按照户均29970元的标准和“科学规划、统筹发展，政府引导、群众自愿，经济适用、确保公正”的原则，结合农牧区特点，确定“六改”措施，对1328户（含建档立卡户374户）群众实施农村危房改造。所有危房已全部改造完成，使困难群众住房安全得到有效保障。

（三）坚持把生态补偿作为双赢之策

坚持绿色发展、生态富民，让有劳动能力的贫困人口实现生态就业，既能改善生态环境，又能增加贫困人口的就业收入。投资9834万元，实施万亩经济林建设项目，种植经济林木1.17万亩，种植杂交构树、苹果、桃子等经济苗木，实现群众不离乡、不离土在家门口就业的愿望。积极实施还林、还草、草场保护和减畜奖补政策，安排生态岗位21665个，安排符合条件的建档立卡户9577人。严格执行岗位招收标准，按照"定人定职、定职定责"原则和"一人一岗、设岗定责"要求，与符合条件的岗位人员签订合同，凭证上岗。制定《察雅县脱贫攻坚生态保护转移就业岗位考核管理办法（试行）》，加强生态保护转移就业岗位人员管理，切实发挥岗位作用。2016年以来，投入生态补偿资金2.1亿元，兑现率100%；实现9577名建档立卡户脱贫，占总建档立卡户的46%。

（四）坚持把发展教育扶贫作为治本之计

扎实开展控辍保学，推行制度控辍、条件控辍，做到应招尽招。实施"县、乡、村、户""局、校、班、户"双线控辍责任制和控辍保学"四书制"，将防流控辍和足额招生作为乡镇党政"一把手"的职责和考核的重要指标。义务教育阶段在校学生7575人（建档立卡3117人）。其中，小学在校生5832人（建档立卡2352人），入学率100%；初中在校生1743人（建档立卡765人），入学率100%。全面落实教育"三包"政策，及时足额拨付学生"三包"经费和学生营养改善经费。2016年以来，累计投入学生"三包"经费7270万元，投入营养改善计划资金1491万元。投入西藏自治区、昌都市和察雅县建档立卡贫困大学生资助资金1081万元，受益大学生1555人。兑现中铝·格桑花教学助学基金的资助金59.7万元，受益学生238人，其中建档立卡贫困学生178人。加大教育基础建设力度，2016年以来，累计投入资金1.83亿元，新建学校 3 所，改扩建学校 17 所。察雅县现有各类学校 39 所，办学条件持续改善，贫困人口子女都能接受良好力度基础教育，切断了贫困代际传递。

（五）坚持把社会保障兜底作为基本防线

出台《察雅县“十三五”社会保障脱贫实施方案》，制订《年度社会保障工作计划》，明确内容，细化措施，完善特困人员供养、农牧区最低生活保障、社会救助体系，特困意愿集中供养率 100%，集中特困供养人员实现“老有所养、老有所医、老有所乐”，有效解决困难群众的后顾之忧。截至 2019 年底，落实 31226 农村低保人口保障资金 5608.2 万元；落实困难“残疾人两项补贴”1633.29 万元；救助困难群众 2346 人次，落实资金 487.15 万元；医疗救助 4304 人，落实资金 1497.06 万元；向分散特困人员发放生活补贴 802.84 万元。农村低保保障困难群众 7779 人，其中建档立卡 7283 人，约占农村低保保障困难群众的 94%。无劳动能力 3358 人，约占农村低保保障困难群众的 43%。特困人员 399 人，其中建档立卡 374 人，约占特困人员的 94%。无劳动能力者 399 人。领取残疾人两项补贴（重度残疾人护理补贴、困难残疾人生活补贴）的有 2348 人，其中建档立卡 881 人，约占领取残疾人两项补贴人数的 38%；重度残疾（一级、二级）430 人，约占领取残疾人两项补贴人数的 18%。

（六）坚持把党建脱贫作为强大引领

成立党建促脱贫领导小组，由县委常委全面负责。各级党组织依托“党员干部进村入户、结对认亲交朋友”、在职党员到村报到等系列活动，发挥党组织的引领作用和项目、资金、技术、政策优势，确定党建促脱贫方案和发展壮大村级集体经济规划，积极推广“支部+协会” “支部+协会+农户”模式，助推集体经济发展。

2016 年以来，先后在 61 个村建立集体经济，并以综合素质高、群众公认、示范带动能力强、带动周围群众致富作用明显为标准，培养“种养能手”106 名、“致富能手”368 名、“能工巧匠”340 名、党员致富带头人 293 名，通过党建有效提升了村级党组织的致富能力。

（七）坚持把转移就业作为重要增收渠道

坚持政府主导，尊重农牧民的就业意愿，立足产业发展，突出培育重点，注重实效原则，突出目标导向、需求导向和问题导向，完善就业服务体系，建立三级就业服务平台，广泛开展技能培训，培养一支有文化、懂技术、善经营、会管理的农牧民技能人才队伍，实现培训促就业、就业促增收、增收助脱贫、脱贫奔小康的良性循环。2016 年以来，察雅县结合建筑施工、民族服饰、生产加工、服务行业、种植养殖、家电维修的实际需求，通过“订单、定岗、定向”方式，培训农牧民 8400 人，其中培训建档立卡户群众 3309 人次，通过岗位推荐、就业引导、自主就业，农牧民富余劳动力转移就业 7.6 万人，就业增收 3.29 亿元，其中建档立卡 2.5 万人，就业增收 6000 多万元。

（八）坚持把健康扶贫作为重要保障

简化建档立卡贫困户患者医疗报销程序，实行先诊疗后付费，建立便民政务服务大厅，推行“一站式”服务。察雅县纳入大病集中救治 574 人（含建档立卡群众 221 人）；慢病签约服务管理 3561 人（含建档立卡群众 1732 人）；重病兜底保障 70 人，落实兜底资金 35.83 万元，建立起“基本医保+大病保险+医疗救助”三重医疗保障防线。2016 年以来，累计报销城乡居民基本医疗保险 1 亿元，受益群众 1.6 万余人，其中建档立卡贫困户受益群众 4581 人，报销金额 3258 万元。投入资金 691.24 万元对 2.7 万余名群众进行45类重点疾病筛查，建档立卡户筛查全覆盖。完成5.7万余人包虫病筛查，筛查率100%，手术治愈122人，药物治疗全覆盖。完成慢性患者及建档立卡贫困户家庭医生签约服务，签约服务率100%。投入资金1.4亿元，实施新卡、察拉、宗沙等7个乡镇卫生院基础设施建设改善，完成县人民医院、藏医院、疾控中心、吉塘镇、巴日乡、香堆镇、阿孜乡卫生院新建工程，提质改造卫生室，新建县人民医院门诊综合楼和更新各类医疗设备。察雅县医疗条件显著提升，将群众“因病致贫、因病返贫”风险降到最低。

（九）坚持把结对帮扶作为重要纽带

依托县级干部结对5户、副县级干部结对4户、正科级干部结对3户、副科级干部结对2户和一般干部结对1户的结对帮扶机制。通过开展政策宣传、感党恩教育、慰问帮扶等，帮助困难群众转变观念、树立脱贫信心。通过结对帮扶让贫困群众切身感受到党的温暖。

（十）坚持把援藏扶贫优势作为重要助力

重庆市、广东省等省（市）和中国铝业等国有企业深入贯彻落实东西部扶贫协作座谈会精神，主动融入察雅县，加大援助力度。2016年以来，它们投入计划内援助资金3.1亿元，落实学校、卫生院、新农村等建设项目19个。重庆市完成计划内援助任务，争取计划外资金6085万元，建成县城第二幼儿园、南岸新村、綦江新村等民生项目，破解制约察雅县经济、教育、卫生等基础设施不足的瓶颈。援藏省（市）、国有企业先后派遣党政干部和教师、医生等专业人才27名，依托援藏单位优质教育教学资源，安排察雅籍干部、农牧民群众450余人，赴渝和中国铝业学习，复旦大学附属中山医院和重庆市綦江区人民医院“组团式”援藏成效显著，有效弥补察雅县医疗和教育事业发展的短板。

（十一）坚持把金融扶贫作为有效举措

按照“服务三农、精准扶贫、做强县域经济”的发展思路，积极发挥金融行业优势，广泛宣传精准扶贫的金融政策，精简贷款程序，提升金融扶贫水平。2016 年以来发放精准扶贫农户小额到户贷款 3132 笔，发放金额为 1.32 亿元；发放产业扶贫贷款 8 笔，发放金额为 935 万元，带动当地建档立卡贫困户就业 196 户 263 人。加大扶贫小额贷款政策和贷后管理宣传力度，确保贷款安全。

（十二）坚持把补齐基础设施短板作为坚强后盾

大力实施“水电路讯网、教科文卫保”十项提升工程，全面改善贫困地区的基础设施和公共服务水平。2016 年以来，改善基础设施建设投入资金 12.6 亿元，新建、改造、升级、配套 365 个的农村安全饮水点，农村饮水达到西藏自治区农村饮水安全评价标准；实施农村电网改造升级工程，主电网覆盖 12 个乡镇，覆盖率达 92.3%；实施道路交通项目 98 个，建设公路里程 629 公里，新建桥梁 11 座，改造危桥 13 座。公路总里程 1613 公里。138 个行政村道路中有 47 个道路通畅、65 个道路在建；手机网络信号实现全覆盖；广播电视覆盖率达 98.2%；县城和乡镇中心小学教育网全覆盖；新农合参保率 100%，村卫生室实现全覆盖，农牧民群众 30 分钟健康服务圈基本形成。

第二节　精打细算：项目安排与资金使用精准

一　项目安排精准的举措与成效

遵循“发展是最重要的反贫困理论，发展是最重要的脱贫摘帽方法”，从实际出发，因地制宜，分类施策，把种养什么、增收从哪里来、帮助农牧民寻找脱贫致富好路子作为项目精准安排的依据，尊重市场规律、贫困人口脱贫需求、经济社会条件，全力推进项目安排精准，助推脱贫攻坚。

（一）根据资源条件，因地制宜，科学制定扶贫项目规划

一是挖掘资源优势，找准贫困人口需求。脱贫攻坚工作开展以来，察雅县根据不同地区的致贫原因和贫困人口分布，找准脱贫需求，根据高山峡谷的沟壑式地形，从产业发展优势、竞争劣势、竞争机遇和面临威胁四方面考虑，根据效率优势指数、规模优势指数、综合比较优势指数等分析筛选，梳理出一批符合贫困人口急需、社会发展所需、察雅急需的项目，为项目的顶层设计提供依据。二是遵循产业发展规律，发挥顶层设计统领全局的作用。科学谋划，按照项目建设需求优化布局，形成科学合理的空间布局。充分考虑项目所在区的脱贫需求和民生发展，远近结合、梯次推进、协同推进。提高农牧民群众参与度、知情度，充分尊重农牧民意愿，善观大势、善谋大局、善抓大事，为察雅县项目建设描绘出清晰的路线图和高效务实的施工图。三是加快扶贫项目库建设，保证扶贫项目设计科学合理。以《察雅县产业精准扶贫规划（2016~2020年）》为引领，统筹察雅县农业农村、交通、水利、住建、民政、林业等行业规划，统筹各项目建设单位建立完善扶贫攻坚项目库，实施“群众审、专家审、领导审、政府审”四项审核制。引导项目建设申报单位申报项目时，根据察雅县的特色优势与贫困人口发展所需，有的放矢，提前做好设计，防止出现项目申报过程中的“临时抱佛脚”现象。

（二）根据发展需求，按照需求聚焦项目安排瞄准机制

一是精准对接重大项目。察雅县依托构筑藏东高原生态安全屏

障，在招商引资上严控环保准入门槛，着力推进生态效益补偿、生态环境监管、干部政绩考核及政府绿色采购，建立生态创建约束机制。以扶贫攻坚为导向，实施旅游强县、农牧稳县、水电富县、藏医药利县、文化兴县建设，将生态优势转化为经济优势。依托邦达机场航空港、川藏铁路、西电东送等重大项目，以贫困户为重点扶持对象，针对有就业需求、劳动能力较弱、出门不方便的贫困户，精准对接重大项目建设，扶持农牧民经济合作组织，着力推进转移就业、康巴藏家乐、交通运输业、砂石运输业项目，实现扶贫项目安排精准对接和精准实施。根据察雅县脱贫巩固提升需要和经济社会高质量发展需求，坚持精确招商、以商招商，大招商、招大商，依托重大项目建设的契机，瞄准援藏省（市）和企业及具备条件的多元市场主体主动出击，一家一家谈，一项一项落实，想方设法引进一批龙头项目、优质项目，带动一批关联企业、配套企业落户，增强发展后劲和扶贫动力。二是针对发展需求，精准安排项目。根据脱贫需求和发展需要，针对贫困户致贫原因和劳动力现状，有针对性、因地制宜地发展康巴香猪养殖、林果种植、城郊蔬菜、藏药材种植、葡萄种植等特色产业，着力构建产业发展带动机制。一方面，各乡镇在区位条件、资源优势、产业基础等方面存在差异，因此在发展特色产业时，坚持“造血式”发展和“输血式”救济相结合，根据贫困地区的实际和当地农牧民的脱贫意愿，设计实施一套既能完成短期脱贫任务，又能保持经济可持续发展产业模式，提高农牧民脱贫的持续性和稳定性。为消除有创业需求的贫困人员的资金之忧，健全察雅县三级金融服务网络，为贫困户的借贷服务开通绿色通道；根据生态保护发展需要和短期脱贫任务，集中设置一批环境监督员、巡路员、巡河员、护林员、森林防火员、水管员等扶贫专项岗。另一方面，瞄准产业模式创新，完善“政府+

企业+农户”“企业+合作社+农户”“合作社+农户”、农牧民经济联合体等发展模式，重点扶持社会信誉好、能带动创收增收的企业，重点扶持“短平快”与持续增收相结合的扶贫项目，为产业发展打下牢固基础，为脱贫提供坚实保障。

二 扶贫资金使用精准的举措与成效

扶贫资金包括财政扶贫资金、以工代赈资金、信贷扶贫资金和援藏扶贫资金。扶贫资金是扶贫开发的血脉，可保障贫困对象生活，助推脱贫攻坚顺利开展。扶贫资金能否精准使用并发挥效益，关乎精准扶贫、精准脱贫的成败。提高扶贫资金使用的有效性和针对性至关重要。

（一）精准拨付

脱贫攻坚工作开展以来，察雅县坚持以“用好每一分扶贫钱、办好每一个扶贫事”为宗旨，自觉扛起扶贫资金监管责任，紧盯扶贫资金拨付不规范、拨付慢的情况，推动财政支持脱贫攻坚提质增效。一是精准做好预算编制，不浪费每一分钱。财政扶贫资金投向必须符合政策，必须专款专用，只能用于贫困乡镇尽快补齐发展短板和贫困群众尽快解决“两不愁三保障”之需，坚决避免资金分配的随意性。在组织项目申报时，树立项目预算编制法治观念和预算绩效意识，实施统一规划、统一设计、统一预算三项统筹和报请县长办公会统一审批。编制扶贫项目预算，本着精打细算、不浪费每一分扶贫“救命钱”的原则，坚持专家审、主管部门审、县审计局审、县财政局审、主管副县长审五级项目审核制，坚决杜绝扶贫资金使用不精准、扶贫资金预（结）算相差大、扶贫资金绩效差的问题和隐患，确保扶贫项目资金预算科学合理、真实客观，确保把扶贫资金“好钢用到刀刃上”。二是制定规范拨付程序，明确拨付时限。根据上级对财政扶贫资金绩效的考评要求，将扶贫资金下达至县扶贫攻坚指挥部专项组。经财政审定、县主管副县长审批，财政部门将资金拨付到确定行业主管部门，行业主管部门按照“绿色通道”要求，根据项目进度，将款项直接拨至项目业主单位，由业主单位实行乡级报账制。项目竣工，经行业主管部门验收合格，乡镇凭验收单和项目决算报告向专项组申请拨款，由县财政局直接把款拨付至项目实施单位。三是县财政局根据实际，结合相关单位意见，将项目实施进度分为前期准备、施工、竣工三阶段，明确各阶段需要完成的任务、时间节点。业主单位申请验收三个工作日内，行业主管部门要实地对项目进行验收；对业主单位拨款申请，专项组主管部门应在两个工作日内完成审核拨付，采取“一站式”拨付流程，即主管部门一名工作人员对项目工程量审核、资金拨付跟踪到底，避免拨付流程过多，加快资金拨付进度，确保项目资金按时到位。

（二）有效利用

按照“多个龙头引水，一个龙头放水”原则，积极整合各类扶贫资金，不断探索扶贫资金的有效利用模式、方法，确保扶贫资金使用的有效性和充分性。一是整合各类资金，用扶贫资金攻坚克难。察雅县积极搭建以扶贫攻坚规划和重大扶贫项目为主的资金集合平台，按照“渠道不乱、用途不变、优势互补、形成合力”“多个龙头引水，一个龙头放水”的整合原则，将财政扶贫资金、以工代赈资金、信贷扶贫资金、援藏资金，以及一些零散的社会资金“捆绑打包”，使扶贫资金与项目无缝衔接。2016～2019 年，察雅县筹集资金 13.56 亿元，统筹安排产业发展、公共设施建设、兜底保障等环节，集中力量突破经济社会发展瓶颈，解决精准扶贫难点、重点。二是探索新模式、新方法，让扶贫资金发挥最大效益。

察雅县立足实际，强化市场理念，积极探索政府购买社会服务、金融机构参与扶贫开发等模式，探索为贫困户购买农业灾害保险和养殖藏猪保险的方式，引导社会力量以“企业+基地+贫困户”、农牧民入股企业分红模式投入扶贫开发，促进扶贫资源优化配置，高质、高效推进扶贫项目，实现扶贫开发效益最大化。

（三）严格监管

2013 年以来，随着诸多扶贫政策不断出台，各级各类扶贫资金投入规模不断扩大，确保在充分发挥扶贫资金效用、保证资金安全的情况下，察雅县财政部门始终把对扶贫资金的监管放在与增加扶贫资金投入同等位置，多措并举加强扶贫资金监管，确保高质量完成好财政支持脱贫攻坚决战。一是制定规范程序，建立严格监督检查机制。加大扶贫资金审计、监督和检查力度，建立常态化、多元化监督检查机制，配合审计、纪检、监察等部门开展监督检查。通过扶贫资金动态监控系统，建立从预算安排到拨付、支付、使用、绩效评估全流程的监控机制，实现全程可追溯，动态掌握每一笔扶贫资金的使用流程；通过规范实施项目库，建立到村到户项目库，录入扶贫开发信息系统，并对党中央、西藏自治区、昌都市财政专项扶贫资金进行项目备案，保证资金的精准、安全、高效使用；通过精准扶贫资金项目公示制实现到村资金项目、精准扶贫到户资金项目、惠农补贴资金、村级集体财务全公开，打造群众看得到、看得懂、能监督的阳光财政扶贫工程。二是落实各项精准问责措施，让违规用钱成为“高压线”。加强对财政扶贫资金和扶贫项目的监督检查，配合审计、纪检、监察等部门做好审计、检查，形成齐抓共管机制，提高扶贫整体水平和效益，让扶贫资金在阳光下运行。各局（委）、各乡镇使用和管理财政专项扶贫资金中出现的各类违法违规行为，按照国家法律和规定严厉问责，形成一条任何部门、任何单位、任何人都不允许触碰的“高压线”。对于那些敢对扶贫资金下黑手的官员，对接执法部门，量刑上从重从严，惩前毖后，形成威慑，确保扶贫资金安全，使扶贫资金真正能一分不少地用在刀刃上。三是完善项目信息通报制。进一步规范和整合财政涉农扶贫资金支出，县财政部门牵头建立项目资金支出台账。设计统筹整合财政涉农扶贫的资金报表，对项目绩效目标、项目进度统计打分，按月将统筹整合涉农项目资金排名上报给扶贫攻坚指挥部、通报各乡镇和项目主管单位。探索引入专业社会中介机构，参与产业发展扶贫资金使用管理，配合主管部门制定扶贫产业发展规划、筛选论证扶贫产业项目、监督项目建设、指导项目运营、开展项目跟踪评估。

第三节　举贤任能：因村派人与扶贫成效精准

一　因村派人精准的举措与成效

选派机关优秀干部到村任第一书记，是加强农村基层组织建设、解决察雅县部分村“软、散、乱、穷”突出问题的重要举措，也是促进农牧区改革发展稳定和改进机关作风、培养锻炼干部的有效途径。为深入贯彻落实习近平总书记关于大抓基层、推动基层建设全面进步、全面过硬和精准扶贫、精准脱贫等重要指示精神，在党的群众路线教育实践活动中加强基层组织建设、打通联系服务群众的“最后一公里”，把农牧区基层党组织建设当作推动科学发展、带领农民致富、密切联系群众、维护农牧区稳定的坚强战斗堡垒。

（一）坚持“三选三不选”，选优配强驻村工作队

察雅县在驻村干部选派中，坚持“党群部门干部派弱村，政法部门干部派乱村，经济部门干部派穷村”的原则，按照“三选三不选”（政治素质好的选、综合能力强的选、工作作风实的选，非在职在编不选、党性和纪律观念淡薄不选、工作没有激情不选）的原则，精准选派干部，做到人岗相适、因村选派、人尽其才。按照昌都市关于调整补充脱贫攻坚指挥部，选派驻县区脱贫攻坚督导组及驻村帮扶工作队成员的通知要求，截至2019年底，西藏自治区、昌都市、察雅县三级共向143个村选派驻村干部337名，其中，西藏自治区级选派2017名驻村干部（含19名选派第一书记），市直机关、企事业单位选派296名驻村干部（含14名选派第一书记），县直单位和乡镇选派330名驻村干部（含80名选派第一书记）。通过相关部门明察暗访，与西藏自治区工作总队、市督导组、县纪委联合督查，电话抽查，向乡镇分管领导和扶贫干部了解，加强对驻村干部工作情况全程督查，对无法正常履职的驻村干部召回调整，提拔重用399人。

（二）实施“三个统一”，抓好驻村干部管理服务

根据西藏自治区、昌都市驻村干部管理考评的新要求和驻村干部日常管理存在的问题以及自治区工作总队和市督导组的反馈意见，对驻村干部管理和考评办法在原有基础上进行多次修改完善，重点明确驻村干部日常管理、生活补贴发放以及年度考核评价内容。结合党中央、西藏自治区驻村干部管理服务精神，通过“三个统一”要求，强化对驻村干部管理服务，为打赢脱贫攻坚战提供坚强的组织保障。一是统一工作职责。结合西藏自治区、昌都市驻村干部职责，制定察雅县驻村工作队职责，明确驻村工作队任务，统一印发到各村委张贴上墙。二是统一制度。参照西藏自治区、昌都市文件，

制定察雅县脱贫攻坚驻村工作队入户走访、考勤管理、工作例会、工作报告、纪律约束五项制度。从入户、考勤、请销假、工作例会、工作报告和工作纪律等方面对驻村干部提出明确要求，强化驻村干部管理。三是统一学习资料。为帮助驻村干部掌握工作方法、熟悉业务知识、提高能力，为驻村工作队下发党建、精准扶贫学习指导资料，助力精准扶贫、精准脱贫。在“三个统一”的基础上，县驻村工作领导小组办公室协调优化全部66个村居驻村工作队食宿环境，改善驻村工作队的生活条件。通过加强对驻村干部的日常管理和生活关心、关爱，既交任务、压担子，也当好后盾、搞好保障，让他们可以心无旁骛地沉在基层、干在一线。

（三）践行“三种模式”，加大驻村干部培训力度

加强驻村干部的脱贫攻坚方针政策、科技知识、市场信息培训，通过“三种模式”，即“理论+集中”模式系统学、“实践+现场”模式辅导学、“移动+掌中”模式随时学，帮助驻村干部掌握工作方法，熟悉业务知识，让他们成为密切党群、干群关系的“联络员”、基层组织建设的“指导员”、化解基层矛盾的“调解员”、新农村建设的“战斗员”。通过外出培训、就地培训、组织参加视频培训、集中培训和与县扶贫办联合培训，举办16期驻村干部培训班，共培训4409人。结合驻村干部的民情日志、工作小结、乡镇选送和督查情况，挖掘驻村干部的先进典型，把优秀驻村干部的民情日志和先进事迹及时向西藏自治区、昌都市媒体、网站、微信公众号选送，截至2020年6月，有32名驻村工作队和28名驻村干部的民情日志和先进事迹通过电视台和微信公众号进行宣传。

（四）树立选人用人“风向标”，确保扶贫干部有作为

察雅县制定《在察雅县脱贫攻坚工作一线推荐使用干部的实

施意见》，连续两年分配255名选调生充实乡镇脱贫攻坚一线，择优选用脱贫攻坚一线优秀年轻干部360名。结合村“两委”换届，通过本村选、上级派、外面引，新吸收32名优秀党员进入支委班子，组织驻村干部对村干部全面开展传帮带行动，带着村干部学政策、长本领、立规矩，帮村民解疑惑、办实事、树新风，涌现出一批驻村先进典型。村支部班子想事、干事的自觉性增强，办事能力提升。察雅县打造了一支“扎根基层、不离不弃、永远不走”的工作队伍。

二　扶贫成效精准的举措与成效

察雅县新时期脱贫攻坚目标是到2019年现行标准下动态调整后的4526户20829人贫困人口实现脱贫，贫困县摘帽。不折不扣完成这一任务就要在脱贫成效上下足精细的“绣花”功夫，推动脱贫攻坚向纵深开展，实现贫困户稳定脱贫，让脱贫成效经得起历史、实践和人民群众的检验。

（一）紧紧围绕脱贫思路创新，着力在退出质量上下功夫

围绕供给侧结构性改革主线，依托察雅县的区位优势，丰富资源，便利交通，树立全时、全域旅游理念，确立“一带三区一基地”产业发展布局，统筹推进“大生态、大旅游、大产业、大扶贫”，按照“一产围绕调结构、二产围绕出产品、三产围绕配服务”“一带三、三促一、接二连三”建设田园综合体，走农村旅游融合发展之路，实现以农促旅，以旅惠农。建档立卡户从2015年底的4526户20829人，调整到2019年的4159户20854人，贫困村退出138个，贫困发生率由原来的33%到目前基本消除绝对贫困，人均可支配收入由2015年底的2035.19元，增长到2019年的6446.60元，增幅约为216.8%，贫困群众获得感、幸福感增强。

2019 年 10 月，下达《西藏自治区人民政府关于批准林周县等 25 个县（区）退出贫困县（区）的批复》，察雅县顺利实现脱贫摘帽。

（二）精准制定多元脱贫措施，农牧民收入水平明显提升

通过“五小工程”、产业发展、旅游惠民、生态岗位、边民补助、生态补偿、转移就业、土地流转、能人带动、入股分红、结对帮扶、致富能人创办合作社和开办农庄、在企业就业、村集体经济发展等方式，引导和鼓励西藏高校和科研院所深入农牧区、扎根农牧业、帮扶农牧民，充分发挥人才高地、科技创新、技术推广优势，持续开展科技引导到户、技术辅导到人的科技帮扶，依靠科技精准制定发展措施，构筑起建档立卡户多元化增收渠道，确保他们持续稳定增收。在 2019 年扶贫退出评估中，抽查建档立卡脱贫户 4526 户 20829 人，人均纯收入由 2013 年的 2300 元以下提高到 6446.6 元，建档立卡脱贫户人均纯收入远超过国家扶贫标准。抽查非建档立卡 530 户 2473 人，人均收入 11245 元，收入整体高于建档立卡脱贫户。

（三）着力推进提升“十项工程”，基础设施条件明显改善

坚持提升“十项工程”与脱贫攻坚相结合，总投资 5991.42 万元，对 306 个自然村的 290 个工程点，采取新建、改造和升级安全饮水设施，高寒区域采用水井、暖箱等，解决冬季供水难题，使偏远贫困地区的农牧民用上安全饮水；总投资 4.3 亿元，实施 8 项农网升级改造，完成 110kv 变电站和 35kv 变电站建设和麦曲河电站技改维修。2020 年加快“三区三州”及增补项目建设，确保 2020 年 6 月竣工投运，结束乡镇不通电历史，提高电网覆盖率。道路基础设施总投资 13.77 亿元，特别是察贡公路、察雅县至左贡县美玉乡公路、察雅县至卡若区妥坝乡公路交工验收，打通了察雅县通往周边县的主要通道，改善了察雅县的交通状况；138 个行政

村道路中的47个道路通畅，实施畅通项目61个，建成后畅通率78%，通达率100%；78座依法登记寺庙公路的通达率为100%。“十三五”期间建设三网基站196座，村以上移动通信网络覆盖率为100%，通信网络覆盖率为80%，乡镇通邮率为100%，广播电视覆盖率为98.2%。2019年察雅县投入教育资金5570万元，在县城、13个乡镇共建设29所幼儿园，18所小学，3所村级教学点，1所县中学。选派农牧民科技特派员270人，开展5期科技特派员培训，有200余人参加；投资2.4亿元使94个行政村实现村村有活动场所、农家书屋、卫生室；38个村配备基础文化设施，未配备文化设备的行政村有100个。安排村医272名，“十三五”期间在医疗卫生方面资金投入1.52亿元，建成13个乡镇卫生院、138个村级卫生室，其中有121个卫生室建立在村活动场所、村委会，17个设立在乡镇卫生院，保障群众身体健康。推进合作医疗，参加医疗保险人数为10960人，基本养老保险、生育保险、工伤保险的人数均为2415人，参加失业保险人数为1275人。

（四）围绕智志双扶工作发力，农牧民内生动力明显增强

在相对滞后的交通条件、明显闭塞的信息、普通不高的受教育程度等因素相互交织、共同影响、综合作用下，察雅县农牧民“等靠要”和“红眼病”的懒汉思想严重，典型的“坐在门口晒太阳，等着政府送小康”现象时有发生。察雅县以“治理愚昧”为教育扶贫的突破口，依托广播、电视、报纸、杂志、书籍以及新媒体，在广大农牧区深入开展感党恩教育、察雅县今昔对比教育、愚昧产生社会原因教育、思想不解放失去发展机遇等一系列教育活动，加大教育扶贫、教育脱贫思想教育和惠农、支农、富农、优惠政策宣传力度，引导各族人民群众自觉克服“懒汉”思想，倡导“自力更生、艰苦奋斗”和崇简、尚勤的社会风尚，形成“我要脱

贫、我要致富、我要先富带后富”的社会氛围，切断“因愚致贫”的社会根源；以“扶持志向”为察雅县教育扶贫、教育脱贫的重要抓手，凝心聚力狠抓产业扶贫、转移就业、异地搬迁等重点工作。借助援藏机遇，采取“走出去”方式，开展农牧民种养业、服务业、加工业、建筑业等实用技术培训，使贫困户至少户均一人掌握发家致富的实用技能。加大合作社扶持、致富能人和带头人培养力度，壮大农牧区村集体经济、特色经济和优势产业。通过开展“富脑袋”行动，一方面使广大农牧民切身感受到党和政府对察雅县的特别关怀；另一方面让他们切实获得产业分红和发展生产的好处，激发他们参与生产、主动创业的积极性和创造性。

第四章　脱贫攻坚的难点破解、亮点与启示

第一节　脱贫攻坚的难点破解

一　察雅县脱贫攻坚的难点

打赢脱贫攻坚战，确保 2020 年察雅县脱贫的实效，本身就是一场硬仗。越往后贫困程度越深，致贫惯性越大，脱贫成本越高、攻坚难度越大。由此，察雅县打赢攻坚战的重点更加凸显，难点更加突出。概括地讲，察雅县脱贫攻坚的难点主要包括两个层面。

（一）具体难点

察雅县脱贫攻坚有序推进，在取得显著成效的基础上存在一些不足。深度贫困特点是：恶劣的自然条件与传统生产方式相伴，人口快速增长与劳动力素质不高并存，基础设施短板与公共服务滞后明显，群众素质低与内生动力不足问题叠加。

1. 从所处环境看，基础设施滞后是致贫的直接原因。深度贫困区要脱贫，基础设施建设是关键。察雅县的地理环境特殊，长期

处于封闭半封闭的“孤岛”状态，干线公路路网不健全。建制村通畅率不高、自然村通达率低，村级通畅率仅 18.1%，其余村尚未实现通畅。尚未通达的 220 个自然村基本处于高山深谷中。电网覆盖率低，农村电网与主网联系薄弱，不能保障农牧区供电的可靠性与安全性。电力设施落后，装机容量不足，发电能力弱，丰水期和枯水期的电力差异大，电力短缺问题严重制约经济社会发展，加大了精准脱贫的压力。水利设施建设滞后，土地涵水能力低，土地沙漠化、草地退化严重，生态环境脆弱。

2. 从置业治家看，发展产业无力是致贫的重要根源。自然资源禀赋差，耕地面积小、森林面积小，虫草林下资源、矿石、能源等自然资源匮乏。财力支撑弱，2017 年，财政收入 4741 万元，做强第一、二、三产业难度大，2018 年投入脱贫攻坚资金 1000 万元，虽然比例达到上一年度的 21%，但基数小，对精准扶贫的支撑力不明显。产业支撑能力弱，产业总量少、规模小、链条短，产业规模、效益和抗风险能力不强，产业发展受到自然条件、人力资源、资金技术等的影响，面临“发展什么产业、怎样发展产业、产品怎么卖出去”等难题。

3. 从自身条件看，群众素质偏低是致贫的内在动因。群众思想观念保守，就业观念落后，转移就业力度和群众就业能力不成正比，群众致富能力弱。贫困群众文化和知识水平低，不具备脱贫致富技术和就业技能。“思想贫困”和“等靠要”思想严重，有的人满足贫困现状，指望政府救济和扶持。缺信息、缺技术、缺资金、缺引导、缺致富思想成为贫困户无法脱贫的主要障碍。

（二）一般难点

1. 脱贫攻坚的重点在于确保如期脱贫摘帽，难点在于坚持标准、提高质量。按现行标准要求，实现“人脱贫、村退出、县摘帽”，解决区域性整体贫困，巩固2020年的脱贫实效，贫困群众同步迈入全面小康社会，是察雅县向党中央、西藏自治区、昌都市和察雅人民做出的庄严承诺，也是脱贫攻坚必须实现的底线目标。2019年，察雅县实现脱贫摘帽。脱贫攻坚取得历史性突破，这一结果振奋人心，催人奋进。回顾脱贫攻坚实践，我们深刻意识到，实现脱贫和巩固脱贫成果，要着力提高脱贫质量，筑牢脱贫的长效机制，促进稳定脱贫，既不降低标准，也不提高标准，同时要防止出现返贫，还要避免因扶贫拉大贫富差距。坚决打赢精准脱贫攻坚战，如期实现脱贫攻坚既定目标不放松、不停歇、不懈怠。

2. 精准脱贫的重点在于精准识别、精准退出，难点在于贫困户动态变化频繁。贫困户动态变化首先表现在收入变化上。按现行标准，贫困户符合脱贫标准。有些贫困户脱贫后因遇到灾害收入不稳定，返贫风险大；少数非贫困家庭特别是边缘户存在灾害、疾病和家庭主要成员遭遇突发变故等致贫隐患，给稳定脱贫带来不确定性。少数贫困户家庭住房条件改变、家庭成员户籍变更，分户和并户等现象会不同程度地影响新识别贫困户的精准度。少数村委会成员家庭收入不足，滑向贫困户风险大，少数老支书、老村委会成员由于不能享受建档立卡户政策，住房安全、收入增加存在压力。

3. 帮扶对象脱贫的重点在于攻克深度贫困堡垒，难点在于一计单策无法完全根除贫困。察雅县总体上属于西藏深度贫困县，深度贫困村集体经济少、产业结构单一、基础设施短板多、自然灾害易发、相对封闭、乡村文明程度低。由于没有产业和劳动力，乡村无法发展，村集体经济薄弱，村民返乡居住意愿低。深度贫困村致贫因素复杂，单一脱贫政策带动作用有限，巩固脱贫成果的不确定性大。

4. 精准帮扶施策的重点在于产业与就业精准帮扶，难点在于产业与就业稳定性提升。察雅县农牧区产业融合、新业态发展不均衡、不充分。察雅县主要通过“公司或专业合作社+贫困户”“公司或专业合作社+基地+贫困户”等模式，对自然资源和传统产业资源进行市场化整合、产业化运作，促进产业规模发展，带动贫困户通过就业增收、资产增值、产业增效脱贫致富。扶贫产业同质同构率高，特色优势不突出；龙头企业规模偏小，升级空间小，带动脱贫能力没有充分发挥；产业扶贫落地集中在优势鲜明的“重点村”。它们要么离乡镇、县城近，交通便利，要么有一定实力的经营主体支持，能够获得更多的产业扶贫项目和资源。条件较差的贫困村容易被冷落。自然、经营、管理和资金上的诸多风险给扶贫产业可持续发展带来很大不确定性，少数贫困户心里不踏实。农民缺技能、岗位不稳定、帮扶重眼前等依然影响就业扶贫效果。

5. 落实结对帮扶的重点在于强化驻村精准帮扶，难点在于增强驻村帮扶实效。有的贫困村有察雅县、昌都市、西藏自治区，甚至中央部委、大型国企派干部驻村帮扶，而有的贫困村和非贫困村一般就是乡镇干部驻村帮扶。不同的帮扶力度、资源配置带来不同的帮扶效果，造成新的贫富差距，不少非贫困村的道路、水利、照明、环境卫生等基础设施明显不如贫困村。有的驻村帮扶干部习惯传统扶贫的做法，帮扶措施单一，甚至把结对帮扶变成全程包办，只注重短期“输血”提高贫困群众收入，给钱给物改善基础设施，对因地制宜发展产业等“造血”项目重视不够，在一定程度上固化贫困户“等靠要”观念。少数结对帮扶干部忙于在单位和驻点之间“穿梭”，驻村时间和精力分散，影响实地走访，导致实用处方不准，无法根治贫困，甚至伤及群众感情，影响干群关系。

6. 建立长效机制的重点在于增强自主脱贫能力，难点在于激发脱贫的内生动力。贫困户和贫困人口缺乏脱贫的内生动力，表现在：不愿，部分贫困户习惯过苦日子，甚至甘于贫穷，以自己是贫困户为荣，缺少主动脱贫意识；不敢，因观念落后并且受条件限制，部分贫困户对脱贫信心不足，对帮扶顾虑重重；不能，有的贫困户想脱贫、愿致富，但因个人能力不足而无法脱贫；不会，有的贫困户习惯政府大包大揽，包办代替，在脱贫中找不到切入点和突破点，不知如何脱贫；不干，有的贫困户懒散、游手好闲，甚至赌博成性，整天盼着天上掉馅饼，或好高骛远。

二　察雅县脱贫攻坚的难点破解

自脱贫攻坚工作开展以来，察雅县始终把脱贫攻坚作为重大政治任务和第一民生工程，以脱贫攻坚工作统揽经济社会发展全局，按照“五个一批”“六个精准”要求，聚焦目标，合力攻坚，以铁一般的纪律、钢一般的意志，走好“一二三四”扶贫路，破解脱贫攻坚的难点。

（一）激发“一个动力”

为打赢脱贫攻坚战，应注重引导贫困群众转变“等靠要”思想和“等着别人送小康”的心理，把“扶智”和“扶志”贯穿脱贫攻坚全过程，激发贫困群众脱贫的内生动力。

1. 探索夜校、讲习所等文化阵地。结合乡镇、村实际，探索办夜校、讲习所，在深度贫困村用通俗易懂、简洁明了的语言讲好惠民政策，使“安贫可耻、勤劳光荣”观念深入人心，找准贫困村群众思想教育的着力点，做好贫困群众宣传、教育、培训和组织工作，激发贫困群众脱贫致富的主动性。以“身边人讲身边事，身边人讲自己事，身边事教身边人”的形式，让先进事迹在老百姓中口耳相传，让群众受到教育、懂得感恩，增强脱贫致富的道德自觉，营造脱贫攻坚氛围。

2. 树立文明新风。遏制陈规陋习，围绕勤俭节约、反对迷信、健康娱乐等内容开展移风易俗，培育文明新风。探索开展最美脱贫户和致富典型评选，加大先进典型的表彰和宣传力度，组织致富群众讲述致富故事，传播正能量，进一步激发贫困户勤劳致富、奋发向上的积极脱贫热情，为全面建成小康社会营造浓厚氛围。

3. 加大政策扶持力度。探索建立激励机制，让贫困群众主动干，增强发展的信心。政策设计上不能养懒汉，坚持“谁干支持谁，大干大支持，小干小支持，不干动员干”，围绕激发贫困群众内生动力设计、安排项目资金，坚决杜绝扶贫资金简单平均分配。

（二）补齐“两大短板”

1. 补齐健康扶贫短板。确保建档立卡贫困人口看得起病、方便看病、看得好病、尽量少生病，有效防止因病致贫、因病返贫。察雅县通过摸排，确定健康扶贫对象，确保政策实施精准。落实参保政策，确保贫困人口100%参加基本医疗保险和大病保险。建立保障制度，让贫困人口看得起病。开展大病筛查、大病专项救治，对白内障患者进行免费救治，让身患重病的贫困人口及时医治。落实便民惠民措施，让贫困人口方便看病。实行先诊疗后付费，实施一站式即时结报，实行家庭医生签约服务。全面提升卫生机构服务能力，让贫困人口看得好病，加强基层卫生人才队伍建设。全面提升县级医疗机构的服务能力，促进人民医院早日达到二级甲等医院标准，加强临床重点专科建设，全面提升服务能力。实施乡镇卫生院标准化建设，开展乡镇卫生院等级评审，创建让群众满意的乡镇卫生院。加强疾病预防控制，让贫困人口尽量少生病。加大重点疾病防控力度，对传染病、慢性病和严重精神障碍患者管理实现全覆盖。2019年底，实现消除包虫病，切实提高贫困地区妇女、儿童健康水平。

2. 补齐教育扶贫短板。全面排查所有建档立卡贫困家庭学生和义务教育适龄儿童少年，建立问题清单、措施清单、时限清单、责任清单。责任到人，实行挂图作战，保障适龄儿童在接受教育的路上，一个也不掉队。察雅县虽通过西藏自治区和国家义务教育均衡发展检查，但教育是一项长期而艰巨的任务，仍需要做好以下工作：加强中小学校标准化建设。采取一校一策办法，认真查找薄弱环节，逐一解决学校标准化建设中存在的问题。把校长、教师队伍水平提升和师资均衡配置作为工作重点，加强校长、教师队伍建设。加大对长期在高寒边远乡镇工作的教师在职称、待遇、培养、住房等方面的倾斜力度，营造拴心留人的良好环境。完善教师交流制度，发挥名优教师辐射引领作用。加强教师培训，深化同援藏省（市）协调衔接，完善培训体系，创新培训模式，提高培训实效，整体提升教师专业化水平。提高学校管理水平和教育教学质量。不断提高义务教育学校标准化水平，把工作重心放在内涵发展上，扎实推进素质教育。加强学校常规管理，完善相关管理规章制度。重点抓好教学管理，打造高效课堂，全面提高教学质量。以全面育人为导向，开齐、开足、开好体育、美育、劳动教育课程，促进学生身心健康发展。健全义务教育均衡发展的长效机制。继续做好义务教育巩固和延伸，增强推进义务教育均衡发展的长期性、动态性，对已达标指标做好动态监测，巩固成果，提高水平。对未达标指标认真做好查缺补漏，明确任务，扎实推进。

（三）扭住“三把抓手”

1. 扭住政策宣讲抓手。认清和深入批判达赖分裂集团这个牛鼻子，画最大同心圆，找“最大公约数”。最大限度地提升群众对党和政府的信任，在维护祖国统一、加强民族团结、开展反分裂斗争这一重大原则问题上，做到旗帜鲜明、立场坚定、认识统一、表里如一、态度坚决、步调一致。在各种会议、下乡调研和宣讲场合，引导群众追求健康文明的生活方式，开展正常宗教活动，自力更生、艰苦创业，把时间和精力更多地用到发展生产、勤劳致富、改善生活上来。营造劳动光荣、致富光荣、崇尚文明光荣的良好风尚，共同致力于全面建成小康社会，共同创造幸福美好未来。加大政策宣讲力度，算好富民账，让群众明白“惠从何来”。梳理脱贫攻坚惠民项目及政策，及时对群众进行宣讲。让群众最大化、最深入地了解扶贫政策，切实做到让精准扶贫、精准脱贫的政策和知识进村、进户。

2. 扭住转移就业抓手。转移就业是脱贫成效最快的途径。开展技能扶贫行动，提升技能助推就业。把“扶智”和“扶志”贯穿培训全过程，把培训内容与察雅县扶贫产业布局结合起来，与市场需求结合起来，与学员创业实践结合起来，分类实施有针对性的培训，开展公共服务、家政服务、家庭手工业、建筑业技能培训，结合种养殖产品、特色产业，开展电子商务培训。提高劳务组织化程度，拓宽就业渠道。对有就业意愿的贫困群众开展一对一帮扶，扩大贫困人口就业规模，提高就业稳定性。支持用人单位开发适合贫困劳动力的就业岗位，优先满足贫困劳动力的岗位需求。扶持创业带动就业，支持农民工、大学生、退伍军人创业，鼓励贫困劳动力自主创业，通过创业带动更多贫困劳动力实现就业。对带动当地贫困劳动力就业的返乡、下乡创业人员和自主创业的贫困劳动力，优先安排入驻扶贫产业园区，落实租金、创业担保金政策。加强公共就业服务。加强信息管理，对贫困劳动力进行调查摸底，到村、到户、到人了解他们的就业愿望和技能水平，掌握就业需求，定期分析贫困劳动力就业、失业总体状况，评估各项就业服务举措、就业技能培训项目和就业扶持政策落实情况，加强调度，有针对性地开展就业、创业服务。提供精准服务，为未就业的贫困劳动力提供咨询、就业指导、职业介绍等“一对一”免费服务，以贫困劳动力为重点，组织开展春风行动、就业援助月等活动，通过举办招聘会、送岗位下乡，把岗位信息传达到村、户、人。

3. 扭住结对帮扶抓手。引导干部从讲政治、顾大局高度，承担帮扶主体责任。围绕贫困户最急需、最迫切的问题，制订帮扶计划，明确帮扶任务，细化帮扶措施。切实杜绝帮扶喊在口上，不见行动，切实整治帮扶领导干部只挂名不出征。转变干部的帮扶方式，改进帮扶方法，利用入户走访之机，通过拉家常、算账对比，将脱贫光荣、当贫困户可耻的观念灌输给广大群众，引导贫困户树立人穷志不穷的奋斗进取信念，让贫困户成为脱贫主角，重拾信心，补齐“精神短板”。

（四）攻破“四大堡垒”

1. 攻破易地扶贫搬迁堡垒。将易地扶贫搬迁与城镇化建设，产业园区建设，交通沿线、旅游景区建设相结合，严格遵循“六靠、五方便、两避让”的基本原则和充分尊重群众意愿，易地扶贫搬迁安置点科学选址 26 个，新建住房总面积 29 万平方米，人均面积 22.79 平方米，投资 9.16 亿元，搬迁贫困户 2407 户 12751 人，占贫困人口的 61.2%。完成投资 5.05 亿元，安置群众 2115 户 11101 人，占总安置人数的 87.1%，余下安置点已完成总工程量的 90%。强化易地搬迁与产业扶持、“十项提升”工程有机结合，以易地搬迁安置点“水电路讯网、科教文卫保”十项提升工程为载体，建设基础设施项目 200 余个，着力强化配套设施、公共服务和产业建设，增强搬迁群众的就业能力，拓宽就业渠道，确保“稳得住、能就业、可致富”。

2. 攻破住房改造堡垒。围绕住房安全有保障的要求，实施“六改”工程。科学评定危房等级，分类组织改造，确保质量安全。第一，将建档立卡贫困户、低保户和深度贫困村的危房改造作为重点，率先完成改造，大力实施危房改造，保障住房安全。第二，实施加固和改造危房时，应根据卧房、厨房、厕所、圈舍、窗户、独木梯等现状，同步实施“六改”，落实厨卧分离、厕圈分离、人畜分离。通过“六改”，切实改善农村房屋的基本居住功能和卫生健康条件。落实规划管控，保留建筑特色。第三，强化“六改”与村庄规划、建设规划许可及宅基地管理结合，统筹推进，提升综合效果。

3. 攻破产业扶贫堡垒。察雅县紧紧围绕“五个一万级”产业和“六个千万级”工程产业布局，在产业发展上，既有“短、平、快”产业项目，也有打基础、利长远项目。健全产业项目利益连接机制，按照项目类型、结合项目实际，实行微型项目直接扶贫到户、小型项目带动整村、中型项目带动整乡、大型项目带动察雅县的帮带机制，通过土地流转、务工就业、产业分红，充分发挥产业扶贫助推脱贫攻坚的根本性作用。

严格按照产业规划，结合察雅县的资源条件、发展基础和贫困户意愿等组织申报产业项目，优先申报有一定产业基础、市场主体成熟、投资见效快、效益发挥稳定的产业项目。严格产业项目审批程序，对投资 50 万元以下的项目，实施方案要经过县产业组审核通过，报县脱贫攻坚指挥部研究决定后批复实施。对投资 50 万元以上的项目，根据投资额度按照审批权限，报县脱贫攻坚指挥部、县政府常务会议、县委常委会议研究批复。对上级批复项目，按照西藏自治区、昌都市有关规定落实。对于项目建设管理，严格按照基本建设项目流程，严格执行项目法人责任制、招投标制、监理制、合同制。严格管理产业项目资金，按照《西藏自治区脱贫攻坚产业发展资金管理暂行办法》严格执行，资金拨付实行集中报账制度，其他资金拨付严格按照《察雅县产业扶贫项目管理办法（试行）》执行。加强产业项目监督考核，严格按照《西藏自治区产业精准扶贫精准脱贫考评暂行办法》，严把产业项目责任关、时间关、进度关、效益关、群众满意关，确保全面完成产业脱贫目标。

4. 攻破基础设施建设堡垒。加快完善基础设施建设，确保贫困村交通顺畅、饮水安全、户户通电，确保全面完成贫困村基础设施建设，如期实现贫困县摘帽。实施安全供水提质增效工程。综合采取改造、配套、升级，2019 年底前全部解决饮水有问题贫困村饮水安全，提升建档立卡贫困人口和易地扶贫搬迁移民的饮水安全保障水平。实施农村电网升级改造。加快城乡电力服务均等化进程，完成所有易地扶贫搬迁户配套电网建设改造，保障贫困村、贫困户正常生产生活用电，2019 年底前察雅县建制村基本实现稳定可靠供电服务全覆盖，供电能力和服务水平实现明显提升。实施公共交通出行通畅工程。加快推进公共交通设施建设，实施县乡公路改造、建制村通畅工程、通村公路完善工程。切实抓好“国家级乡村通路示范县”，到 2019 年底，察雅县建制村道路通畅率达到 95%以上。实施农村信息普惠工程。完善贫困地区通信基础设施，加快网络优化升级，提升宽带支撑能力，提高农村贫困地区的宽带网络应用水平，确保贫困村互联网全覆盖。为贫困户提供有线电视基本服务，实现贫困户有线电视全覆盖。

第二节　脱贫攻坚的亮点

一　机制创新

（一）以“六县六化”强县举措为抓手，脱贫攻坚统领经济社会发展

以“十三对关系”为根本遵循，贯彻落实好党中央、西藏自治区、昌都市关于精准扶贫、生态文明、教育医疗、产业发展、城市建设的重大政策。面对经济总量小、贫困程度深、发展不平衡、设施配套不完善等问题，察雅县正确处理当前和长远、实际与规划等关系，创造性地实施“六县六化”强县举措，实现发展短板有力补齐、公共服务有力提升、民生保障有力改善、社会事业全面进步的目标。

1. 民生保障更加有力，实施民生和县，实现全面小康目标。2016年以来，察雅县贯彻以人民为中心的发展思想，努力向全面小康化靠拢。地方生产总值从8.9亿元增长至15.95亿元，年均增速15.8%；人均GDP从13571元增加至24177元；常住人口城镇化率由80%提升至95%；科技进步贡献率由40%提升至45%；农村居民人均可支配收入由7308元增至12774.3元，城镇居民人均可支配收入由18415元增至34925.27元；城镇登记失业率由2.5%下降至2%；公共交通服务指数由13.7%提升至18.2%；劳动年龄人口平均受教育年限从8.3年增加到10年；每1000名老年人口养老床位数从25.72张增加至32.54张；基本社会保险参保率保持在2.5%；人均公共文化财政支出由168727元增加至300790元；农村自来水普及率由80%增至93%；农村卫生厕所普及率由10%提

升至50%；聚焦“两不愁三保障”目标，实施“五个一批”举措，实现4164户20852人建档立卡贫困户脱贫，告别绝对贫困；先后投入基础设施建设资金12.6亿元，对365个农村安全饮水点进行新建、改造、升级、配套，群众饮水安全全部达标；实施农村电网改造升级工程，主电网已覆盖13个乡镇，覆盖率100%；察雅县公路通车总里程由1613公里增至1948.52公里，乡镇、行政村居道路通达率100%，通畅率100%；累计培训农业技术人员1500人次，实现转移就业6.7万人，实现就业创收1.93亿元；成立交通养护公司和水利养护公司；累计开展农村低保、残疾人“两项补贴”、临时救助、医疗救助、分散特困人员供养47900人，兑现10028.54万元；总投资3200万元开展乡镇卫生院基础建设项目。县人民医院成功创建二级乙等综合医院。通过实施民生和县，实现全面小康目标。

2. 产业发展势头良好，实施产业富县，产业特色化更加明显。2016年以来，察雅县深度实施昌都“五大养殖基地、七大种植基地”战略，科学规划“五个一万级”产业和“六个千万级”工程产业布局，总投资5.56亿元，实施扶贫产业项目95个，覆盖建档立卡贫困户5431人，通过土地流转、务工等发放资金2370.2万元。依托气候优势，着力发展河谷产业。以澜沧江、金河、麦曲河“一江两河”为重点，投资7500万元，发展烟多镇如给村、达巴村、吉塘镇亚许村等蔬菜基地项目，新建大棚287座，年产蔬菜4000余吨；在荣周乡、香堆镇建成黑青稞种植基地1200亩、青稞良种基地7000亩，单产高出察雅县平均值的30%；依托地理优势，着力构筑林木产业。重点构筑迪嘎拉、德日纳山万亩经济林产业，迪嘎纳山经济林面积达10624亩，每亩能为群众带来4万余元收入。引进西藏首个杂交构树繁育基地，在吉塘、卡贡、烟多等澜沧江流域乡镇构筑万亩杂交构树繁育经济林产业，实现年育苗百万株，形成集构树繁育、饲料加工、农畜养殖和销售为一体的藏东新型农牧产业链。阿孜乡及县城建立600头以上规模阿旺绵羊育肥基地，宗沙农牧民畜牧养殖及加工生产合作社正式成立，王卡乡黄牛改良和青储饲料基地渐成规模，1.2万只红拉山鸡规模养殖为群众增收拓宽更广途径，烟多镇中铝新村羊毛加工、扩达乡嘎益牧场乳制品制作等工厂的建立加速了肉、毛、皮等畜产品的资源转化和价值提升，实现粗放型放养向精细深加工经营模式转变。

3. 持续改善生态环境，实施生态立县，生态文明化成效明显。2016年以来，察雅县全面贯彻习近平总书记生态文明建设的重要战略思想，实施生态立县举措，国土绿化面积由2.37万亩增加到4.55万亩，增长约92%。消除无树户、无树村；投资1.01亿元，建成1.4万亩经济林，成活率80%；投资8975.15万元，实施退耕还林工程；累计投资1.48亿元，使卡贡乡、烟多镇3309亩苗圃形成规模；活立木总蓄积量744.75万立方米，森林覆盖率提升至40%，林木绿化率提升至40.9%；组织4.3万人次参加植树造林活动，植树14.2万珠，成活率85%；投资9600万元，建成3个垃圾填埋场、2个污水处理厂；实施4352户农村户用厕所改造，实施150户人居环境整治、深度贫困村居基础设施建设、改造、提升工程，投资410.73万元，创建4个自治区生态乡镇、54个生态村居。开展“减白禁塑”专项行动，白色污染减少10余吨，塑料制品使用量减少10余吨。深入开展生态环境保护综合执法专项行动，全面完成环境巡察督察，反馈问题整改，分类治理“散乱污”，察雅县水域“全面挂长”，推进饮用水水源地保护、河湖清“四乱”、入河排污口治理等系列专项行动，生态立县、生态文明化持续推进。

4. 教育事业加快发展，实施教育强县，教育素质化纵深推进。2016年以来，察雅县聚焦脱贫攻坚“两不愁三保障”中义务教育有保障，实施教育强县举措，幼儿园毛入学率由64.97%提升至72.16%，年均增速11%；小学入学率从92.33%提升至99.84%，年均增速8.1%；初中入学率从59.43%提升至99.22%，年均增速66.9%。义务教育巩固率95%以上，2018年顺利通过国家和自治区义务教育均衡验收，疑似失学儿童复学率100%，义务教育阶段“三残”适龄儿童义务教育入学率100%。投入教育基础设施建设费用3.92亿元，新建、改扩建20所学校，完善12所乡镇中心小学附属配套设施，建成280套教师周转房，实施高海拔取暖工程，为18所学校补充完善学校信息化教学设备，学校教学硬件设施进一步提升，县第二小学、第二幼儿园顺利开学。投入学生“三包”经费1.38亿元，投入营养改善计划资金2642.24万元。兑现西藏自治区、昌都市和察雅县困难大学生资助资金1081.72万元，受益大学生1555人次。兑现中铝·格桑花教育助学基金59.7万元，受益238人次；制定《察雅县教师交流工作实施方案》，察雅县教师交流人数54人次。组织130多名教师赴重庆南岸区、綦江区、巴南区、大足区参加培训，10余名幼教教师参加“粤藏同心”幼教教师和保育员培训，教师队伍软实力不断加强，教育素质化向纵深推进。

5. 项目建设顺利推进，实施城镇兴县，形成新型城镇化格局。2016年以来，察雅县总投资64.72亿元，完成53.38亿元，实施710个项目。立足城镇化建设，实施城镇兴县举措，投资2.42亿元，完成村级组织活动场所标准化开工建设94个。重庆新村、綦江新村、广东新村等新农村建成并投入使用，构建以县城为中心、以沿江和公路沿线为依托的美丽乡村新格局。荣周灌区，卡贡灌区，阿孜绵羊、宗沙牦牛养殖基地，广东援建卫生服务中心综合楼、藏医院、疾病预防控制中心项目、察芒公路、察贡公路等民生项目全部建成。投资4.3亿元，完成察雅县棚户区（旧城）改造558户；总投资7.3亿元，建设吉塘特色小城镇，规划用地总面积1265亩，建设自来水厂、垃圾填埋场、市政道路等基础设施，开发商业房产5.05万平方米，完善学校、卫生院、居委会、派出所等公共服务设施，建设藏东农业示范园、循环农业、温泉酒店等产业配套项目，王卡乡、荣周乡、香堆镇特色小城镇建设有序推进。通过实施城镇兴县举措，察雅县城镇化建设水平大幅提升，城市品质显著提高，公共服务均等化水平基本实现，新经济增长极基本形成，群众的幸福感显著提升。

6. 社会持续稳定向好，社会和谐更加可靠。"十三五"期间，实施团结稳县、社会和谐化的措施，结合"扫黑除恶"专项斗争，实施吉塘镇亚许村、烟多镇达巴村、宗沙乡拉松村、荣周乡非法运输协会等集中严打整治行动，察雅县168名涉稳重点人员全部在管在控；对行业部门执法检查615次，检查商户企业2600家；开展路检、路巡124次，整改交通隐患60余处，查处交通违法行为657起。落实防灾减灾保障措施，有针对性地开展地震、洪涝、防火等应对紧急事件和处理突发事件演练20余次，防灾减灾能力进一步提升。严格落实寺庙管理"1拖N"机制，将78座寺庙统筹划分为22个片区，加强创新寺庙管理，切实巩固和谐稳定、民族团结局面；表彰自治区级爱国守法先进僧尼2310人，发放表彰金额924万元，表彰市级爱国守法先进僧尼72963人，发放表彰金额1498.6万元，表彰县级爱国守法先进僧尼13429人，发放表彰金额1342.9万元；在做好流散僧尼管理上下功夫，创新性地开展"一二三四"工作法，有效加强寺庙流散僧尼管理。通过实施团结稳县、社会和谐化措施，实现社会持续稳定、长期稳定、全面稳定，寺庙管理有序，社会整体呈现和谐、稳定、祥和局面。

新时代脱贫攻坚战打响以来，察雅县以“六县六化”强县举措为抓手，实现经济进一步发展、政治更加开明、生态更加良好、社会更加进步、人民生活更加殷实的目标。

（二）“四举措”全面提升基层党组织标准化建设水平

2019 年以来，察雅县按照全面从严治党要求，采取“四举措”，以“钉钉子”精神狠抓落实，全面提升基层党组织标准化建设水平。

1. 建章立制，压实党建主体责任。完善《中共察雅县委工作制度》，从职责、规则、制度、流程 4 个方面 43 项内容入手，提高领导班子谋全局、抓大事、议大事的能力；制定《察雅县基层党建工作问责办法（试行）》，着力解决党建责任落实不力，队伍建设不力，确保基层党建真正落到实处；编印《察雅县党组织书记必读手册》，严格落实“三会一课”制度，科学界定各级党组织书记的责任，聚焦主责、搞好主业，推动主体责任往基层延伸、向纵深推进。2019 年，围绕“明责、履责、考责、问责”，着力构建严密完善的基层党建责任体系。

2. 党旗引领，精准聚焦脱贫攻坚。以党建扶贫为切入点，坚持把扶贫职责扛在肩上，把脱贫任务抓在手上，从打牢基础入手，促进各级党组织精准聚焦脱贫攻坚；充分发挥党员干部在脱贫攻坚中的先锋模范作用，按照“54321”结对原则将 2250 名干部职工与 4161 户建档立卡贫困户结成帮扶对子，结合“两学一做”学习教育，要求党员干部走村入户、上门服务、带着感情结穷亲、挖穷根、摘穷帽；大力实施党员致富星火工程、深入开展党建帮扶助力脱贫攻坚，先后确立吉塘镇居委会高原有机生态饮品项目、卡贡乡摩托车维修技术培训项目、新卡乡奶牛养殖项目，着力引导党员在脱贫攻坚中当先锋、做奉献，带动建档立卡户就近就业，实现增收致富。2019 年，依托察雅县抓党建促脱贫攻坚示范基地，对 328 名党员致富能手进行技能培训，不断提升党员的致富带富能力。

3. 发挥作用，始终保持队伍活力。严格落实《中国共产党发展党员工作细则》，坚持把政治标准放在首位，严把质量关、程序关和操作关，编发《察雅县发展党员十项制度》，将发展党员的流程统一规范为 5 个步骤 25 项内容；重点做好在农牧区、先进双联户、便民警务站和非公企业中发展党员的工作，注重在反对分裂、维护稳定第一线和妇女、少数民族中发展党员，做到优化队伍结构，提高党员质量；依托远程教育平台，拓展党员承诺践诺、设岗定责，鼓励党员立足岗位创先争优，充分发挥先锋模范作用。2019 年，察雅县发展党员 342 人，吸纳 60 名致富带头人成为党员，将 45 名党员致富带头人培养成村后备干部。

4. 持续投入，大力发展集体经济。落实《以习近平新时代中国特色社会主义思想为指导　大力推进基层党组织标准化建设的意见》，整合各类资金资源，用于村级活动场所标准化建设，使村级活动场所成为议事办事、发展创新的坚强堡垒；深化“支部+协会”的发展模式，积极探索“支部+公司+合作社+农户”的形式，鼓励村党支部创办集体经济、农牧民专业合作社；坚持“狠抓河谷经济、破解瓶颈制约，扩大对外开放、统筹城乡发展”的原则，积极整合涉农单位资金，集中扶持基础较好、有合适项目的村发展集体经济，利用集体经济的引擎作用，增强党员群众自我发展的能力。2016 年以来，建成卡贡乡村帮村、烟多镇察俄村等 94 个标准化村级活动场所。

（三）强化督导落实，全面履行县委扶贫主体的责任

察雅县立足县情，科学把握扶贫的客观规律，紧紧围绕“两不愁三保障”目标，明确贫困群众是脱贫主体、干部是责任主体、全社会是帮扶主体。针对 13 个乡镇的实际情况，健全责任体系，从“措施落实、督导检查、问题解决”等目标任务出发，强化责任落实，明确由县委常委牵头带队，下乡履行县委扶贫主体责任，确保打赢脱贫摘帽攻坚战。

1. 健全责任体系，确保压力传导到位。按照“五级书记”抓扶贫和“区负总责、地市直管、县抓落实、乡镇专干”以及“党政同责”要求，将察雅县划分为 13 个战区，完善县、乡镇、村居三级书记抓扶贫责任制和“县委常委包乡镇、科级干部包村居、一般干部包户”协调推进机制，县委、县政府与各乡镇党委、政府，乡镇党委、政府与村居党支部逐级签订《察雅县脱贫攻坚工作目标责任书》，修订完善《中共察雅县委常委会议事决策规则》，定期听取脱贫攻坚汇报。2016 年以来，县委、县政府、县扶贫工作领导小组、县脱贫攻坚指挥部召开会议 198 次，学习、研究精准扶贫事项 265 个。各乡镇结合实际制定扶贫例会制度，定期总结扶贫成效，查找不足、分析原因、提升水平。形成县委总揽全局、部门各司其职、乡镇齐力攻坚的扶贫体系。

2. 加强督促指导，强化责任落实。坚持把督导检查作为推动脱贫攻坚的有力抓手，建立党政一把手模范带头，县级干部带队蹲点，责任乡镇、单位共同参与督导机制，制定《察雅县县委常委督导包片工作制度》，严格执行“四定”措施（每个县直单位固定督导 1 个乡镇，每个单位固定藏汉督导人员 2 名，脱贫攻坚指挥部分解确定每阶段督导任务，制定督导标尺），积极发挥县委、县政府督查室，组织纪检等部门的监督作用。2016 年以来，察雅县主

要领导以身作则，遍访所有乡镇、村居，乡镇党委书记、乡镇长和选派村党支部书记做到辖区贫困户走访全覆盖，相关单位通过书面督导、实地督查、随机抽查等方式开展督导检查 30 余次，实现督导全覆盖和常态化，形成环环相扣、层层加压、整体推进良好局面。

（四）察雅县六举措，确保抓党建促脱贫取得实效

为贯彻落实习近平总书记关于扶贫工作的一系列重要讲话精神和西藏自治区、昌都市关于脱贫攻坚的重要部署要求，确保打赢脱贫攻坚战，察雅县采取“六项”措施，确保抓党建促脱贫取得实效。

1. 领导带头，组织更加有力。成立抓党建促脱贫攻坚领导小组，将察雅县划分为 13 个脱贫攻坚战区，由 13 名县委常委担任组长，全面负责本战区抓党建促脱贫攻坚工作。为有效发挥党组织在脱贫攻坚中的主体作用，县委、县政府与各乡镇党委，乡镇党委、政府与村居党支部层层签订《察雅县脱贫攻坚工作目标责任书》151 份。察雅县召开抓党建促脱贫攻坚部署会、工作推进会，专门研究和部署抓党建促脱贫攻坚，做到层层明确职责，层层传导压力，压实责任，确保工作落到实处，取得实效。

2. 结对帮扶，帮助增收致富。按照“54321”结对原则，将察雅县 2250 名党员干部与 4161 户建档立卡贫困户结成帮扶对子，通过“六个一”帮扶措施，帮助贫困群众增收致富。实施科级干部精准扶贫包村工作，由 138 名科级干部联系帮扶 138 个行政村，签订包村目标责任书 276 份，指导帮助村居党支部开展精准扶贫、精准脱贫，确保打赢脱贫攻坚战。

3. 主动作为，密切党群关系。察雅县党员干部职工始终把贫困群众当亲人，把贫困群众放在心上，结合自身工作、能力、条件，加强与结对联系贫困户沟通联系，做到合理安排时间，定期走访看望联系对象，随时了解其思想动态、随时掌握生活情况、随时提供力所能及的帮助，与他们同吃、同住、同劳动，知民情、解民忧、暖民心。察雅县党员干部开展脱贫攻坚调研 566 次，提出工作建议 229 条。利用上级划拨党费建立西西村党员驴友服务站、洗车加水点、卡贡乡摩托车维修点致富项目，带动 32 户贫困群众增收致富。

4. 宣讲政策，增强内生动力。注重“扶贫”与“扶志”“扶智”相结合，大力宣讲“团结稳定是福，分裂动乱是祸”的道理；积极宣讲党的十九大，十九届二中、三中、四中全会和中央第六次西藏工作座谈会以及习近平总书记关于扶贫的一系列重要讲话精神，从思想上切实增强贫困群众脱贫致富的信心和决心，充分调动贫困群众积极性和主动性，引导贫困群众树立主体意识，发扬自力更生精神，激发改变贫困面貌的决心，变“要我脱贫”为“我要脱贫”。2016 年以来，结合“五下乡”“四讲四爱”主题教育实践活动，开展政策宣讲 1.3 万场，发放宣传资料 17471 册，受教育群众 12.9 万人。

5. 多措并举，帮助改善民生。以群众满意为标准，以群众需求为导向，坚持量力而行、尽力而为，要求各级党组织帮助贫困户解决最迫切、最现实的困难，通过走访慰问、技术援助、资助钱物，帮助他们改善生活状况；通过资金、信息、项目、就业扶持，帮助他们拓宽致富渠道、增加收入；对生产技术上遇到困难群众，通过帮助协调咨询技术、上门指导等方式解决技术难题；在春耕生产、夏秋收获季节通过帮助贫困群众生产劳动，使他们切实感受到党和政府关怀。2019 年，察雅县多方整合资金，全面消除集体经济空壳村，帮助建档立卡贫困户增收致富。

6. 注重实效，营造良好氛围。发挥机关党组织项目、资金、技术、政策优势，要求各机关组织充分结合牵手结对帮扶、“党员干部进村入户、结对认亲交朋友”、在职党员到村居报到服务等活动，制定本级抓党建促脱贫攻坚方案，做到贴近实际、便于操作，主动接受群众监督，使贫困群众真正受益；在落实工作过程中，注重抓好典型事例，及时总结好做法，并加以推广；对帮扶成效突出的事例，及时进行宣传报道并把抓党建促脱贫攻坚的实际效果作为检验各级党组织和党员干部先进性的重要内容。察雅县表彰在脱贫攻坚中成绩显著的集体 126 个，作用发挥明显的个人 185 名，营造良好氛围。

（五）构建县、乡、村三级宣讲模式，强力激发脱贫内生动力

察雅县政策宣讲始终坚持以“维护祖国统一、增加感恩意识、激发内生动力和政策落实见效”为出发点和落脚点，紧扣贫困群众脱贫责任主体，形成以“政策宣讲+文艺扶贫+典型宣传”等为主要内容的县、乡、村三级宣讲格局，培树“安贫可耻、勤劳致富”的新风正气，实现贫困群众物质、精神“双脱贫”。

1. 多措并举，县级实现“大宣讲”。察雅县坚持理论宣讲先行，制定出台《察雅县脱贫攻坚政策专项宣传实施方案》，以行政村为集中宣讲点，深入 13 个乡镇 138 个村居，累计举办宣讲培训班 560 余场，培训宣讲人员 5700 余人，受教育群众 18 万余人；通过“藏东察雅”“网信察雅”等微信公众号平台发布以脱贫攻坚中出现的典型事迹为主的扶贫信息 760 余条，播出精准扶贫新闻信息 790 余条、精准扶贫专题片十余部，在政务网站发布稿件 2100 余条；设置宣传牌、悬挂横幅、张贴标语，广泛宣传、报道党和国家的扶贫政策，以及察雅县脱贫攻坚开展的情况和取得的成效，LED 屏滚动播放扶贫宣传标语 10000 余次，制作大型户外广告牌、墙体

广告、宣传栏1400余个。依托“四讲四爱”群众教育实践活动，深入13个乡镇开展文艺巡演活动60余场，落实西藏图片展70余场，达到“笑声中感悟生活、掌声中体会幸福、泪水中感党恩”的文艺效果。

2. 压实责任，乡级实现日常宣讲。察雅县13个乡镇始终将政策宣讲贯彻于日常工作，将宣传责任压实到乡镇干部，把宣讲任务分解到下村工作，做到在工作中宣讲，在宣讲中工作，实现宣讲工作常态化、日常化、经常化。通过强化对驻村工作队和村“两委”的政策培训力度，充实宣讲队伍、壮大宣讲力量，做到宣讲与贫困群众无时差对接。截至2020年4月，通过村民小组会、党员大会、群众大会等形式进行政策宣讲，参与群众74万人。

3. 精准到人，村级实现入户宣讲。驻村工作队充分利用村情民意，与村“两委”形成政策宣讲合力，在田间地头、村院坝和牧场点，因情因势采取入户和集中两种方式，通过拉家常、闲谈等形式以直白的语言对群众开展政策宣讲，教育群众知政策、懂政策、感党恩，深度激发群众这一脱贫主体内生动力。2016年以来，察雅县138个驻村工作队和村“两委”实现对辖区包括非建档立卡户在内的所有群众政策宣讲季度全覆盖。通过开展政策宣传、感党恩教育、出谋划策、慰问帮扶，帮助困难群众转变思想、树立脱贫信心。2016年以来，察雅县干部入户走访4.8万次，开展宣讲活动1.1万余次，群众受教育人数达12.69万人。

通过县、乡、村三级宣讲，广大群众的政策知晓率全面提升，脱贫致富的信心增强，知党恩、感党恩意识浓厚，实现从“要我脱贫”到“我要脱贫”的转变，营造人人关心、人人支持、人人参与脱贫攻坚的浓郁氛围，为打赢脱贫摘帽攻坚战提供有力的思想保障。

二　发展生产

（一）搬迁只是手段，脱贫才是目的

察雅县结合自身实际，围绕发展、稳定、生态、增收四个方面，合理布局，有序推动，投入资金 8.63 亿元，建设易地扶贫搬迁安置点 26 个，入住群众 2406 户 12751 人。为处理好扶贫搬迁向城镇聚集和向生产资料富裕、基础设施相对完善地区聚集的关系，察雅县从产业和就业两个方面齐发力，让搬迁群众“搬得出、留得住、能致富”。

1. 产业聚焦，有的放矢，三个层面促增收。察雅县安置点数量多、搬迁群众基数大。为提高易地搬迁群众发展能力，切实提高易地搬迁户收入，改善生产生活条件，察雅县在开展扶贫产业规划时充分考虑易地搬迁安置点的规模和方位，大力发展优势特色产业，确保搬迁户稳定脱贫。一是扶贫产业向易地扶贫搬迁安置点聚焦。产业扶贫是最直接、最有效的办法，也是增强贫困地区造血功能、帮助群众就地就业的长远之计，察雅县本着坚持“宜农则农、宜牧则牧、宜林则林、宜商则商、宜游则游”的原则，规划易地搬迁安置点配套扶贫产业项目 53 个，投入产业扶贫资金 3.35 亿元，带动搬迁群众 3694 人增收致富。二是结合区位优势和资源禀赋，因地制宜发展扶贫产业。如围绕唐琼孜、岗孜卡等搬迁点，着力构筑产业园经济产业，打造烟多产业园区、麦曲综合产业城产业集群发展新平台，引进矿植物颜料加工、唐卡绘画、民族手工艺制作、苹果醋加工、汽车美容、维修等产业项目带动就业增收；围绕吉塘居委会、新卡乃帕、荣周佐通村易地搬迁点实施河谷经济产业，建设万亩经济林，澜沧江沿线一带超过 12000 亩经济林项目全面启动；已建立自治区内首个藏东杂交构树繁育基地，在卡贡乡、

烟多镇建设3000亩苗木培育基地；围绕王卡乡王吉村、阿孜乡扎拉牧区、扩达乡易地搬迁点壮大特色养殖业，发展黄牛改良、奶牛养殖、绵羊养殖、棚圈改造等项目。宗沙牦牛育肥超过800头，阿孜绵羊育肥量超过2000头。围绕香堆居委会易地搬迁点，加大能源资源开发力度，发展香堆镇果日砂石厂、商砼站等能源资源开发项目，成效显著。三是加大“短评快”小产业发展力度。为使搬迁群众能较快地实现就业和增收，察雅县充分利用易地扶贫搬迁安置点配套建设门面房、商业房、农贸市场，大力扶持发展扶贫馒头店、扶贫超市、扶贫维修店、扶贫蔬菜店、扶贫理发店、扶贫鞋店等落地快、实施周期短、经营管理简单、见效快、带动性强的“短评快”小产业。已在烟多镇唐琼孜、香堆镇香堆居委会、荣周乡佐通村、王卡乡王吉村等易地扶贫搬迁安置点实施“短平快”产业项目40个，投入产业扶贫资金604.76万元，带动建档立卡贫困群众355人。

2. 建立平台，扩宽渠道，六项举措促就业。易地扶贫搬迁安置点群众能否实现稳定就业，事关搬迁群众如期脱贫摘帽大计，察雅县牢牢把握“搬迁一户、就业一人、稳定一家”的任务目标，因地制宜抓措施，千方百计促就业，确保易地扶贫搬迁安置点贫困群众如期脱贫摘帽奔小康。第一，抓就业组织建设，形成转移就业合力。成立察雅县就业联席会议专班，在13个乡镇建立就业服务所，138个村居建立就业服务站，形成县、乡、村三级就业服务工作平台，通过明确责任、细化措施、制定任务，为易地扶贫搬迁群众转移就业工作打下坚实基础。第二，抓市场需求调研，找准转移就业方向。深入易地扶贫搬迁安置点开展劳务市场需求调研20余场，就业意愿调研30余场，走访搬迁群众1800余户，撰写调研报告11篇。从搬迁安置点市场经济发展、配套产业建设、群众就业意愿三方面充分分析就业市场前景，制定《察雅县精准扶贫转移就业工作实施方案》《察雅县农牧区劳动力转移就业增收工作实施方案》，确立年职业技能培训、转移就业、务工创收任务目标。第三，抓职业技能培训，提升内生动力发展。结合扶贫产业发展前景和劳务市场用工需求，以及重点工程项目带动就业的能力，持续扩大搬迁群众职业技能培训范围，努力提高搬迁群众的就业能力和劳动价值，做到应培尽培，将培训班设在搬迁安置点，采取军旅式、以干带训、先定岗后培训方式，发展培训一批厨师、餐厅服务员、客房酒店服务员等市场紧缺的现代服务从业人员；依托产业配套培训一批大棚蔬菜种植、牦牛育肥养殖等农副产品供应的农牧业种养殖从业人员；根据群众就业意愿，培训一批装（挖）机操作、汽车驾驶、建筑施工、唐卡绘画、颜料加工等涉及面广、就业率高的职业技能培训班，总计培训搬迁群众 1807 人。充分激发搬迁群众自我改变贫困干劲决心，内生动力增强。第四，抓就业体系建设，提升就业服务水平。通过成立劳务派遣公司、成立农牧民合作社，发展村级集体经济、发展劳务经纪人等多种就业模式，对搬迁群众开展就业跟踪回访 8000 余人，帮助 2000 人解决就业实际困难；为搬迁群众提供职业介绍、就业指导、政策宣传等系列服务 40 余场，发放宣传资料 20000 余份，利用媒介向搬迁群众推送发布招聘信息 40 条，涉及就业岗位 5000 余个。2016 年以来，察雅县通过建立完善的职业技能培训阵地，全面开办技能培训班，培训农牧民群众 4169 人，实现察雅县农牧民富余劳动力转移就业 4.5 万人，创收 1.2 亿元，实现人均增收 2600 余元，贫困群众劳动价值不断增强，形成全社会广泛参与、共同促进就业的良好局面。第五，抓就业平台建设，拓宽就业增收渠道。在岗位开发、就业引导、观念转变、政策宣传等拓宽就业增收渠道上下真功夫。将 33 个政府投资 400

万元以内项目交由当地农牧民施工企业（队）承建，在工程项目领域实施吸纳本地农牧民工30%的硬性规定，实现政府有组织输送400名搬迁群众参与工程建设。通过促进产业发展模式，持续扩大产业促就业成效，察雅县98个扶贫产业项目吸纳搬迁群众5415人实现就近就便就业；30个民族特色产业带动搬迁群众1700人实现转移就业。13家企业入驻察雅县扶贫开产业发园，带动搬迁群众200人实现稳定就业。精心打造察雅县“双创”孵化池就业创业中心，营造良好的就业创业环境，出台优惠的就业创业政策，扶持5名高校毕业生实现创业起步，带动搬迁群众20人实现转移就业。在察雅县社会经济高速发展的黄金时期，通过定期举办室内外招聘会，为用人企业单位和求职者搭建就业平台，推荐引导搬迁群众500人实现转移就业。第六，抓信息数据建设，实现就业资源共享。依托乡镇、村居、安置点管委会等就业服务平台，对察雅县搬迁群众转移就业地点、岗位、收入等就业信息进行详细记录，并录入西藏公共就业服务信息管理平台，与实现资源共享，推动察雅县就业服务工作向信息化转变。

（二）给群众建一个绿色银行

察雅县深入贯彻落实习近平总书记生态文明建设思想，牢固树立“绿水青山就是金山银山”“冰天雪地也是金山银山”理念，大力实施“神圣国土守护者、幸福家园建设者”战略，将生态建设和脱贫攻坚工作紧密联系，用心做好生态绿化、大力推动经济林果建设，努力实现生态治理与脱贫攻坚互促双赢。察雅县于2015年启动万亩经济林产业建设项目，栽植经济林总面积11720亩，总投资10105万元，已全部完工。项目包括迪嘎纳山和德日那山片区、杂交构树产业片区及澜沧江种植区3个片区，种植杂交构树、苹果、蜜桃等经济苗木52万余株。项目实施以来积极吸纳当地群众投工投劳，吸纳群众 311 户 1843 人，其中建档立卡户 149 户 956 人，发放工资 190 余万元，户均增收 6000 余元，实现群众不离乡、不离土、在家门口就业愿望。根据规划，经济林项目建成 3~5 年后，将移交给当地群众作为集体经济，采取“公司+基地+农户”模式帮助群众脱贫增收。

新卡乡乃帕村经济林作业区，作为澜沧江种植区的其中一部分，总面积 1267 亩，总投资 1178.18 万元，种植以苹果、桃子为主的经济林木。新卡乡乃帕村经济林作业区的三大效益具体表现如下。第一，社会效益。项目实施以来，以每天每人 100 元的工资吸纳当地群众投工投劳，带动建档立卡贫困户 9 户 35 人，户均年收入约增加 2500 元。结合“扶志和扶智”理念，对务工群众进行技术培训指导，逐步提高务工群众种植、管理技术。第二，生态效益。种植苹果树、桃树，提高森林覆盖率，保持水土。苹果树、桃树根系固定土壤，可减弱土壤水分蒸发，减轻土壤盐渍化。第三，经济效益。乃帕村作业区经济林进入丰产期后，理论上亩产可达 3000 斤，按现在市场批发价格，1 斤苹果或桃子可卖 3 元，亩收入将达到约 1 万元，年收入将非常可观，将辐射带动新卡乡乃帕村及周边地区群众增收致富。

（三）察雅扶贫产业立足“三个依托”，推进“两个加强”，取得“三个成效”

察雅县深入贯彻自治区正确处理好经济社会发展“十三对”重大关系，特别是吴英杰书记“不离乡不离土、能干会干的关系”的重要指示，深度对接昌都市“五大养殖基地、七大种植基地”发展战略和察雅县林下经济发展定位，明确狠抓河谷经济发展思路，确立农牧现代化工作目标，落实产业扶贫资金 5.806 亿元，大力发展农、林、养为主的河谷产业和特色经济项目，有效带动

5651余名建档立卡户人均年增收2000元。

1. 依托三个方面的特色优势。第一，依托气候优势，着力发展河谷产业。以澜沧江、金河、麦曲河“一江两河”为重点，立足区域特色优势产业，投资7500万元，实施烟多镇如给村、达巴村、吉塘镇亚许村等蔬菜基地项目，新建大棚102座，年产蔬菜4000余吨；在荣周乡、香堆镇建成黑青稞种植基地1200亩、青稞良种基地7000亩，单产高出察雅县平均值30%；实施吉塘镇雪通村、烟多镇达浪村百亩大蒜和生态农业园项目，建成吉塘镇现代农业科技示范园，藏药材试种取得显著成效，市场前景广阔。第二，依托地理优势，着力构筑林木产业。重点构筑迪嘎拉、德日纳山、帮嘎等万亩经济林产业，经济林面积1.2万亩，果类综合产量每亩2000斤以上，每亩为群众带来4余万元收入。引进全区首个杂交构树繁育基地，在吉塘、卡贡、烟多等澜沧江流域乡镇构筑万亩杂交构树繁育经济林产业，实现年育苗百万株，形成集构树繁育、饲料加工、农畜养殖、销售为一体的藏东新型农牧产业链。第三，依托资源优势，着力培育畜牧产业。察雅县有846.34万亩优质草场，立足打造昌都重要肉类供应基地，坚持“产加”“农畜”相结合，在阿孜乡建立2000头以上规模的阿旺绵羊育肥基地。宗沙、扩大、肯通建立以牦牛育肥为主的农牧民畜牧养殖及加工生产合作社，集中育肥超过800头牦牛。王卡乡黄牛改良和青储饲料基地渐成规模，6000只规模的红拉山鸡养殖为群众增收拓宽途径，烟多镇中铝新村羊毛加工、扩达乡嘎益牧场乳制品制作等工厂加速建立，肉、毛、皮等畜产品资源转化和价值提升，实现由粗放型放养向精细深加工经营模式的转变。

2. 优化产业布局，强化产业监管。察雅县将发展产业作为脱贫攻坚长久之策和治本之举，在产业发展上，既有“短平快”产业项目，也有打基础、利长远项目。健全产业项目利益连接机制，按照项目类型、结合项目实际，实行微型项目直接扶贫到户、小型项目带动整村、中型项目带动整乡、大型项目带动察雅县的帮带机制，通过土地流转、务工就业、产业分红等多种形式，充分发挥产业扶贫助推脱贫攻坚的根本性作用。

以“五个一万级”［万亩青稞良种基地、万亩饲草料基地、万亩经济林、万头（只）牛羊育肥基地、万吨花岗岩基地］产业为载体，以“六个千万级”（吉塘藏东现代农牧业科技示范园、扶贫开发产业园、阿孜乡绵羊养殖基地、宗沙乡牦牛育肥基地、经济林种植基地、蔬菜基地）工程为龙头，按照大、中、小类型产业项目分别带动县、乡、村工作机制，紧抓察雅县既定发展经济林果、苗木、蔬菜、牛羊育肥等特色主导产业不放松。

加强产业规划，做好产业布局。“十三五”以来，依托“一江两河”优势，察雅县重点培育好三大农业产业基地。一方面，用好荣周乡、香堆镇地势平坦、水源丰富、耕地集中、土壤肥沃的优势，发展特色高产农业项目，将该区域定位为重点的优质青稞和黑青稞生产基地，投资超亿元的荣周灌区、瓦西灌区等农田水利设施项目 30 余个，曾经的“靠天低产田”如今华丽转身为“万亩粮仓”。另一方面，以澜沧江为纽带，打造烟多、新卡、吉塘、卡贡经济带，构建察雅县乃至昌都全市的“菜篮子”和“果盘子”，明晰以蔬菜、经济林为主的产业定位，建成苗圃 5 个，大中型果园 7 个，河谷流域庭院经济基本全覆盖，以园林为主题的林卡、藏家乐达到 13 个。

加强产业指导，做好产业监管。察雅县形成综合管理效应，不断增强产业项目规划、调研论证、产中的服务指导和产后经营销售的监管服务力度。对产业项目统一管理，统筹推进，精心指导。安排部署协调县、乡、村三级安排、动员、督查各方面加强产业发展一系列指导管理工作。在特色产业上集中用力，对贫困群众发展特色产业积极性比较高的，特别是完全适应在察雅县推广的，根据贫困户脱贫规划和需求及早与贫困户对接，做好宣传动员，因地制宜，因户施策，合理规划，加强指导，确保任务完成。加大扶贫工作推进力度，有序推进产业项目建设，发挥产业项目的应有作用，加大产业项目调研论证力度，提高立项质量，加强项目管理，落实相关责任，加大产业脱贫、就业脱贫等方面的调研力度，制定有效措施，逐步降低政策脱贫比重，建立健全依靠生产经营脱贫致富长效机制，确保项目产生应有的经济效益，提高产业的贡献率。

3. 取得三个层面的扶贫成效。一是取得脱贫增收成效。通过大力实施特色产业，厚植察雅县产业致富基础，察雅县农牧民群众有广阔稳定的增收来源，实现“一乡一业”“一村一品”产业结构布局，村村有亮点、乡乡有特色，发展不重样，道路不重复。二是取得产业定位的成效。通过有序实施特色产业，逐步奠定察雅县农业大县、果蔬强县的实力基础，集中力量和资源造就遥遥领先于其他县区的特色优势，不仅胜在起步，而且将距离拉开于发展过程中。三是取得生态保护成效。察雅县大力发展农、牧、林等绿色产业，既实现可持续发展，又能提升植被、草场等覆盖率，实现经济与生态保护的双推进，以及人与自然的和谐发展。

（四）“三个一”贯穿产业项目始终，铸就产业富县发展之基

扶贫扶长远，长远看产业。习近平总书记指出，“发展产业是实现脱贫的根本之策，要因地制宜，把培育产业作为推动脱贫攻坚的根本出路”。察雅县深刻认识开展好产业扶贫的重要性，坚持以习近平总书记关于产业精准扶贫系列重要讲话精神为指导，深入贯彻落实中央、自治区、昌都市关于产业精准扶贫工作

系列文件和会议精神，以全面建成小康社会为引领，以贫困人口精准脱贫为目标，以贫困户增收致富为核心，以贫困村和贫困人口为重点，立足现有产业发展基础，按照有主导产业、有增收门路的要求，因地制宜，坚持长短结合、突出短平快增收原则，继续深挖河谷经济潜力，推广特色农业、高效林业、亮点牧业，切实增强加快“短平快”产业发展的紧迫感和责任感，纵深推进产业富县，产业特色化进程。

1. 以“三个一”为抓手，加快产业项目落地实施。一个项目一个法人。产业扶贫是脱贫攻坚的核心和关键，察雅县立足现有产业发展基础，按照有主导产业、有增收门路的要求，因地制宜，坚持长短结合、突出“短平快”增收原则，实施一个项目一个法人，切实加强组织领导，压实责任，明确要求，确保产业项目高速、保质、保量落地实施。制定《察雅县“十三五”产业精准扶贫规划项目实施任务分解表》和《察雅县“短平快”产业精准扶贫规划项目实施任务分解表》，明确责任单位、责任人，责任人对项目的申报审批、建设实施、资金拨付、经营管理、档案资料、公示公告等全过程、全方面负责，压实责任，确保各项工作有人抓、有人管、有人做，促使项目早开工、早建设、早投产、早盈利。一个项目一套利益联结机制。实施产业扶贫项目的最终目的就是要使贫困群众从中受益，项目法人根据项目性质、特点，制定产业项目利益联结机制，精准识别分配对象，积极探索采取订单式运作、家庭式产业、股份合作、委托饲养、资产收益等多种利益联结模式，鼓励贫困群众直接参与项目生产经营。加强对分红资金的管理，坚持公开、公正、透明原则，广泛接受社会和群众监督，确保项目充分发挥扶贫效益、贫困群众精准受益。做到一个项目一套档案资料。产业扶贫项目涉及资金量大、政策要求严、群众关注度高。项目法人按照自治区、昌都市产业精准脱贫项目管理办法要求，全面加强项目调研论证、评审审批、组织实施、竣工验收和经营管理、收益分配等各环节工作，严格落实项目法人责任制、招投标制、监理制、合同制等基本建设程序。按照一个项目一套档案资料，强化项目资料完善，做到程序对、资料足、管理规范，切实加快推进察雅县产业项目纵深发展，确保项目建得成、管得好、有效益。

2. 以“五定三统一”为标准，完善产业项目利益联结。一是已批复正在实施的、完工未拨款产业项目。项目责任单位、责任人严格按照产业资金拨付流程和要求，收集、完善各项拨款资料，按照一个项目一套档案资料，完善相关档案资料，确保项目资金尽快拨付到位。财政局、农业农村局给予必要指导，强化产业项目管理制度化、标准化，确保产业早日产生应有收益，切实实现为贫困群众增收致富的初衷。二是已批复未实施产业项目。项目责任单位、责任人严格按照基本建设项目流程和规定，办理项目开工前各项前置手续，确保项目马上实施，提前着手建立项目利益联结机制，完善项目档案资料，从源头上抓好项目建设管理。三是加强沟通协调。各项目责任单位、责任人积极主动与相关行业主管部门沟通协调，明晰产业项目申报审批程序和建设管理规定，补充完善相关档案资料，全力加快察雅县产业扶贫项目落实落地。

3. 以正风肃纪为根本，开展产业项目督导检查。围绕项目落地开工、投产见效最终目标，采取乡镇自查、政府督查方式，通过实地走访、资料梳理等多种形式，做到每周必督，每乡必查，形成常态化、制度化项目督导督查机制。通过督导督查，发现问题，及时处理，消除项目实施过程中的“肠梗阻”现象。对消极怠工的严查问责，以强化督导问责倒逼工作责任落实。强化执纪问责，以过硬作风抓实、抓细产业扶贫项目建设，按照一个项目一个法人，

“谁主管、谁负责”的原则，对责任不到位、工作不主动、措施不得力的责令限期整改，对不作为、慢作为、乱作为等情节严重的将严肃追责问责，绝不手软。

4. 以“不忘初心，牢记使命”主题教育为抓手，推动产业项目发挥实效。中国共产党人的初心和使命，就是为中国人民谋幸福，为中华民族谋复兴。项目法人积极开展“不忘初心，牢记使命”主题教育活动，积极带领分红群众参观产业项目基地，让享受分红的群众充分了解产业发展、日常管理和资金来源，接受群众监督，听取群众意见。项目法人加强对分红群众感恩教育，切实加强贫困群众“红心永向党，铁心跟党走”的决心，增强贫困群众鼓足干劲脱贫致富、满怀希望奔向小康的信心。

（五）探索创新，发展绿色产业，助力脱贫攻坚

察雅县将生态建设与精准扶贫有机结合，积极探索新型林业产业，成为全区第一个成功建设繁育基地和规模种植杂交构树先行县。

1. 三年努力，产业链初成。2017 年 4 月，察雅县引进龙头企业，建设西藏首个杂交构树繁育基地，现有 1.4 万株中科 1 号杂交构树母本和 6 万株幼苗，建成杂交构树循环产业综合体验中心。2017 年 8 月至 2018 年 4 月，顺利完成海拔 2900 米、3100 米、3500 米、3600 米 4 个跨度户外试种，存活率均超过 75%。截至 2019 年 3 月，察雅县在烟多镇帮嘎村、新卡乡乃帕村先后完成 1083 亩、1379 亩杂交构树连片种植，察雅县杂交构树种植面积超过 2500 亩，建立杂交构树茶叶加工厂，并规划建设杂交构树饲料加工厂，使之形成完整产业链。

2. 三种效益，助力精准扶贫。社会效益突出。杂交构树产业使企业与农牧户结成种植、加工、销售利益共同体，形成“苗圃—种植基地—生产加工—市场销售”产业链。生态效益明显。杂交构树扶贫产业的形成能有效缓解牧业养殖与草场生态的矛盾，杂交构树较强的生态适应性可有效配合退耕还林和水源涵养、水土流失治理，解决荒山荒坡绿化问题。杂交构树产业的经济效益喜人。杂交构树产业实施以来积极吸纳当地群众投工投劳，吸纳建档立卡户 24 户 149 人，发放工资 54 余万元，人均增收 3600 余元，实现群众不离乡、不离土、在家门口就业的愿望。根据规划，经济林项目建成 3 ~ 5 年后，将移交给当地群众作为集体经济，采取“公司+基地+农户”模式为群众脱贫增收。杂交构树栽植 3 年进入盛产后，按现在察雅县杂交构树 2500 亩种植量每年可产杂交构树饲料原料 5625 吨。按市场价格，1 吨杂交构树饲料原料可卖 700 元，通过种植杂交构树一年可产生 393. 75 万元收入。

（六）大力发展经济林种植，助推群众脱贫致富

1. 项目简介。察雅县迪嘎纳山经济林产业建设项目于 2015 年 3 月开工，位于察雅县烟多镇色嘎村，面积 3000 亩，总投资 2535 万元，建设工期 5 年，现已完成造林工程和附属工程。造林工程包括经济林和生态林，其中，经济林占总造林面积的 70%，种植干杏树、桃树和苹果树；生态林占总造林面积的 30%，树种以油松、榆树、杨树和云杉为主。附属工程包括提灌站、蓄水池、滴灌设备、盘山公路、供电设施和防护栏等。

2. 主要做法。第一，因地制宜，采取适合察雅县经济林产业发展的模式，千方百计使群众增收。迪嘎纳山经济林产业建设项目是察雅县运用林业产业资金，对烟多镇色嘎村荒山荒坡进行绿化的项目，聘请承建方来进行植树造林。每年对项目进行一次验收，存活率达标、验收合格后拨付当年项目资金。项目建设 5 年验收合格后，将项目移交给色嘎村作为集体经济，将采取“公司+基地+农户”式的经营模式为群众脱贫增收。项目以每天每人 100 元工资吸引当地群众来投工投劳，带动建档立卡贫困户 13 户 30 人，户均年收入增加 4000 元左右。第二，促进林业产业结构调整，振兴地方经济，维护社会稳定。察雅县地处山高谷深地带，农牧民群众收入结构单一，经济发展相对落后，发展经济林是促进察雅县社会经济发展的有效途径。迪嘎纳山经济林产业项目建设为察雅县调整产业结构提供了突破口，是壮大和振兴察雅县经济、实现富民强县先导产业和支柱产业。经济林产业是劳动密集型产业，无论是生产初级产品的第一产业，还是贮藏保鲜加工和流通领域的第二、第三产业，都可以消化大量富余劳动力，缓解就业压力，维护社会稳定。第三，种植具有生态效益和经济效益树种，解决经济发展和生态环境保护之间的矛盾。迪嘎纳山经济林产业建设项目主要种植的是生态和经济兼用树种树上干杏，其因果熟后不落在树上慢慢自然风干而得其名，且耐土壤瘠薄、耐寒、耐旱，植保管理简单，结果早，不与耕地相争，其持续挂果时间可达 50 年，有绿化国土、改善生态环境的作用，持续挂果时间长，经济效益高。迪嘎纳山经济林产业建设项目既是察雅县经济林产业项目，又为“绿色察雅”提供生态安全屏障，可有效解决经济发展和生态环境平衡间矛盾。

3. 取得成效。第一，经济方面。迪嘎纳山经济林产业建设项目已种植 155000 余株干杏树、桃树和苹果树，项目建成验收后，每年迪嘎纳山上的树上干杏、桃子和苹果等水果产量将达到每亩 2000 斤，按当前市场价格来算，鲜果每亩能为烟多镇色嘎村群众带来 10 余万元收入，未能及时销售的鲜果可加工成干果，在非产果季节进行销售，形成一条四季销售循环产业链，不仅可调动色嘎村、雪东村等周边群众造林的积极性，而且可辐射带动贫困人口增收致富。第二，生态方面。迪嘎纳山经济林产业建设项目中种植以树上干杏、油松、榆树、杨树和云杉为主的生态林，特别是树上干杏，它不仅是经济林，而且可作为生态林，因树上干杏对土壤要求不高、适应性强、后续管护简单，可大面积栽种于荒山荒坡等“四荒土地”上，有利于保持水土流失、防沙固土。油松、榆树、杨树和云杉都有净化空气、滞尘、保持水土的作用，所以迪嘎纳山经济林产业建设项目将成为察雅县绿色生态安全屏障。第三，社会方面。项目建设期间以群众投工投劳的方式带动建档立卡贫困户13户30人增收，户均年收入增加约4000元。通过对农牧民群众进行技术培训和指导，结合“扶智和扶志”理念，逐步提高群众现代科技素质和管理水平。

三　发展教育

（一）聚焦“两不愁三保障”，抓实抓好教育

加强教育，切实将教育各项工作落到实处，察雅县坚持全面实施教育规划纲要，坚持教育优先发展，不断加大教育投入，积极开展教育科研，全面提高教育质量，不断推动察雅县教育事业科学发展。

1. 义务教育均衡。一是全方位投入，形成合力，及时成立察雅县教育发展工作领导小组。二是建立联席会议制度、督查制度、问责制度等工作制度，把教育工作，尤其是义务教育均衡发展工作纳入工作重要议事日程。三是印发《关于加快推进教育工作发展激励机制和问责制度的通知》《察雅县义务教育均衡发展实施方案》等一系列文件，把教育工作纳入相关责任部门和乡镇考核，将义务教育均衡发展工作成效作为表彰乡镇政府及政府各有关部门及中小学校的重要依据。四是定期、不定期组织召开会议研究教育发展，针对问题，逐条梳理，制定《察雅县义务教育均衡发展督

导评估反馈问题整改方案》，察雅县各有关部门按照责任分工，各司其职，各负其责，共同做好义务教育均衡发展。

2. 控辍保学。一是制度控辍。从控辍保学实施方案、奖惩制度、问责办法、“控辍保学四书制”到“控辍保学双线目标责任制”，从严落实。二是多方控辍。在层层签订目标责任书的基础上，落实主体责任，时时监测学生动态，强化政策宣传，实施“一生一策”进行劝返。三是上下联动控辍。实施“县、乡、村、户”，“局、校、班、户”双线控辍责任制，层层落实、抓实控辍保学工作制度，将疑似失学适龄儿童复学情况核查及劝返复学工作做精、做准、做牢。察雅县疑似失学儿童，劝返完成率达到100%。四是制度保障《中共察雅县委员会关于调整察雅县县级干部包乡镇、村居学校、寺庙分工的通知》，形成以县委书记包察雅县中学和卡贡乡小学、县长包察雅县小学和巴日乡小学的32个县级领导片区包校工作机制，明确坚持教育优先战略不动摇工作思路，突出重点任务，加强对联系点学校控辍保学、基础设施建设督导、跟踪、问效。五是动态监测。加强学生失学辍学情况监测，把流动、留守、残疾、家庭经济困难适龄儿童作为重点监测群体，定期发布监测报告。六是宣传控辍。通过街道LED屏、电视广播、微信公众平台、横幅50余条，加大有关政策法规宣传力度，切实增强家长依法送子女入学自觉性和主动性，先后开展教育宣传活动30余次，受教育群众达4万人次。

3. “5个100%”教育目标。一是开学初，召开“5个100%”教育目标落实任务再次分解会、培训会，细化“5个100%”目标任务措施。二是将“5个100%”教育目标任务纳入察雅县教师培训任务内容。对新分配教师（含有公益性岗位82名教师）、外县调入新增教师128名进行“5个100%”教育目标任务培训后再上岗。三是《察雅教育》杂志将“5个100%”任务列为重要内容。四是利用援藏力量，将“5个100%”任务列为培训重点，充分利用重庆綦江区、南川区、南岸区对察雅教师提供培训有利优势，对教师落实“5个100%”任务进行培训。

4. 标准化建设及素质教育。一是抓好培训工作。自推动学校标准化建设工作以来，先后两次对察雅县教师进行集中培训，明确学校标准化建设及素质教育工作目标、方法和措施。二是将学校标准化建设工作列入学校优劣重要指标。三是强化督促督导。将察雅县分为7个督学责任片区，由41人负责督导。每个督学责任区选派5~6名责任督学，督学负责2~3所学校，对照学校标准化建设评分表、素质教育评分细则，逐项督促、指导。

5. 加强党建教育引领。一是抓学习，力求理论促实效。党员教师学习做到有检查、有落实、有阶段总结，每名党员干部、教师有学习笔记，加强自学，自觉完成“学习强国”学习任务。二是党建工作与教学工作相融合。从前一阶段实践党建工作与学校教学工作相融合的做法来看，学校党建工作以教学抓党建、以党建促教学为切入点。制作学校党员教师档案袋，内装党员教师在公开课、示范课、说课、优质课、教案评比、“一师一优课”活动中的教案等成果，这既可充分展示学校党员教师风采，又可发挥学校党员教师的先锋模范作用。三是学校党建工作抓在平时。按照《关于加强中小学校党的建设工作的意见》精神，加强政治理论学习，加强学校党建工作氛围，做好学校党建办公室（党员活动室）的布置，适时更新党建和党风廉政建设工作宣传栏，落实好“三会一课”制度，完善好党建资料，努力营造“一心听党话、贴心跟党走”的浓郁的学校党建工作文化氛围。

6. 推进“一校一品一特色”工作。一是香堆镇第一小学将自治区级非物质文化遗产香堆藏戏融入校园文化。二是荣周乡第一小学以传统歌舞融入校园文化建设。三是荣周乡第二小学将银器制作文化引入校园。四是香堆镇第二小学作为昌都市唯一一所有少代会的小学，致力于创建少先队活动特色校园。五是吉塘镇小学大力开展书香校园建设。六是卡贡乡小学将校园打造成花园式学校，进行美的教育。再如，察拉乡小学重视学生养成教育。七是县小学探索将传统烟多镇石刻文化、热巴舞文化引入校园，大力推进小学生足球校园建设。八是县中学以“1314”模式为核心（“1”，一规范，指《中学生日常行为规范》；“3”，三条线，指常规教育主线、课堂渗透主线、自我教育主线；“1”，一常规，指《中小学生礼仪常规》；“4”，四个点，指爱、诚、健、雅），构建全员、全程、全方位育人德育体系，积极开展中学生足球校园建设。

（二）保基本，补短板，促均衡，大力发展教育脱贫

察雅县高度重视教育工作，按照党中央、自治区、昌都市教育部署要求，深入贯彻教育优先发展战略，以办好人民满意的教育为宗旨，以立德树人为根本任务，深化教育体制改革，优化教育资源配置，察雅县上下形成“不抓教育察雅没有希望，不抓质量察雅县教育没有希望”的统一认识。察雅县党政重教、全民支教，义务教育均衡发展水平不断提升。

1. 明确政府职责，细化工作任务。察雅县始终把教育摆在优先发展地位，将其作为精准扶贫“两不愁三保障”的重要抓手，纳入经济社会发展总体规划。建立健全察雅县教育工作领导小组，成立以县委书记为组长、以县长为常务副组长的教育均衡发展工作领导小组，出台推进义务教育均衡发展实施方案，明确均衡发展推进时间表、路线图。建立县委常委包乡、县级领导包校的责任机制。把推进义务教育均衡发展作为“一把手”工程，列入党委、

政府重要议事日程。察雅县定期听取教育汇报，为落实推进义务教育均衡发展提供强有力的组织保障，察雅县上下形成“县委重教、政府兴教、群众助教”的良好局面。在推进县域义务教育均衡发展过程中，提出“一乡一策，一校一清单、一校一案”义务教育均衡发展，全面开展教育整改。

2. 察雅县部门联动，齐心助推教育。察雅县各职能部门无条件配合义务教育均衡发展，各尽所能，将人、财、物等资源向教育倾斜。在项目建设审批、校园基础设施建设、师资力量补充、校园安全建设等方面取得良好效果。察雅县出台关于从党政机关事业单位选派人员支援基层教育工作的通知，选派 82 名机关事业单位人员到学校支教，县人社部门将 2018 年招聘的 82 名公益性岗位人员全部分配到学校任教，有效解决了乡镇学校教师紧缺的问题。县林业局、农牧局在学校绿化建设上无偿为学校提供绿化树苗和草种，校园绿化美化工作稳步推进。县卫计委积极筹措资金为各学校卫生室配备医疗设施设备和药品，选派业务精良的医务人员在学校卫生室坐诊，有效提升学校医疗卫生工作水平。县发展改革、住房和城乡建设、国土资源等部门在学校项目审批，土地征用、规划、设计、建设等方面给予大力支持，积极推进学校基础设施建设项目进程。县人力资源和社会保障部门在教师职称评聘上优先支持教师职称评聘。县公安、消防等部门经常组织力量对校园安全工作进行检查指导，提高学校安全工作水平。县水利局积极筹措资金、设备，为学校解决师生饮水难问题，有效改善学校师生生活条件。

3. 落实经费保障，加大投入力度。察雅县高度重视完善义务教育经费保障机制，按照自治区要求，结合察雅县实际，实行预算到校、校财局管制度。在落实国家和自治区有关义务教育经费投入政策方面，察雅县继续坚持县财政收入投入教育比例不低于 21%

的规定，增强政府办学责任，有效提高义务教育投入水平。2015～2019年县财政收入对教育投入分别为537.81万元、674.94万元、827.82万元、1134.187万元、1043.2万元。2016～2019年县财政还分别投入95.1万元、86.4万元、115.8万元用于资助建档立卡户贫困大学生。2015～2019年义务教育预算内经费拨款分别为17316.21万元、17825.05万元、21057.88万元、21117.93万元、29014.396万元，占本辖区财政总支出比例分别是15.94%、16.16%、17.89%、11.79%、10.63%。2018年察雅县投入专项资金1000万元用于义务教育均衡发展。近年来，县财政局教育费附加费投入教育资金共计241.78万元，并按要求提取土地出让金，共拨付283.54万元用于义务教育运行和发展。

4. 加强德育教育，培养合格人才。一是加强学生思想道德建设。察雅县各学校以立德树人为根本任务，抓住“为谁培养人、培养什么样的人、怎样培养人”的德育工作方针，以培育和践行社会主义核心价值观为主线，以“扣好人生第一粒扣子”为主题，在广大青少年学生中广泛开展爱国主义教育、民族团结教育、新旧对比教育，注重学生的学成教育、感恩教育、法制教育、安全教育，提高德育工作的针对性和实效性。二是重视德育场所建设，积极筹措资金开展学校德育室建设，各学校德育室建设突出我们的核心、伟大的祖国、美丽的家乡、可爱的学校、我们的组织、我们的榜样、我们的活动、我们的目标共八大主题，德育室建设内容丰富，展现形式多样且各有特色，学校德育阵地建设水平全面提升。

5. 加强队伍建设，关爱乡村教师。不断完善中小学教师继续教育、学历教育和校本培训相结合的师资培训工作机制。每年举办两次校长述职大会和一次校长论坛，组织中小学教师课堂教学竞赛。2017 年以来，察雅县参训教师 400 余人。2019 年，察雅县用于中考、小考教学质量奖励资金 33.1 万元。每年举行班主任、学科教师教学经验交流大会，集中开展理论授课、现场观摩与交流。出版《察雅教育》杂志，交流先进教育经验和理念，展示教育教学成果，扩大教育影响力。察雅县与重庆綦江区签订教师三年帮扶协议，学习内地学校先进管理及教育教学经验，推动察雅学校管理科学化和规范化，提高教师教育教学水平。2017 年以来，先后组织 130 多名教师赴重庆南岸区、綦江区参加培训，10 余名幼教教师参加“粤藏同心”幼教教师和保育员培训，察雅县校长、教师交流人数达到 54 人次，察雅县在教师职称评聘、评先选优等方面，优先向乡村学校教师倾斜。2017~2019 年，乡村学校教师评聘中级以上职称 110 名，占比 62%。严格落实自治区乡村教师生活补贴政策，2015~2019 年兑现乡村教师生活补贴 1049.73 万元。积极整合、筹措资金 199 万元，建成乡村学校教工之家 31 个。为乡村学校率先建成教师周转房，12 所乡镇中心小学及 5 所村完小建有教工周转房 280 套，解决 320 名乡村教师住房问题，有效改善乡村学校教师居住和生活条件，营造良好留人环境。

6. 传承优秀文化，助推特色发展。察雅县各学校按照“一校一品一特色”思路，大力开展富有地域特色校园文化建设，提升校园文化建设内涵。香堆镇第一小学将藏区最有名的“蓝色面具派”流派藏戏、自治区级非物质文化遗产香堆藏戏融入校园文化，邀请非遗传承人担任指导教师，向学生定期传授、表演藏戏。荣周乡第一小学将传统歌舞荣周麦堆卓庆融入校园文化，提升学生的艺术修养。荣周乡第二小学将当地著名的麦堆银器制作文化引入校园，增强学生爱家乡的感情，积极提升校园文化建设水平。香堆镇第二小学作为昌都市唯一一所有少代会的小学，致力于创建少先队活动，在推进少先队建设过程中通过开展多种形式的主题活动提升少先队建设水平。吉塘镇小学大力倡导开展学生每日读书活动，建设读书长廊，完善设施设备配备，大力开展书香校园建设。县小学在精细化管理的基础上，探索将传统的察雅烟多镇石刻文化、热巴舞文化引入校园，大力推进小学生足球校园建设。

7. 关爱弱势群体，促进教育公平。察雅县构建以“政府主导、部门协作、社会参与”的关爱网络，保障弱势群体平等接受教育的权力。加强对进城务工人员子女关爱，外来务工人员随迁子女全部进入公办学校就读。加强对留守儿童关爱，由县政府主导，教育局牵头，妇联、团委、乡镇政府等相关部门共同参与，构建关爱网络。学校教师与留守儿童结成帮扶对子等措施，加强对留守儿童的教育与管理。加强对经济困难家庭学生关爱，积极兑现各类贫困生助学金，建立中铝·格桑花教育助学基金，加大对家庭经济困难学生资助。2016 年以来，通过上级部门拨入、县级配套、援藏投入等方式资助贫困生 1793 人，兑现各类资助金 1141.416 万元。其中，建档立卡户大学生资助金 1081.716 万元，资助 1555 人；援藏投入大学生及高中生资助金 59.7 万元，资助 238 人。

（三）立足教育均衡发展，保障适龄儿童义务教育

根据《国务院教育督导委员会办公室关于做好疑似失学儿童情况核查和劝返复学工作的通知》和《关于转发〈国务院教育督导委员会办公室关于做好疑似失学儿童情况核查和劝返复学工作的通知〉的通知》文件精神以及市长批示指示精神，按照昌都市人民政府教育督导委员会、市教育局（体育局）对疑似失学儿童情况核查工作统一部署，察雅县高度重视，第一时间安排部署，分解任务，多部门联动，开展疑似失学儿童核查和劝返复学工作。

1. “专班负责”，做到上下联动，狠抓落实。一是高度重视，

压实责任。失学辍学儿童劝返复学，是做到“两不愁三保障”的重要任务，是关系到精准扶贫、精准脱贫以及义务教育的重大民生工作和重要政治任务，也是实现脱贫攻坚、补齐察雅经济社会发展短板的重要任务。2019 年 1 月 18 日，察雅县就疑似失学辍学儿童情况核查和劝返复学召开专题会议，做出详细安排部署，并将疑似失学辍学儿童情况核查和劝返复学作为察雅县重点。二是加强领导，明确职责。成立以县长任组长，以分管副县长为副组长，以纪检监察、教育、统战民宗、卫生、民政、公安、学校等部门负责人为成员的工作领导小组，制定《察雅县人民政府疑似失学辍学儿童核查和劝返复学工作推进方案》，领导小组下设劝返复学组、核减资料组、检查督导组、法制宣传组、建档立卡户失学辍学儿童劝返复学组、招生入学组六个专项组，压实责任，明确完成时限、方式方法、责任人及工作要求，按照既定工作任务、时间节点及措施要求，切实做好信息比对结果核查、核减资料准备、劝返复学三个方面的工作，坚决不让一名适龄儿童失学辍学。

2. “一核、二访、三确认”，做到底数清、情况明。核查人员采取“一核、二访、三确认”的工作思路，根据名单和户籍信息走访乡镇、村居，入门入户，对户籍问题、在校、延缓入学、超龄离校、失踪失联等情况开展广泛调查核实。各乡镇、学校安排专人配合驻村工作队，采取入门入户见人方式，逐一核查、逐一甄别、细致摸排，按照“疑似失学儿童情况核查结果分类统计标准”进行筛查，确保核查力度大、覆盖全、准确率高、工作流畅，切实做到排查不漏一人，记录准确，摸排出真实失学、辍学儿童数据，全面准确掌握适龄儿童未接受义务教育真实情况。对每一位疑似失学适龄儿童，及时提取有关佐证材料，做到数字清、人数准、去向明，确保核查信息准确无误。对核查信息不准确、印证材料不全面的，采取再次反馈再次核查方式，真正做到情况清、分类准、印证实、归档细、覆盖全。经教育、公安、民政、卫生、各乡镇、学校及驻村工作队核实、汇总。自治区下发察雅县疑似失学儿童核查劝返总体情况花名册 1017 人，核减 686 人，其中出于户籍原因失学辍学的有 403 人，在校有学籍的 101 人，省内就读无学籍的 11 人，延缓入学的 6 人，超龄离校的 125 人，重病重残的 26 人，失踪失联的 13 人，其他特殊原因的 1 人，应劝返共计 331 人。

3. “四个抓手”，做到“一生一策”，及时复学。一是广泛宣传，营造良好工作氛围。在全面掌握疑似失学儿童信息的基础上，教育、公安、卫生、民政等部门严格落实《义务教育法》《未成年人保护法》，扎实做好群众思想工作，逐门逐户进行宣传沟通，转变其思想观念，提高其法律认识，营造良好的劝返复学工作氛围。二是精准施策，扎实做好劝返复学。根据失学辍学原因，按照“一人一策、一人一档”原则个性化制定劝返复学措施。6~16 周岁应接受义务教育儿童，无条件全部返校接受义务教育。对已上过学又辍学的学生，按照受教育层次，经学校评估后，安排到相应年级学习。对从未上过学的学生，6~12 周岁的儿童，就近就便纳入小学接受义务教育。12~16 周岁儿童，由县教育局统筹成立速成班，编制教材，制定教育计划，对达标学生按程序销号。6~16 周岁因病、因残、因超龄不能上学儿童，由卫生、民政、公安等部门按照程序认定，出具相关证明材料。对残疾儿童、少年，县教育局、各学校采取随班就读、送教上门等方式将残疾儿童少年纳入义务教育体系，保障不让一名适龄儿童少年失学辍学。截至 2020 年 4 月 13 日，察雅县 331 名（其中 22 名请假）失学辍学儿童全部返校接受义务教育学习，均已注册学籍纳入学籍管理。三是强化保障，建立关爱帮扶机制。通过一对一、结对子、互助小组、兴趣班形式，为复学儿童少年配备学习辅导员，通过有针对性的辅导，帮助学生克服学习困难，树立学习信心，有效化解厌学情绪，并跟踪了解复学儿童少年学习生活情况，定期家访，形成政府、学校、家庭三方联动机制，确保失学辍学儿童招得来、留得住，顺利完成义务教育。将控辍保学工作与惠民政策享受等挂钩，对于无正当理由未送适龄儿童上学的，按照相关法律法规进行批评教育，对于情节严重的依法追究法律责任或强制措施。四是全面核查，核减信息准确无误。教育、公安、民政、卫生等部门再次对已经核减的1746名疑似失学儿童相关核减资料进行复查梳理和增补，所有核减人员资料一人一档，确保资料完善，符合核减要求。聚焦脱贫攻坚，围绕“两不愁三保障”的目标，将建档立卡贫困户失学辍学学生劝返复学作为重中之重，切实做好察雅县建档立卡失学辍学儿童劝返复学，为察雅县脱贫摘帽奠定坚实基础。

4. “警钟长鸣”，做到严肃纪律，强化督导。察雅县先后召开5次推进会，听取工作进展情况，并就工作中出现的问题做出安排部署。按照“三方责任、四书程序、一教育”的要求，责任层层落实、工作步步落地。县人民政府督查室、县教育督导委员会联合下发15份督导通知，形成每日汇报函，将疑似失学辍学儿童到位情况报给各镇联系点领导，并督促相关职能部门落实措施，保障精准控辍实效。派出专项督导检查组，定期不定期深入各乡镇、村居、群众家中，对疑似失学辍学儿童核查和劝返复学进行督导检查，及时发现和纠正核查不认真、摸排不重视、劝返复学不力等情况。对脱贫攻坚进展缓慢、效果不明显的乡镇进行督促，提出指导意见。严肃责任追究制度，对于出现不作为、慢作为、乱作为，不负责任、履职不力、成效不明显的，严肃追责问责，绝不手软。

5. “四项措施”，形成长效机制，控辍保学。一是健全机制，预警控辍。县公安局统计察雅县现有0~15周岁适龄儿童少年，形成花名册，建立数据库。0~6周岁儿童数据与各乡镇、教育局形成数据共享，作为下一阶段招生入学依据，从源头上解决不上学、不愿意上学、不主动上学。6~15周岁适龄儿童数据与教育局深度对接，结合学籍，使控辍保学科学化、精细化、高效化。二是部门协同，联动控辍。各乡镇、村居委会、教育及相关职能部门加强联系，统一步调，形成合力，共同压实控辍保学责任。在招生入学阶段，教育局、各乡镇负责做好察雅县所有6周岁应接受义务教育适龄儿童招生入学工作，切实保障所有义务教育阶段的适龄学生入校学习，确保每一名适龄儿童少年接受法定义务教育，巩固义务教育均衡发展成果。三是采取措施，帮扶控辍。教育、卫生、民政等部门针对留守、孤残、困境儿童实际情况，制定关心关爱帮扶措施，帮助解决生活学习中存在的困难，保障弱势群体的各项权益。四是加强教育，宣传控辍。充分发挥学校法制副校长作用，为广大师生及家长宣传党的教育方针、教育惠民政策、义务教育法、未成年人保护法、典型案例等内容，为依法控辍打下坚实的思想基础。

（四）扶贫先“扶智”，“扶智”先通语

察雅县属于以藏族为主体的少数民族地区，以康巴藏语为主。伴随国家经济社会全面发展和综合国力日益提升，全球掀起“中文”热，我国56个民族深度融合发展，形成包容并蓄的中华文化。脱贫攻坚战打响以来，察雅县高度重视普通话推广，以“五个认同”（对伟大祖国的认同、对中华民族的认同、对中华文化的认同、对中国共产党的认同、对中国特色社会主义的认同）为出发点和落脚点，通过“推普”（推广普通话）教育拓宽对外交流渠道，提升贫困群众自身“造血”能力。

坚持党委领导，压实各方“推普”责任。明确“推普”任务

目标，夯实党组织的领导责任、政府的主体责任、学校的教学责任、驻村工作队的具体责任，动员社会各方面力量参与国家通用语言文字推广工作。

立足民族文化，学校“双语”（普通话和民族语言）教育先行。推进义务教育城乡一体化均衡发展，全面完成农村薄弱学校提质改造，坚决切断贫困代际传递，以加大投入力度、注重项目效益为保障，各级各类办学条件得到显著改善；总投资2.8亿元，占财政支出的16.34%，推进城乡办学条件均衡化发展，推广学前教育集团化办园模式，新建第二小学、第二幼儿园，在高海拔学校实施集中供暖项目，为18所学校补充完善学校信息化教学设备，争取重庆援藏500万元建设县中学数字化校园，察雅县各级各类学校办学条件持续改善。通过中铝·格桑花教育助学基金等助学渠道，先后为1793名学生发放各类助学、补助及奖励资金1141.416万元，切实保障贫困家庭子入学率，严格落实“三包政策”、营养改善计划，大力实施“大米工程”，察雅县控辍保学成效明显，实现所有适龄儿童全部入学，为实施双语教育提供有力保障。深入贯彻落实教育“五结合”目标，强化推广双语教学工作，大力加强学校语言文字工作，强化校长、教师和学生自觉规范使用国家通用语言文字和自觉传承弘扬中华优秀语言文化的意识，按期完成语言文字规范化达标建设任务，把学校作为推普工作的主阵地，通过学校举行演讲比赛、诵读比赛、书法比赛，大力营造推广普通话氛围。严把教师语言关，新录用的各级各类学校教师普通话水平要达到国家规定的等级标准，加大对不达标的新入职教师和老教师普通话培训力度，大力提升教师的国家通用语言文字应用能力。

经过多年双语教学和推广普通话，察雅县普通话推广率得到较大提升，现有青壮年劳动力具备基本普通话交流能力，实现普通话和民族语言双促进，自身脱贫能动性加强，社会凝聚力、向心力和国家认同感全面巩固。

四　易地搬迁

（一）“搬得出，留得住，能致富”

在新时期、新形势、新任务下，在打好这场脱贫攻坚战中，易地扶贫搬迁是“五个一批”中的重要措施，察雅县结合自身实际，围绕发展、稳定、生态三件大事，聚焦地方病高发区、深山峡谷区、灾害频发区、高寒纯牧区、资源紧缺特殊区等“一方水土养活不了一方人”的地区，统筹考虑，合理布局，有序推动。察雅县地处康巴腹地，地域广阔，群众居住分散，地形多样，自然灾害频发，经济社会发展水平低，反分裂斗争任务艰巨等特点，坚持易地扶贫搬迁、扶贫开发与守土有责、新型城镇化、美丽新村建设、产业发展、防灾避灾、反分裂斗争相结合，察雅县重点扶持巴日乡、阿孜乡、宗沙乡等边远贫困乡镇，抓住易地扶贫搬迁这个牛头，统筹解决产业配套这个牛鼻子，做到“三个解决好”，坚持“六对”抓手，积极有序开展易地扶贫搬迁各项工作。

1. 解决好易地扶贫搬迁“是什么”问题。根据自身资源和乡镇条件、区位优势，把吉塘镇以东、荣周以西作为大扶贫开发区，对吉塘镇、烟多镇、香堆镇、荣周乡进行专项设计，以易地扶贫搬迁为重点、以小城镇建设或城镇化建设为核心，对“一方水土养活不了一方人”的资源匮乏贫困户进行搬迁安置。将易地扶贫搬迁和扶贫开发区相结合，围绕重点和核心，利用各开发区优势和资源，对易地扶贫搬迁贫困户进行配套产业发展规划、布局和功能划分等进行准确定位。坚持把增加贫困农牧民收入放到中心工作的首要位置，拓宽增收渠道，深挖增收潜力，坚持以业育人、就业安人、服务管人，增收富人工程，落实培训一人、就业一人、致富一户的办法，实现贫困群众稳就业、喜创业、促增收。

2. 解决好“为什么”施行易地扶贫搬迁。严格遵循“六靠、五方便、两避让”基本原则，充分尊重群众意愿，站在四个扶贫开发点上看察雅县，以易地扶贫搬迁为重点，带动察雅县脱贫攻坚，拓宽思路，解放思想。全面掌握国家、自治区扶贫、易地扶贫搬迁和扶贫开发区相关政策，将易地扶贫搬迁、各扶贫开发区资源优势和精准扶贫深度融合，通过扶贫开发，带动搬迁贫困户参与城镇建设和产业发展，实现脱贫致富，推动易地扶贫搬迁、社会经济和扶贫开发三赢。“十三五”期间，按照人均6万元、面积不超过25平方米的建设标准，察雅县投资7.8亿元，用3年时间建成安置点26个，安置2406户12751名群众，在易地扶贫搬迁中，坚持将易地扶贫搬迁与扶贫开发区、城镇化建设、产业园区、交通沿线、旅游景区建设等相结合，加快项目建设进度，着力强化基础设施、公共服务和产业配套，切实加大“水电路讯网、科教文卫保”十项工程建设、完善力度，让搬迁群众安心入住。

3. 解决好易地扶贫搬迁“怎么办”问题。易地扶贫搬迁点具有干道、重镇的优势，自然资源和社会资源较为丰富，发展条件和发展基础较好。察雅县切合实际，分期规划，分步实施，逐步配套，将产业配套建设和易地扶贫搬迁紧密结合，科学规划扶贫开发区水利、道路、供电、通信等基础设施，分步实施，保证基础建设和产业建设同步发展，形成有利生产、方便生活的良好环境。在谋划产业扶贫路径的基础上，利用“5+N”工作措施和“1+20”脱贫攻坚实施意见和行业扶贫方案，对准基础设施、产业、教育、医疗卫生、社会兜底保障、转移就业、文化宣传、组织建设等行业，形成各部门统一步调、统一动作、通力合作、各负其责的脱贫攻坚工作格局。紧扣“开放、搞活”主题，进行招商引资，引导企业入驻和带动致富带头人，使其成为扶贫开发的主力军。利用各项优惠政策，调动企业和致富带头人的积极性、主动性，开发利用当地资源，吸收当地劳动力就业，以点成线、连线成面，增强扶贫开发区的辐射带动作用。

在易地搬迁工作实践中，对于乡镇搬迁安置，察雅县选择基础条件、发展空间相对较好的地方，集中建点，打破村的界线，跨村进行搬迁安置，把扶贫搬迁与新农村建设、特色小城镇建设与扶贫开发结合起来，统筹规划，充分考虑和预留未来发展的基础设施用地，确保搬迁点的选址和使用既符合政策，又满足群众意愿，更适合长远发展。如吉塘镇安置点就依托吉塘特色小城镇建设及靠近国道线的优势，将该镇130户贫困户集中安置在紧邻特色小城镇、紧依国道214线的乡镇产业园区规划内，为改善群众生产生活条件和为群众脱贫增收奠定基础。对于城镇搬迁安置，在县城内集中建点，利用县城完善的基础设施和公共设施，更好地进行配套设施建设。察雅县唐琼孜安置点，建设安置房1092套，容纳1018户5145人，通过整合住房和城乡建设、人力资源和社会保障、民政、林业等部门统筹调剂就业岗位解决。多数被安排进环卫、公路养护等队伍，实现劳务增收。大力发展配套产业，在安置点周边建设大量产业项目，如唐琼孜集中安置点紧邻察雅县扶贫产业园。人力资源和社会保障部门结合产业园入驻企业用工需求，提前开展有针对性的技能培训，让群众乔迁新居就能稳定就业，为有事做、有收入、有盼头提供坚强保障，真正实现“搬得下、留得住、能发展”的脱贫目标。

最后，察雅县以“六对”为抓手，确保易地扶贫搬迁工作科学顺利推进。一是解决好对路问题。坚持在政治上、政策上和区党委、政府，市委、市政府有关精准扶贫政策对路，坚持规划与上级要求相结合，还与昌都市脱贫攻坚指挥部和市级各行业部门积极沟通衔接，获取更多关于易地扶贫搬迁的相关政策。二是解决好对业问题。利用好各自优势和资源，与配套产业相对业。坚持易地搬迁是手段，增收致富才是目的，由农、林和扶贫等单位结合安置点自身资源禀赋进行产业规划设计，并与易地搬迁建设同步实施或提前实施。加强与转移就业相配合，通过建设劳动技能培训基地，加大搬迁群众劳动力培训力度，提升劳动技能，保证搬迁群众入住后有事做、有收入、有盼头，让搬迁群众彻底解除后顾之忧，真正实现“搬得下、留得住、能致富”的脱贫目标。三是解决好对称问题。处理好集中搬迁安置与插花搬迁安置的关系，不顾此失彼，不一哄而上，统筹考虑集中安置点和插花小点的对称问题。为确保稳得住，在集中安置时，充分尊重搬迁群众意愿，实行自愿搬迁，较好地消除搬迁群众“故土难离”的乡土情结。四是解决好对号问题。结合自身实际，突出抓好“一点”（以易地扶贫搬迁安置点为中心）、“两园”（扶贫产业园和双创园）、“三配套”（做好相应的产业配套、公共服务体系配套和基层设施配套）、“四核心”（将吉塘镇、烟多镇、荣周乡、香堆镇扶贫开发区四个核心辐射区带动功能发挥好）、“五保障”（将组织保障、资金保障、人才保障、市场保障、科技保障作为强大基础）。五是解决好对位问题。准确定位，科学编制。搬迁布局上主要围绕“一圈、两线、多块、点面结合”的模式实施。“一圈”即以县城为中心，把易地扶贫搬迁与新农村建设、城镇化建设、扶贫开发结合起来，实现扶贫大发展格局。“两线”即公路沿线和沿江沿河线，方便群众出行和生产生活。“多块”即以香堆镇、吉塘镇、荣周乡等乡镇所在地基础设施建设为契机，实现城镇化建设、扶贫开发和易地扶贫搬迁统筹发展。

“点面结合”即以乡镇搬迁和城镇搬迁相结合安置方式实施易地搬迁。充分考虑和预留未来发展的基础设施用地，如警务站、小超市、幼儿园、村级卫生室、客车停靠点等用地。整体统筹推进原则，统一规划、统一配套、错落有致，拒绝“兵营式和毗邻式”布局。六是解决好对味问题。尊重民俗，体现特色，让搬迁群众望得见山、看得见水、留得住乡愁。察雅县的建筑具有浓厚的地域特色。在建筑风格上，在保障人均建筑面积不超过25平方米的前提下，汇编察雅县建筑风格图集，充分凸显察雅县的藏东特色建筑风格，充分考虑大客厅、落地窗和烟道等细节。放大房建基础部分，为建档立卡群众在后期新建二层做好准备工作。另外，根据察雅县农村生产生活特点、民风、民俗和不同搬迁群众的家庭条件，在每个安置区设计多种户型供群众选择，满足群众的多样化需求。在空间布局上，采取藏式与现代建筑风格相结合、独家独院与公寓式相结合的格局，彻底改变过去人畜混居的历史。

（二）紧盯住房安全有保障，易地扶贫搬迁实现挪“穷窝”

察雅县始终紧扣“两不愁三保障”目标，科学把握县、乡两级经济社会发展整体，从“搬迁选址、资金保障、建设监管、基础配套和持续增收”等方面协调推进搬迁工作，切实做到“搬得出、留得住、能致富”，达到群众经济负担“轻”、党恩意识“浓”的目标。易地扶贫搬迁点共26个，投入资金7.89亿元，实施搬迁建档立卡群众2406户12751人，已完成所有搬迁点建设和入住。

1. 坚持健全机制，强化责任落实见效。成立以县委书记为组长，县长为常务副组长，县“四大班子”领导干部为副组长，各乡镇、县直各相关单位负责人为成员的工作领导小组，通过县乡村户四级签订目标责任书（或搬迁协议）举措确保做到“事前、事中、事后”全程无缝参与和监管。压实责任，按照“县级领导包乡和村、属地管理、行业管理”原则，项目所在地联系点县委常委负第一责任、党委书记负具体责任，县直相关单位负责人负监管责任、驻村干部督导责任，确保责任到人、追究有据，为搬迁点建设提供有力保障。

2. 坚持以人民为中心，切实减轻群众负担。加大财政配套力度，确保贫困群众高起点脱贫，县财政配套 2765.4 万元解决易地扶贫搬迁过程中征地等问题，保障建设用地实现群众直接增收。投资 16099.59 万元为 26 个易地扶贫搬迁点实施搬迁点“十项提升”工程建设，其教育配套实现所在地适龄儿童入学全覆盖，确保公共服务水平达标。投资 2.66 亿元为 26 个易地扶贫搬迁点配套实施 53 个产业项目，实现“户户进产业、人人有增收”，确保长期稳定增收。

3. 坚持质量先行，优化搬迁点环境。项目点所在乡镇和村“两委”干部、人大代表、受益贫困群众作为监督员，定期或不定期对项目施工、质量安全进行无时差督导检查，加强项目监督管理和建设指导，确保搬迁点施工质量。通过宣讲，积极引导贫困户群众参与搬迁点建设，实现“质量监督”和“技能提升”两不误。乡村两级与搬迁户签订安置协议，建立村规民约，做到治安有序、环境优美。

（三）以“六改”为抓手推进危房改造工作，真正让群众住上好房子

2018 年以来，察雅县聚焦脱贫攻坚战“两不愁三保障”中的住房安全有保障的具体要求，坚持提升农牧区困难群众基本居住安全，严格按照“科学规划、统筹发展，政府引导、群众自愿、经济适用、确保公正”的原则，根据自治区、昌都市关于农牧区危房改造统一安排部署，察雅县第一时间全力启动危房改造，确定将危房改造与乡村振兴农村人居环境整治紧密结合，作为当前乃至今后一段时间的重大民生和重要政治任务，紧紧围绕“一个目标”，重点突出“两个倾斜”，严格把握“三个环节”，坚决狠抓“四个到位”，察雅县危房改造进展顺利。2018 年以来察雅县投入资金 3980 万元确定实施农村危房改造 1328 户。

1. 紧紧围绕“一个目标”。察雅县作为西藏 44 个深度贫困县之一，群众收入低、建档立卡户多、农牧区住房问题多，住房安全一直是打赢脱贫攻坚战的短板。察雅县坚持将危房改造工作视为改善县域内群众住房条件、夯实“两不愁三保障”基础的重大机遇，先后召开数次专题会议研究部署该项工作，明确要求各相关单位要把农村危房改造工程作为政治任务，将民心工程实施好、落实好。认识论揭示规律，方法论提出路径，为彻底理清危房改造“症结”所在，察雅县主要领导多次与住房和城乡建设等部门负责同志深入各乡镇和村居入院进屋实地调研勘察，结合上级做好危房改造工作指导意见，在因地制宜的基础上，经过多次讨论研究创造性地提出“六改”思路，即改基础、改屋面、改独木梯、改门窗、改厨房、改厕所，为做好察雅县危房改造指明方向，提出具体要求。

2. 突出“两个倾斜”。2018 年危房改造任务重点向建档立卡贫困户、低保户、农村分散供养特困人员、贫困残疾人家庭、偏远户 5 类重点对象倾斜，确定对象注意轻重缓急，真正做到“雪中送炭”，始终坚持把最贫困的地方放在首位，切实把建档立卡贫困户及边缘贫困户的利益放在首位，极大地调动困难群众投身生产、建设美好家园的积极性，增强广大干部把农村危房改造工程办实、办好的信心和决心。

3. 严格把握“三个环节”。第一，强化舆论宣传工作。一是充分利用微信平台、广播电视等形式对农村危房改造工作进行广泛的宣传动员，各乡镇利用宣传栏、横幅、村民会议等形式大力宣传，确保农村危房改造这一惠民利民政策家喻户晓、深入民心，发动群众、依靠群众、让群众满意，摆好基本盘、打好基础战。二是先后召开乡镇负责人和具体经办人动员会、调度会、培训会、现场会等70余次，详细讲解农村危房改造工作政策方针，明确危房改造工作流程，做到政策清、措施明，有条不紊地推进前期工作。第二，精准识别危房改造对象，合理确定补助标准。一是为确保住房不安全、家庭最困难的群众切实享受到党和国家优惠政策，严格按照"户申请、村审核、乡镇审批"原则，规范危房改造对象的审核审批程序，实行留痕管理，各乡镇积极组织工作人员深入危房户，彻底排查危房情况，确保上报数据绝对精准，形成13个专项小组，发动138个驻村工作队先后利用40余天时间深入3000余户群众家中进行危房摸排，统计危房户1804户。二是为确保农村危房改造公平、公正、阳光、透明，住房和城乡建设部门及时组织14名干部会同4名工程师、4家监理单位、4家设计单位，成立7个专项小组，利用2018年11月至12月底近60天时间分别前往13个乡镇111个行政村开展为期13天危房鉴定工作，对各乡镇上报的1804户危房户进行实地核查，核查完毕后组织各小组组长、工程师、设计师、监理师召开"察雅县危房改造技术讨论会"3次，根据危房等级从实地核查的1804户中划出重点危房1291户（2019年5月市住房和城乡建设局新增察雅县指标37户合计1328户），明确进行危房改造，完成察雅县危房改造技术导则及标准图集和工程预算，形成《察雅县危房改造技术导则》、察雅县危房改造调研报告3份。建立健全公示制度，将补助对象基本信息和审查结果在乡镇、村两级公开栏公示，逐户签订危房改造协议。三是整合县级资金 889 万余元专项用于危房改造工作，结合上级危房改造标准，最终确定察雅县农村危房改造户均投资 29970 元。实现危房改造户户均领取 9300 元劳务费，在调动危房改造户积极性之余合理增加群众收入，实现危房改造、脱贫两步走。第三，强力推进工程进度。危房改造任务重、时间短，为确保保质保量于 2019 年 8 月底完成，将整个工程实行分片实施、专人负责工作格局，把 1328 户危房改造工程分为 7 个作业片区，按照各片区工作量合理制订施工计划，要求施工方实行一周一报施工信息；要求各乡镇严格执行农村危房改造月报制度，每月 5 日上报本辖区工作进度；确定每个片区由一名住建部门业务骨干专门负责，严格执行住建部门每 10 天召开一次调度会制度，累计召开 10 余次调度会，集中解决各片区个性问题，联合住房和城乡建设、发展改革等部门不定期深入危房改造工程现场检查政策执行、资金保障、组织管理、工程质量等情况。

4. 坚决抓好“四个到位”。第一，领导到位。一是及时成立由县长任组长，相关县级领导任副组长，县直有关负责人为成员的农村危房改造工作领导小组，领导小组下设 13 个县级领导包乡镇工作组和规划设计、质量安全和验收指导、督查问效 3 个专项工作组。各乡镇对应成立由主要负责人任组长的领导小组，明确乡镇专门负责此项工作经办人。二是及时制发《农村危房改造实施方案》，签订县、乡、村“三级”目标责任书和村“两委”与群众协议书，做到任务明确、责任到人、措施到位，形成一级抓一级、层层抓落实、一个阶段一调度管理机制。第二，档案管理到位。一是各乡镇按工程实施时间节点，及时准确将每一户危房改造对象家庭情况，改造前、中、后 3 张农房照片等信息及时准确录入信息系统，并认真做好纸质档案整理。二是按照农村危房改造档案管理要求，确定1名专职档案管理人员，对1328个危房改造户信息进行管理，完善好“一户一档、一户一策、一户一方案”台账，做到改造一户、销号一户；强化对各乡镇农户信息录入和档案整理的校核和抽验，确保档案信息真实、准确、规范。第三，环节监管到位。一是各片区责任人采取不定期、不通知形式对施工现场进行督导检查，严格按照“六改”内容和施工技术准则对危房改造工程质量进行督导，对关键环节严格把关，及时发现和纠正施工中存在的问题，确保质量。二是农村危房改造严格按照项目五制管理办法实施，坚决落实法人责任制、工程监理制、合同管理制、招投标制、领导责任制。三是财政部门负责农村危房改造补助资金管理，按照中标合同价，根据危房改造总体进度及时拨付。第四，信息公示到位。确保各乡镇农村危房改造政策、进度、补助对象等基本信息和各审查环节结果公开公示，建立完善的信息反馈机制，及时处理群众举报反馈线索，积极回应群众关切和关心的危房改造信息，切实保障群众知情权、参与权和监督权。

察雅县始终坚持把农村危房改造作为精准扶贫重中之重抓实抓好，不断总结经验，创新思路，统筹推进，积极探索出一条农村危房改造的新路子，“两不愁三保障”目标中群众住房安全有效保障，村容村貌有明显变化，群众生活环境得到明显改善，群众满意度不断提升。

五　健康、就业、民政服务

（一）加强医疗软硬件建设，着力提升医疗服务水平

脱贫攻坚工作开展以来，察雅县紧紧围绕实现贫困群众“医疗有保障”这一目标，不断加强卫生基础设施建设，加大医疗人才队伍建设力度，强力推进卫生事业不断发展，实现“小病不出

乡、中病不出县”和村能治常见小病，群众基本医疗得到全面保障。

1. 加强村卫生室建设，做到能治常见小病。结合村级组织活动场所标准化建设，新建 95 个村级组织活动场所并划定村卫生室，保障 138 个行政村全部配备村级卫生室。按照每村 2 名村医的标准，为 138 个行政村配备 276 名村医。自 2018 年起，积极兑现村医绩效奖励补助，累计兑现 102.29 万元。2018 年，为 138 个村居配备 150 余万元基础医疗设施和价值 50 余万元的 15 类基础常用药品，在 138 个村卫生室配齐藏医药 10 种以上。做到村级卫生室有场所、有设备、有药品、有人员，能治疗感冒发烧、头痛脑热等常见小病。

2. 加强乡镇卫生院建设，做到“小病不出乡”。投资 3200 万元完成新建吉塘镇、巴日乡、香堆镇、阿孜乡 4 个乡镇卫生院，完成新卡乡、扩达乡、王卡乡、荣周乡、察拉乡、卡贡乡、宗沙乡 7 个乡镇卫生院基础能力提升改造，为 13 乡镇卫生院配备齐全手术室、供暖设备、检查室等基础医疗设施。为 13 个乡镇卫生院配备藏医药，为卡贡乡、香堆镇、荣周乡等 7 个乡镇卫生院设独立藏医室，配齐 10 种以上藏医药。充分发挥三级医院对口帮扶援藏医疗队的优势和医疗人才特长，传授医疗技术，帮带乡镇卫生院医疗人才，及时制定《2016～2018 年察雅县卫生专业技术人员培训方案》，分批次派遣乡镇医务人员至重庆三级医院、昌都市人民医院进修学习、短期培训等，增大乡镇医疗队伍力量。通过乡镇卫生院标准化建设，能为群众提供预防、保健、康复、健康教育等公共服务，提供看病、开药、打针、输液等基本医疗服务，基本实现“小病不出乡”。

3. 加强县级医疗建设，做到“中病不出县”。一是硬件设施全面升级。新建藏医院、县疾控中心，新建县人民医院门诊综合楼、传染病房，改造妇幼保健院和行政办公楼，实施绿化工程，全面改善县城医疗基础设施条件；县人民医院配备全麻机、呼吸机、全自动生化仪、微生物室、胃镜等先进设备，并在病房内设中心供氧、床头传呼、负压等先进设施，加强医疗硬件设施。县人民医院于2019年11月通过“二级”医院初评工作。二是科室设置完善齐全。县人民医院设立门诊、内科、外科、妇产科、急诊科，妇产科住院部、外科住院部、内儿传染科住院部、手麻科等11个临床科室，完善彩超室、胃镜、心电图、检验科、放射科5个辅助科室，设立洗消供应室、陈列室、图书馆、党员活动室、多功能会议室5个功能科室，护理部由以前的3个护理单元到6个护理单元（内科、外科、妇产科、传染科、儿科、急诊科）。三是医务人员队伍不断壮大。针对医疗卫生人才紧缺的难题，由县人力资源和社会保障局牵头，分管县长、县卫健委、人民医院赴内地引进专业技术人员（2018年22名，2019年17名），县人民医院职工增加至160余人，其中专业技术人员达到110余人，有效缓解缺医生、缺好医生、缺对口医生的难题。四是组团式医疗援藏助推医疗服务水平不断提升。2016年以来，重庆、上海多家三级医院对口帮扶察雅县人民医院，医院发展发生翻天覆地的变化。复旦大学附属中山医院选派5批援藏医疗队共25名医生来院开展援藏工作，中山大学附属第三医院援藏医疗队5人，重庆先后选派医疗援藏队共30名医生。医院有援藏专家14人，基本覆盖全院各个重点科室，专家们为察雅县人民医院提供技术帮扶、指导，有效提升察雅县医疗服务水平。

为落实健康扶贫，保障百姓健康，察雅县人民医院秉承“以病人为中心”的服务理念，在县委、县政府的高度重视和大力支持下，在援藏专家团倾情帮扶下，在全院干部职工团结奋斗下，配置精良医疗设备、培养优秀业务人才、加强内涵建设，提升服务能力，积极开展胃肠镜诊治、CT 检查、无痛分娩、PPH 手术、碳 14 呼气试验、肺功能检查等新技术新项目 50 余项，不仅填补了医疗领域的多处空白，而且为患者提供舒适、精准、现代医疗服务奠定了坚实基础。医院新综合大楼建成并顺利投入使用，硬件设施体现了便民惠民的特点，布局合理、流程规范、标识清楚，获得一致肯定，患者满意度提高，就医感受大幅改观，医院综合服务能力迈上新台阶。

（二）聚焦“五个精准”，抓好抓实贫困残疾人脱贫

农村贫困残疾人是脱贫攻坚战的重点和难点群体，残疾人贫困发生率比一般人口贫困发生率高出 2 倍以上。习近平总书记指出：“全面建成小康社会，残疾人一个也不能少。”农村贫困残疾人能否顺利脱贫是检验精准扶贫政策是否落到实处的试金石。察雅县坚持把贫困残疾人脱贫作为脱贫攻坚工作重点难点来抓，通过政府主导、民政作为、部门联动、社会协同，增强贫困残疾家庭的“造血”功能，在察雅县形成残疾人脱贫攻坚齐抓共管良好格局，确保“全面建成小康社会，残疾人一个也不能少”。

1. 抓精准康复，服务脱贫攻坚。一是按照《贫困残疾人脱贫攻坚行动计划（2016~2020 年）》和《西藏自治区打赢深度贫困地区脱贫攻坚三年行动计划》要求，结合察雅县实际，第一时间制发《察雅县贫困残疾人帮扶计划》，民政、卫健等部门凝聚合力，组成 5 个专班出动 50 余人次深入察雅县各乡镇，走村入户开展残疾人上门办证服务，至 2020 年 3 月累计为 2787 名群众办理残疾证。二是及时开展察雅县残疾人康复需求摸底调查、建档立卡和康复服务工作。在深入了解残疾群众辅助需求及康复需求后，分门别类对辅助器具完成统计，确定需要轮椅的有 324 人，需要盲杖、

拐杖的有225人，需要助听器的有222人，由县财政投入专项资金50万元进行辅助器具购置，完成采购及发放工作；确定需要进行白内障筛查手术的434人，需要诊断、治疗耳疾患者419人，通过援藏工作，已组织实施一批白内障筛查。2019年8月，协调市民政局组织重庆市儿童救助基金会对察雅县18岁以下有先天性手足残疾并符合康复手术治疗的青少年儿童进行筛查，筛查出10人符合康复治疗，分批次通过市民政局对接重庆市民政局完成康复手术治疗。

2. 抓项目攻坚，助力脱贫攻坚。利用实施农村危房改造工程契机，帮助贫困残疾人家庭解决住房安全问题，2019年农村危房改造项目累计惠及95名残疾群众家庭。察雅县特困人员集中供养中心近3年来累计投入450万元为159名特困老人（其中残疾人58人）提供基本生活照料等服务。各类民生项目的实施为残疾人供养提供场所，有效解决智力、精神和其他类型残疾人的托养问题，减轻残疾人家庭负担。

3. 抓教育就业，提升脱贫攻坚。借疑似失学儿童情况核查和劝返复学工作开展之机，民政、卫健等部门及时完成残疾、重病儿童数据筛查，依法依规为175名残疾儿童办理残疾证，为切实做好县域内残疾儿童的关爱帮扶工作，采取随班就读、送教上门等方式确保残疾儿童纳入义务教育体系。针对有就业能力和就业意愿的残疾人，通过残疾人劳动技能培训，提高残疾人的劳动素质，促进就业、实现增收。2019年组织宗沙乡2名残疾人、王卡乡1名残疾人前往自治区残疾人就业中心参加培训。

4. 抓示范带动，创新脱贫攻坚。以“政府+大学生创业+困难残疾人”模式，投资60万元注册成立察雅县福志商贸有限公司，通过积极开展洗涤业务、手工艺品编织、电子商务等业务拓展就业岗位，成功解决1名大学生和3名贫困残疾人的就业问题，实现月人均增收1500元。2019年积极配合昌都市残联将8名残疾人送往昌都市职业技术学院，根据残疾人意愿开展摩托车维修、服装制作、房屋绘画等技能培训，并于培训班结束后，积极帮助残疾人就业。

5. 抓人文关怀，引领脱贫攻坚。一是在残疾人助残日，利用电视台、新闻报刊等媒体，不断对残疾人事业进行广泛宣传，让社会更多了解残疾人生活。累计发放宣传资料800余册（本）。二是积极落实残疾人两项补贴资金（困难残疾人生活补贴、重度残疾人护理补贴），2016年至2019年，累计向8568人次残疾人发放两项补贴资金1633.29万元，及时开展年度残疾人动态更新，有力保障困难残疾人的基本生活。三是全面落实农村低保，实现建档立卡残疾人社保兜底脱贫，通过农村低保保障困难残疾人426人。四是积极协调上级有关部门实施免费医疗康复，近年来自治区康复中心组织医生及专家先后4次深入察雅县开展康复筛查工作，累计为700名残疾人提供康复服务。

（三）转移就业有妙招，脱贫增收有保障

党的十八大以来，察雅县围绕“民生为本，人才优先”的主线，以就业和社会保障为重点，围绕中心、服务大局，深化改革、扎实工作，坚持把就业、创业摆在首位，坚持就业优先战略和积极就业政策，以促进稳定就业为根本，全身心投入脱贫攻坚战中，以转移就业脱贫一批为抓手，以就业和社会保障为重点，以察雅县地理环境和经济发展现状为基准，通过创新技能培训的方式，实施就业创业帮扶机制，大力扶持壮大特色产业和手工业发展，实现培训促就业，就业促增收，增收助脱贫，脱贫奔小康。

1. 围绕一个中心思想，抓住两个精准对象。围绕转移就业中

心思想。结合“狠抓河谷经济、破解瓶颈制约、加大对外开放、统筹城乡发展”战略和“团结稳县、社会和谐化，生态立县、生态文明化，教育强县、教育素质化，产业富县、产业特色化，城镇兴县、新型城镇化，民生合县、全面小康化”的强县思路，突出重点、抓住关键，正确处理自治区“十三对”重大关系和昌都市“二十一对关系”，尤其是贯彻落实吴英杰书记关于“正确处理好农牧民城镇就业和就近就便不离乡、不离土能干、会干的关系，家乡就是好地方，就业不用去远方”的重要内涵。全面开展好转移就业工作，为打赢脱贫攻坚工作奠定基础。

抓住高校毕业生就业创业对象。通过积极落实各级就业创业扶持政策，主动作为，积极深入高校毕业生中开展就业创业意愿调研，通过大力开发公益性岗位、推荐就业、扶持创业等措施，不断深入推进高校毕业生就业创业，充分发挥人才资源力量，切实把人才资源充实到察雅县基础建设和经济发展中来。察雅县应届高校毕业生基本实现全面就业。

抓住建档立卡贫困户转移就业对象。贫困群众既是脱贫攻坚对象，更是脱贫致富主体，察雅县从贫困群众致贫根本出发，不断加大对贫困群众职业技能培训力度，注重实现外部帮扶和内生动力的“双轮驱动”，坚持在思想上“扶志”、在能力上“扶智”、在发展上扶持，正确引导贫困群众树立主体意识，发扬自力更生精神，全面激发贫困群众脱贫的积极性、主动性，推动由输血式扶贫向造血式脱贫转变，全力解决贫困区域和贫困群众缺乏内生动力问题，助力群众早日摆脱贫困“穷根”，过上幸福美好的生活。

2. 工作成效显著，增强脱贫攻坚“续航能力”。为补齐贫困群众能力短板，克服“等靠要”思想，最大限度地激发群众愿脱贫、敢脱贫、能脱贫、会脱贫内生动力，告别单一模式、实现多措并举，减少政策依赖、鼓励自力更生，纠正短视思维、注重长远发展，将市场发展方向、技能用工需求与培训学员找准就业岗位有机结合，将储备式、结对式、订单式与送培下乡有机结合，通过实施三项技能培训举措，即建立一个中心培训点、开办多个下乡培训点、创新区内外培训点，提振贫困区域和贫困群众勤劳致富能力，努力实现创业自立，就业自主。

建立一个培训中心地，完善就业续航点。为夯实察雅县技能培训载体，于 2016 年成立“察雅县精准扶贫劳动技能培训中心”，培训中心主要承担察雅县建档立卡贫困户实用技能培训工作，开办民族手工艺制作、唐卡绘画、建筑施工、移动餐车、烹调烹饪共 5 大类培训班，注重思想教育与能力培养相结合，找准市场劳务用工需求，开展订单、定岗、定人式技能培训 30 期，培训贫困群众 1600 余人，对接企事业单位（含个体工商户）200 余家，提供就业岗位 1400 余个。

通过开办民族手工艺制作技能培训班，有效解决贫困家庭妇女和社会弱势群体的就业难问题。培训班深受家庭妇女和残疾人欢迎，既照顾了家庭又实现了增收。成立农牧民合作社，将培训后的 32 名贫困户吸纳进合作社，由合作社统一提供加工原材料，产品制作加工完成后由合作社统一收购和销售，贫困群众不仅在家就能实现稳定就业，经济收入也得到了保障。

唐卡一直以来都是藏区艺术品的代表作，康区勉唐画派更是察雅县唐卡的代表，为继续传承唐卡绘画技艺，培训中心开办的唐卡绘画技能培训班广受当地群众青睐，培训中心专门聘请技艺精湛的唐卡画师担任老师开展培训工作，将培训合格的 33 名贫困户家庭学员成功推荐到察雅县央青唐卡艺术传承有限公司实现就业，人均月收入达到约 1800 元，不仅可以解决就业问题，而且可以跟随画师继续深造，为自己今后创业打下坚实基础。

随着西藏进入经济发展黄金时期，各项基建项目大量开工建设，重点工程越来越多，造成建筑施工领域技工人员紧缺。察雅县准确把握这一劳务用工市场需求，及时开展建筑施工技能培训，重点培训砌筑工、钢筋工、抹灰工等用工量较大的建筑技工。2016年以来，培训技能型农民工1100余人，调动贫困群众发挥本地身体素质优势，用外来务工人员不具备的高原适应优势快速占领劳务市场，积极投身新农村、产业项目、交通、水利等工程建设热潮中，在施工现场能看到通过培训上岗的技能型农民工身影。贫困群众在建设美好生活的历程中、在脱贫之路上的主人翁意识越来越强、主体认识越来越浓。

招商引资项目相继落户察雅县，居住人口和流动人口不断增加，消费人群不断扩大，消费能力不断增强，特别是餐饮方面的需求突出，为尽早抓住餐饮业发展势头，察雅县及时开办烹调烹饪技能培训班，对有就业、创业意愿的243多名贫困户群众开展中式烹饪培训，重点培训炒菜、小吃、面点等大众饮食，并依托察雅县产业园区开放餐厅作为实习场地，提升实践操作经验，为自主就业创业打下基础。已帮助13名贫困群众在本乡镇开办馒头加工店，人均月收入达1500元。

开办多个下乡培训班，拓宽就业续航面。为更好地贴近群众生产生活，将技能培训开在乡里、村里，开在田间地头，统筹整合乡镇、村居场地资源实施“送培下乡”，现场开班授课近30场次，培训贫困户群众超过2500人。以卡贡乡果树种植、巴日乡蜜蜂养殖、烟多镇蔬菜种植、吉塘镇服饰加工等为例，配合当地苹果树种植、原生态蜜蜂养殖、温室大棚蔬菜种植、民族服饰加工等乡村产业发展开展职业技能培训。

组织种植专业技术老师走进卡贡乡村帮村，为卡贡乡村帮村村民提供技术帮助，从修枝、施肥、浇水和防病虫害等方面入手，手把手现场教学，通过村帮村果农种植培训，苹果质量和产量大幅提升，现在卡贡苹果色泽红亮、口感清脆、甜度提增，产量比以往增加一倍，让村帮村村民重燃脱贫希望。坚持“智”“志”双扶，通过“扶志”激发群众内生动力，通过“扶智”增强致富技术保障，采取“两扶”一起抓，促使群众自主奔小康。

巴日乡蜜蜂养殖历史悠久，但受养殖技术困扰，原生态蜜蜂养殖产业陷入困境。为重现巴日乡蜜蜂养殖产业辉煌，将传统产业做大做强，察雅县动员当地老一辈蜜蜂养殖坚守人，调动在家年轻人，通过集中培训传授原生态蜜蜂养殖技术，聘请职业技术学校专业老师教授现代化蜂蜜提取技术，使群众在保持传统养殖技术的基础上掌握现代提取加工技术。通过培训，再次让巴日原生态蜂蜜产品走向普通消费人群。

烟多镇位于县城驻地，居住人口集中，蔬菜市场需求逐年扩大。为壮大烟多镇蔬菜种植产业，补齐种植技术不足的短板，察雅县根据蔬菜温室大棚种植产业发展的需求，组织开展种植技术培训，将培训班开在田地间头、大棚里，根据蔬菜生长的各个时期，从播种、施肥、除草、移苗开始培训，相关专家辗转多个村居、多个大棚、多块田地，在多种蔬菜生长的每个关键时间点对群众进行现场教学，带领群众由低产值农作物种植向高产值农作物种植转型。烟多镇已为察雅县人民提供不间断的新鲜蔬菜。

吉塘镇素有康巴服饰代表之称，在康巴藏式民族服饰制作方面有着几百年的悠久历史，对康巴民族服饰发展有着不可或缺的推动作用。察雅县看准这一民族特色产业发展优势，在吉塘镇原藏靴厂的基础上注资扩建成民族服饰加工厂，将十几人的家庭作坊扩建成现代化工厂，为应对扩建带来的技术人员紧缺，及时开办民族服饰加工制作技能培训班，主动协助服装厂开展技能培训，将培训班开在服饰厂，采取以老带新、以学代培的方式手把手教学，将传统手工艺传授给年轻一代，以增加技术人员，增加产量，坚持传统工艺制作。吉塘藏装全部采用手工制作，有做工精良、图案优美和量身定做等突出优点。周边县区前来订货的商家早已排满一年生产订单。

创新区内外培训模式，打开就业续航门。为全面满足贫困群众对就业创业技能培训的需求，察雅县把培训延伸至区内外，吸引贫困村居本土人才回流，鼓励动员高校毕业生、企业家、退役军人、农民工等返乡创业创新，组织贫困群众前往区内外进行驾驶技能培训、特种装备操作培训、电子商务培训等有助于提高就业创业能力的技能培训班 5 期，培训贫困群众和高校毕业生 200 余人，帮助 6 人实现创业，在乡村人才振兴中形成创业带动就业的良好局面。

紧跟时代发展步伐，察雅县对贫困户采取因户施策、因人施策培训的办法，选派 9 名贫困户群众、高校毕业生到山东中铝学校参加电商培训，从零开始接触电商平台，到对平台的使用，再到对发展前景的认知，不仅拓宽了贫困群众就业渠道，而且增强了察雅县岗位开发的能力。在通过培训后，已有 5 名群众开始在察雅县电商平台销售西藏特产，顺利实现就业，填补察雅县电商平台销售的空白。

察雅县大部分乡镇属于半农半牧区，牲畜养殖分布广泛，且盛产羊毛。察雅县创办羊毛加工厂，解决羊毛销售问题，专门到内地聘请羊毛加工制作师傅前来察雅县开展生产培训。通过 2 个月的集中培训，21 名贫困群众顺利实现上岗就业，这既开发了就业岗位，又解决了羊毛销售，还增加了羊毛附加值。如今，群众自己生产出来的羊毛被能卖到 700 元一床，人均月收入约为 1700 元。

在一系列创业扶持政策支持下，察雅县已有 6 名高校毕业生返乡创业，分别在种养殖业、旅游业、餐饮业实现创业起步阶段，在发展本地特色农副产品、旅游住宿、民族饮食方面都有着典型创业事例，带动当地 40 余名贫困群众就业。

2016 年以来，察雅县通过建立完善的职业技能培训阵地，全面开办技能培训班，培训农牧民群众 4848 人，实现察雅县农牧民富余劳动力转移就业 67251 人次，创收 1.9 亿元，实现人均增收 2800 余元，贫困群众劳动价值不断增加，就业稳岗率显著提升，群众的内生动力也得到充分激发，脱贫路越走越宽，战线面越来越窄，攻坚点越来越小，脱贫典型不断涌现，脱贫力量不断增大。

六　生态文明

（一）补短板、落实地，切实做好生态环境保护

察雅县以各级环保督察整治为具体抓手，以加强环境保护和加大环保执法力度为落脚点，以着力解决危害群众健康和影响可持续发展的突出环境问题为着重点，坚持目标导向、完善工作机制，严格管理、真抓实干，各项环保工作有序开展。

1. 提高认识，强化责任。察雅县高度重视中央环保督察整改和自治区环保第二督察，坚持将环保督察作为从严抓好生态环境保护、深入推进各项整改措施落实、不断完善环保工作方式方法的重要契机，将环保督察当作重大政治任务，严格按照考核要求，及时做好考核资料收集、梳理、汇总和归档。切实做到整改不到位不收兵，落实不到位不销号，打造纵向到底、横向到边的环保监督整治

体系。对所有问题整改方案、整改落实情况、销号支撑材料进行收集整理并按照“一案一册”收存。已完成销号59小项，剩余27小项在2020年12月31日前完成4项整改。对照自治区第二环境保护督察组整改反馈问题（9大类27小项），已销号25小项，其余2项正在稳步推进。

2. 紧扣问题，深化整改。喜迎新中国成立70周年，按照区、市两级建设美丽西藏“三整治三提升”行动方案的通知，为切实改善察雅县环境卫生问题，结合“七边四美四化”，在察雅县范围内掀起讲文明、爱家乡，讲卫生、爱清洁活动，结合察雅县实际，制定下发《“七边四美四化”推行“三整治三提升”行动方案》，把县域划分为28个卫生片区，由驻地部队、各级各部门、学校、医疗机构等部门主动认领卫生片区进行环境卫生大整治，形成分管同志亲自督导、广大干部职工群众积极参与、环境卫生整治齐抓共管的浓厚氛围。针对城乡环境卫生还存在“卫生死角，脏、乱、差”的情况，在原有735个城镇保洁员、环境监督员岗位的基础上再增加100个城镇保洁员、环境监督员岗位，加强城乡环境卫生治理。环境卫生大整治行动已列入察雅县县长效机制，将于每周五开展。各乡镇环境卫生清理工作有效深入开展，环境卫生改善效果明显。通过“送法入企”“宣传入户”等形式，变被动教育为主动服务，增强企业、个人环境保护意识。特别是在“6·5”世界环境日、虫草采挖期间，组成宣传队，先后10余次深入采集点进行宣传，发放宣传资料4000余份、环保袋3000个，宣讲环保知识，有效提高干部、群众环保意识。

3. 狠抓落实，从严整治。为严厉打击环境违法，消除环境污染隐患，保障察雅县环境安全，按照“三不三直”和全覆盖、零容忍、严执法、重实效的工作要求，深入开展环境保护大检查。出动执法人员120余人次，检查各类企业商铺70余家，下达整改通知书700余份，2014年以来处罚违规违法企业罚金74.9万元。注重社会监督，主动公开执法依据、执法权限、执法程序，保证环保执法公平、公正、公开、透明。在从严执法的过程中，察雅县牢固树立监管就是服务理念，坚持以服务为宗旨，以“寓执法于服务之中”的工作理念，在执法中增加约谈教育环节。通过约谈，抓牢“关键少数”，面对面宣传环保政策法规，不断引导违法违规企业主动学法、守法、遵规，提高环保意识。帮助企业查找分析存在的环保问题，提出解决问题办法和建议。营造由“管理就是收费，处罚就是执法，以罚代管”向“主动靠前，服务执法”转变的良好局面。

4. 严控源头，建立机制。严格按照“源头严防、过程严管、后果严惩”的工作方法，以新修订环保法赋予权力为有力抓手，严守企业（项目）环境准入“底线”“红线”“高压线”。在招商引资、小城镇建设的过程中坚持生态优先，发展与环境保护同步推进，避免走“先污染后治理”的老路。特别是在招商引资方面，察雅县按照《环境影响评价法》，结合产业政策、园区规划、环境保护等要求，对招商引资项目提前介入，由县政府组织相关部门对项目的产业政策、选址合理性等进行严格把关，坚决杜绝高污染、高耗能项目在察雅县落地，对选址不合适项目及时提供环境信息和合理建议。累计提供环境信息咨询2000余次，办理环评600余份，对不符合产业政策、市场准入条件建设项目不予审批，为察雅蓝天圣洁产业发展积极营造良好的生态环境。

（二）强举措，抓落实，扎实做好最严格水资源管理

察雅县深入贯彻落实科学发展观，围绕“创建节水型社会、服务察雅经济建设”这条主线，全面提升水资源现代化管理水平，

较好地完成各项目标任务。

1. 加强水资源管理能力建设，健全制度配套体系。印发《察雅县“十三五”实行最严格水资源管理制度工作实施方案》，明确各成员单位工作职责，加强察雅县水资源管理能力建设。2019 年，察雅县落实最严格的水资源管理工作，切实提高察雅县最严格水资源管理能力，加派一名业务能力强、学习能力强的副局长具体负责日常工作。下拨水资源管理和河长制财政预算资金 50 万元。

2. 持续做好污水处理，安全屏障达标建设整改。一是为切实做好节水型社会建设工作，促进水资源合理配置、高效利用和有效保护，推动察雅县经济社会持续、协调、快速发展，对察雅县水利局办公大楼实行节水型社会建设试点，逐步推进对察雅县部分单位、企业、小区节水型试点单位建设。二是加大对管网漏损、污水处理基础设施的建设力度。于 2014 年和 2017 年分别对察雅县管网进行新建，积极开展管网巡查工作，管网漏损得到极大改善。三是为加快察雅县污水处理厂建设。对察雅县污水处理厂及收集系统工程及时开工建设，项目建成后将有效提升县城污水处理能力。四是完善重要饮用水水源地安全评估制度。建立县重要饮用水水源地名录。科学划定饮用水水源保护区。已完成农牧区 36 个点及县城 1 个集中式饮用水水源地保护区划定，完成饮用水水源地保护区标志碑、界碑、宣传牌、隔离防护设施的设立。制定出台《察雅县水源地突发环境事件应急预案》。

3. 入河排污口监测暨入河排污口监督管理。地毯式、拉网式排查察雅县入河排污口，发现需纳入监管 9 个入河排污口（分别为察雅县烟多镇人民政府入河排污口、察雅县 082 台入河排污口、察雅县中学入河排污口、察雅县特困人员集中供养中心入河排污口、察雅县烟多镇色嘎村村委会入河排污口、吉塘镇老排污口、察雅县人民医院入河排污口、德西林卡入河排污口、察雅县中波站入河排污口）。对德西林卡入河排污口进行水质检测，结果为《城镇污水处理厂污染物排放标准》GB18918-2002表2-3中一级B标准值，为掌握察雅县重点河流水质情况提供科学支撑。为全面规范建设项目入河排污口设置审核和环境影响评价审批，加大察雅县入河湖排污口设置、排放监督管理力度，严厉打击非法设置排污口和偷排、不达标排放等行为。从2017年11月开始，严格按照市水利局要求，结合全面推行河长制工作，对察雅县入河排污口进行调查摸底，全面掌握察雅县入河排污口位置、分布等基本信息，为下一步开展入河排污口专项整治工作提供重要保障。按照昌都市入河排污口整顿工作要求，对需要直接登记的排污口进行登记；对需要办理审批手续的，督促设置单位编写入河排污口设置论证报告书。经排查，察雅县9个临时入河排污口均已办理登记手续并报送市水利局备案。察雅县严格落实自治区、昌都市关于地下水取用监督管理文件精神，切实加强地下水取用水户监督管理工作。察雅县未发现企业使用地下水。

4. 出台并实施察雅县城镇居民阶梯水价相关制度。一是严格规范水价。明确察雅县水价由供水成本费用、税金和合理利润组成，依照水价改革意见，城市公共供水按保本、微利原则定价。二是实行分类水价，严格明确各类用水性质，形成科学合理的各类水价比价关系，积极将产业政策与水价政策相结合。三是建立成本审核制度。严格审核定价成本，加强自来水公司成本约束，使水价制定建立在科学、真实、合理的成本的基础上。四是切实加强水价改革的指导监管工作。执行用水收费标准为分类标准，居民用水每立方米1.6元、行政事业用水每立方米1.8元、工业用水每立方米2.4元、特种用水每立方米4元。根据国家关于实施城镇供水居民用水阶梯价格各项工作的安排部署，察雅县深入开展各项调研工作，积极推进实施居民用水阶梯价格落实，深化落实水价改革分步意见，积极利用价格杠杆作用调节利用开发水资源行为，保护好城市供水的持续健康环境。

5. 加强饮用水水源地保护。一是依法划定重要饮用水水源保护区，并通过加强环保、水利等部门协调联动，严格禁止在水源保护区内设置排污口，切实保护好饮用水水源地生态环境。二是在水源地建设过程中，认真落实水源地保护各项工程、技术措施，对水源地采取设置网围栏、封禁等工程措施和不定期水质进行检测、检疫，加强对水源地的保护。三是按照水功能区监督管理要求，完成察雅县水污染风险隐患排查，构建好保护察雅县饮用水水源地外部环境。

6. 开展计划用水和节水管理。为加快推进资源节约型、环境友好型城市建设，认真贯彻中央新时期水利工作“节水优先、空间均衡、系统治理、两手发力”方针，将节水贯穿到经济社会发展和生产生活全过程，引导合理用水、节约用水。察雅县严格按照自治区人民政府发布的用水定额，结合人口、牲畜数量和耕地面积等制定察雅县 2016 年至 2020 年用水计划。为有序推进节水型社会建设，确保县域节水型社会建设工作的顺利进行，促进水资源合理配置、高效利用和有效保护，推动察雅县经济社会持续、协调、快速发展，成立领导小组，负责节水型社会建设，编制出台察雅县节水型社会达标建设实施方案。

7. 开展水资源管理制度宣传。坚持把宣传教育作为实行最严格水资源管理制度建设的基础工程来抓，强力营造节水氛围。以“世界水日”“中国水周”为载体，紧紧围绕“实施国家节水行动，建设节水型社会”和“全面推行河长湖长制，维护河湖健康生命”

的宣传主题。全面提升节水和水资源保护意识，深化节水责任，在网络、县电视台等媒体上宣传节水信息，在醒目位置设置节水宣传公示牌等。以在主要市政道路的 LED 上巡回播放主题标语、现场讲法、发放有关法律法规资料等形式，深入宣传水法、节约用水、水资源有偿使用等内容，通过各种宣传活动，让公众清楚水资源为国家资源，切实提高全社会节约用水的危机感和紧迫感，充分调动全社会开展节水工作的积极性和主动性，倡导人与自然和谐相处的理念，增强全社会的水忧患意识和水法治观念，营造惜水、节水、护水、爱水、依法治水和节约用水的良好社会氛围。

8. 严格履行取水许可审批管理制度。依法按照取水许可申请程序，已为察雅县华辰实业有限公司、吉塘镇金河利民砂石厂、吉塘镇金河福临砂石厂、吉塘镇达布村砂石厂、吉塘镇斌远砂石厂、王卡乡王吉村砂厂、王卡乡吉列村伦珠林砂石厂、卡贡乡村帮村砂石厂、卡贡乡才帮村砂厂、烟多镇兴和砂石厂、察拉乡花岗岩厂等八家企业办理取水许可证，并加强监督管理，建立电子台账，方便调阅取水户基本信息；对不按取水许可规定条件取水的用水户，按照法律程序依法给予整改、处罚，保证察雅县取水户科学合理利用水资源。根据《西藏自治区取水许可证和水资源费征收管理办法》，以年底实际用水量收取水资源费。督促责任单位上报 2019 年度取水总结和 2020 年取水计划。察雅县取水工程（设施）核查对象名录统计取水工程（设施）11 个。在下一步工作中，严格按照整改制度提出的“取水工程（设施）核查登记有待加强”，察雅县将压实辖区内所有流域取水工程（设施）的核查登记。

（三）做好民生答卷，让群众喝上放心水

察雅县属典型高原气候，水资源相对紧缺，人均水资源占有量少，降水时空分布不均，工程性缺水和季节性缺水较为严重。再加

上自然地理条件复杂，海拔较高，平稳地带少，储水能力差，农牧民群众取水、用水不便，农村地区饮水问题突出，严重影响人民群众的生活。党中央、国务院领导高度重视饮水安全，要求把“切实保护好饮用水源，让群众喝上放心水”作为首要任务，把“让人民群众喝上干净的水、呼吸清新的空气，有更好的工作和生活环境”作为政府工作目标。2018 年以来，察雅县高度重视农村饮水安全巩固提升工程，始终坚持把抓好农村饮水安全巩固提升工程作为落实“两不愁三保障”的根本保障，严格落实市、区关于农村饮水安全工作的部署要求，将农村饮水安全巩固提升工程作为造福百姓、惠及民生的实事来抓，以“不漏一村一户”原则扎实做好贫困群众饮水安全全覆盖工作，为坚决打赢脱贫攻坚战奠定坚实基础。

1. 基本情况。察雅县有 13 个乡镇、138 个行政村、520 个自然村。1999 年以来，察雅县农村饮水安全工程累计解决 520 个自然村的饮水问题，实施 514 处（含 26 个安置点供水工程）人饮点（其中部分水源点可覆盖多个自然村），2020 年计划投资 1760 万元，解决 60 个点的双水源供水保障措施。

2. 主要做法。第一，一个专班促合力。察雅县按照农村饮水安全保障地方行政首长负责制和农村饮水安全实行“县负总责、乡镇村抓落实”的工作机制，成立以县委副书记、县长其珠多吉为组长的察雅县农村饮水安全巩固提升工程领导小组，县水利局牵头组织，各部门协调配合，县发改委积极做好资金筹措、规划审批、计划下达等工作；县财政局抓好资金计划落实，确保资金及时拨付到位，并加强资金监管；县扶贫办及时分解落实年度脱贫和易地搬迁建设任务；县卫健委积极开展水质监测工作；县环保局对划分的水源保护区，设立保护措施，积极推进其他水源保护区划分，确保“三个责任”落实。第二，两大规划摸实情。结合察雅县改善农村人居环境总体工作，坚持近期效益与长远利益相结合，坚持集中供水与分散饮水相结合，以提高集中供水工程比例、人口覆盖率和自来水入户率为目标，以人饮改造提升和改善水质为核心，以贫困村、自然村和不通水、季节性通水地区为重点，制定察雅县饮水安全工程建设规划和实施方案。严格按照“两不愁三保障”标准，对照《西藏自治区农村饮水评价标准》中“水量评价、水质评价、用水方便程度评价、供水保障率评价”进行精准摸底，成立专班深入乡镇、村居进行数据摸底，对察雅县个人饮点开展冬季供水实地调查，切实做到贫困村、贫困户和贫困人口饮水安全问题底数清、数据明，落实“一村一策”饮水摸底调查表，真正实现不漏一村一户一人。第三，三大保障作基础。一是县政府同各乡镇政府签订农村饮水安全目标责任书，各乡镇政府也成立领导小组，从县乡两级给予农村饮水安全工程建设强大的组织保障。二是健全完善县级农村饮水工程运行管理机构、运行管理办法和运行管理经费“三项制度”，确保农村饮水工程有机构和人员管理，有政策支持。三是整合资金，全面推进。充分发挥政府主导作用，积极争取上级资金扶持。2020 年将投资 1760 万元，解决 60 个点的双水源供水保障措施，投资 66 万元，对察雅县 189 个点开展水源检测，其中察雅县对 2017 年以前建设的 127 个水源重新开展委托检测和 2020 年新建 62 口机井水源开展委托检测。第四，四大监管保质效。一是分片区实施，察雅县多次召开会议研究农村饮水安全巩固提升工程实施方案，决定优先解决公路沿线及村委会所在地各自然村巩固提升工程。2020 年农村安全饮水巩固提升项目，进展到招标工作。二是持续深入全面推行“项目法人制、建设监理制、工程招标制和合同施工制”

的“四制”管理，每处工程组建项目法人，明确法人代表、技术和安全负责人，将责任落实到人头。三是每处工程都经过村“一事一议”民主议事讨论通过，邀请当地群众参与水源地的选择，再由县水利局技术人员现场查勘，编制工程设计或实施方案，确保工程建设的合理性。严把竣工验收关，水利部门参与建设全过程，确保每一道工序验收合格，邀请参建四方及乡镇、驻村工作队、村“两委”班子及村民代表共同进行验收实行质量一票否决制，对存在质量问题的工程，一律不予验收，不予拨付资金。四是理顺管理体制，明确政府为责任主体，各乡镇政府为主要负责单位，对辖区内农村饮水安全工程进行监管责任。深入研究相关发展政策，引进推广成功经验，总结实验适合察雅县实际的发展模式。各部门彼此协调，加强农村饮水安全工程建设和日常管理。

3. 取得成效。第一，群众饮水安全得到保障。察雅县高度重视饮水安全工作，强化顶层设计、保障资金来源，按照“水利工程补短板、水利行业强监管”总基调，从“挂图作战、动态管理，多元投入、统筹推进，建立机制、规范管理，突出重点、狠抓整改，强化监管、加强帮扶”五个方面迅速推进农村饮水安全工作，确保彻底解决察雅县群众饮水安全问题，达到“小康路上饮水安全一户都不落下”的目标。第二，农村饮水安全建设更加规范。察雅县狠抓农村饮水安全组织领导、制度保障，确保管理机构、项目资金到位，水利部门负责工程规划等前期工作，并及时组织实施、指导、监管农村饮水工程建设等工作，工程质量监督和建后管护培训得到规范。第三，生产发展短板得到补齐。2020 年投入 1760 万元实施农村饮水安全巩固提升工程，彻底补齐补强饮水安全基础设施短板，解决察雅县群众从用上水到用好水的问题，为察雅县发展扶贫特色产业提供坚实的水利支撑与保障，促进扶贫特色产业的可持续发展，充分发挥水利工程建设补齐短板的重要作用。第四，告别饮水难，日常生活有保障。解决饮水难问题既是水利扶贫的重点工作之一，也是贫困群众脱贫致富的必然要求。察雅县部分高海拔乡镇在过去靠冰川融水、河流等作为生活用水，尤其在冬季，经常会出现缺水问题，群众需前往几公里外提水，用水难、水质差，群众生活极为不便。察雅县实施农村安全饮水工程，通过引流水库水源、修建蓄水池，群众都用上放心水，群众饮水安全得到保障。

（四）以高度使命感和责任感扎实做好河长制

全面推行河长制是党中央、国务院为加强河湖管理保护的重大决策部署，是落实绿色发展理念、推行生态文明建设的内在要求。察雅县深入推进维护河湖健康工作，为推动“蓝天圣洁产业”的发展提供有力保障。

1. 建章立制，狠抓落实。察雅县通过建立县总河长会议制度、县级河长会议制度，定期或不定期安排部署河长制工作。其中，县总河长会议主要部署察雅县河长制、研究河长制重大责任追究和考核方案等；县级河长会议以部署会、任务推进会、督导检查现场会等各种专题会议的形式，贯彻落实总河长会议部署，研究督导本流域河长制重点及突出问题整治。察雅县河长制工作办公室在年底通过各级河长巡河记录，对 55 条河流进行考核。根据巡河制度明确县级河长每季度巡河 1 次（每年巡河 4 次），乡镇级河长及村居级河长每月巡查河湖次数不少于 2 次，察雅县为县、乡镇两级河长发放河长巡河记录本，河长做好巡查记录，各级河长对河道存在的问题及时向上级河长、河长制工作办公室汇报。结合正在开展的察雅县河湖“清四乱”专项行动，各级河长在开展日常巡河过程中，重点对“乱建、乱占、乱堆、乱采”问题开展专项检查。通过市级河长调整，察雅县有自治区河长1名、市级河长3名、县级河长21名、乡级河长35名、村级河长127名，及时印发《察雅县河长制巡河制度》，各级河长开展巡河359余次，其中县级河长巡河279余次，乡镇级河长巡河80次。各级河长巡河制定巡河台账进行登记，各级河长巡河情况以旬报方式上报县河长办，通过统计在每年3月、6月、9月、12月以季报形式向市河长办报送巡河统计表。

2. 安排专人，明确任务。河长制共有专职工作人员1名、兼职2名，负责组织实施全面推行河长制具体工作，落实自治区、昌都市、察雅县全面推行县河长制工作领导小组和市、县总河长、河长确定的事项，组织协调各相关部门按职责分工，协同推进各项工作，并按照上级部门及领导指示完成工作。察雅县水生态岗位5899个，其中2918个为察雅县建档立卡户群众，全部被纳入察雅县河湖巡查、维护、保洁人员，并明确河湖管护人员工作职责、任务明确。一是定期对管护区内的河湖进行巡护和组织村民清理河道内的垃圾，填写上报巡护情况。对突发水污染事件，及时报告上级河长办和各级水行政主管部门。二是及时把生产建设项目造成水土流失不治理的行为报告上级河长办和各级水行政主管部门。三是对重点河、湖（库）区的监督、巡查，将违法违规取水，未经批准设置入河排污口、侵占河道、填堵水域、河道采砂等水事违法违规行为，及时报告上级河长办和各级水行政主管部门。四是协助上级河长办和各级水行政执法部门查处涉水违法违规案件、化解水事矛盾纠纷。五是开展辖区内水法、水土保持、河道管理条例、节约用水等法律法规宣传教育工作。六是积极参加辖区内与水生态保护、监督管理技能培训相关的各类活动。七是负责本村水务突发事件上报和应急处置，并承担防御洪涝、旱灾预警工作。八是完成上级河长、河长办和各级水行政主管部门交办的其他工作。每星期与村级河长一同开展巡河工作。察雅县正对55条河流进行建档管理，所有河流的“一河一档”信息已全部建立和完善。“一河一策”编制工作已完成。

3. 督导检查，落实责任。县总河长督导监察县级河长制工作落实和履职情况、县级河长督导监察情况以及各乡镇河长工作开展情况。为加强各乡镇对河（湖）长制工作相关政策和工作要求的全面认识，县级河长向各乡镇详细讲解“为什么要推行河长制”、河长制有哪些要求、如何落实河长制湖长制等问题，并对河长制相关决策背景、河长制和湖长制的工作要求任务、河长如何履行职责等工作进行指导。察雅县在2020年底组织由县级河长带队，县河长办及成员单位组成工作组，对13个乡镇河长制工作落实情况开展验收。

4. 持续整改，提升成效。察雅县自2018年7月20日起，认真落实“清四乱”工作，在察雅县范围内对“乱占、乱采、乱堆、乱建”等河湖管理保护突出问题开展专项清理整治行动。经过一年的时间，察雅县河道环境面貌显著改观，“清四乱”问题得到彻底整治，主要水污染物排放总量明显下降，地表水环境质量保持优良，河道水体感观变清、变净，水环境质量提升，人民群众满意度明显提高。

第三节　脱贫攻坚的启示

脱贫攻坚工作开展以来，察雅县始终坚持以习近平新时代中国特色社会主义思想为统领，坚持树牢“四个意识”，坚定“四个自信”，坚决做到“两个维护”，深入学习贯彻习近平总书记关于扶贫工作的系列重要论述，全面深入贯彻落实党的十九大会议精神和中央第六次西藏工作座谈会精神，聚焦全面建成小康社会的总目标，以精准扶贫统揽察雅县经济社会发展全局，全面落实中央、自治区、昌都市关于打赢脱贫攻坚战系列决策部署，把脱贫攻坚作为一项重要政治任务和第一民生工程，紧紧围绕贫困群众稳定实现“两不愁三保障”总目标和“三率一度”达标要求，科学分析形势，积极应对挑战，加强组织领导，狠抓责任落实。强化党政一把手负总责，“五级书记”抓扶贫的责任制，深化落实“五个一批”脱贫措施，做到“早谋划、早部署、早安排”，全方位推进实施精准脱贫，取得显著成效。

一 统一思想认识，强化组织领导

（一）健全组织领导

察雅县认真落实县委牵头抓总、整体谋划、统筹协调扶贫责任，成立以县委书记任组长的扶贫工作领导小组和县长任总指挥长的脱贫攻坚指挥部，指挥部下设办公室和易地搬迁、产业发展、社会保障、宣传发动、结对帮扶等 14 个专项小组，明确一个职能部门具体抓落实，抽调 37 名干部专职负责精准扶贫工作，有效充实扶贫力量。制定《察雅县“十三五”脱贫攻坚规划（2016 ~ 2020 年）》《昌都市察雅县深度贫困地区脱贫攻坚实施方案》《察雅县“十三五”易地搬迁实施方案》《察雅县“十三五”生态补偿脱贫实施方案》《察雅县“十三五”教育脱贫实施方案》《察雅县“十三五”转移就业脱贫实施方案》《察雅县“十三五”社会保障脱贫实施方案》和年度实施计划。

（二）健全责任体系

察雅县按照“五级书记”抓扶贫和“区负总责、地市直管、县抓落实、乡镇专干”以及“党政同责”要求，将察雅县划分为13个战区，完善县、乡镇、村居三级书记抓扶贫工作责任制和“县委常委包乡镇、科级干部包村居、一般干部包户”协调推进机制，与各乡镇党委、政府，乡镇党委、政府与村居党支部逐级签订《脱贫攻坚工作目标责任书》，修订完善《中共察雅县委常委会会议事决策规则》，定期听取脱贫攻坚汇报。2016年以来，县委、县政府、县扶贫工作领导小组、县脱贫攻坚指挥部召开各类会议223次，及时学习贯彻上级文件和会议精神、听取汇报、研究部署脱贫攻坚。

（三）健全督促指导

察雅县坚持把督导检查作为推动脱贫攻坚的有力抓手，建立党政一把手模范带头，县级干部带队蹲点推动，责任乡镇、单位共同参与的督导机制，制定《察雅县县委常委督导包片工作制度》，严格执行“四定”措施（即每个县直单位固定督导1个乡镇、每个单位固定藏汉督导人员2名、脱贫攻坚指挥部分解确定每阶段督导任务、制定督导标尺），积极发挥县委政府督查室、组织纪检等部门的监督作用。察雅县主要领导以身作则，遍访所有乡镇、村居，乡镇党委书记、乡镇长和选派村党支部书记做到辖区贫困户走访全覆盖。

（四）营造浓厚氛围

察雅县按照“智志双扶”和注重激发贫困群众内生动力的要求，根据《察雅县脱贫攻坚政策专项宣传实施方案》，依托“四讲四爱”群众教育实践活动，借助各类新闻媒体，广泛宣传和报道党和国家的扶贫政策以及察雅县脱贫攻坚工作的开展情况和取得的成效。2016年以来，累计举办各类宣讲培训班710余场，培训宣讲人员5300余人，发放藏、汉双语宣传资料2.47万余份，开展各类宣讲活动2500余场，受教育群众17万余人。

（五）从严执纪问责

察雅县始终把监督问责摆在重要位置，不断完善问责机制，保持反腐败的高压态势，紧盯重大工程、重点领域、关键岗位，强化对权力集中、资金密集、资源富集部门和行业的监督，持续深化扶贫领域腐败和作风问题专项治理。2016年以来，累计受理扶贫领域问题线索18件，先后诫勉谈话2人、党纪政务处分4人，释放失责必究的强烈信号，为脱贫攻坚提供了坚强纪律保障。

二　深耕“五个一批”，确保脱贫成效

察雅县始终坚持以项目推动为抓手，以促进贫困群众脱贫增收为核心，以“六个精准”为指导，扎实推进“五个一批”工程。

（一）坚持把发展产业作为主攻方向

察雅县立足县域区位优势和气候优势，以“五个一万级”产业为载体，以“六个千万级”工程为龙头，按照大、中、小、微类型产业项目分别带动县、乡、村、户工作机制，紧抓发展经济林果、苗木、蔬菜、牛羊育肥等特色主导产业，加快产业项目实施，确保扶贫产业项目成效。

（二）坚持把易地扶贫搬迁作为重要补充

察雅县严格按照“六靠、五方便、两避让”原则，投入资金7.8亿元，建设易地扶贫搬迁安置点26个。结合农牧区特点，确定“六改”措施（改基础、改屋面、改独木梯、改门窗、改厨房、改厕所），对察雅县1328户（含建档立卡户374户）群众，实施农村危房改造。

（三）坚持把生态补偿作为双赢之策

察雅县坚持绿色发展、生态富民可持续发展道路，让有劳动能力的贫困人口实现生态就业。投资 9834 万元，实施“万亩经济林”建设项目，种植经济林木 1.17 万亩，种植杂交构树、苹果、蜜桃等经济苗木，吸纳建档立卡户 83 户 498 人，带动增收 170 余万元，户均增收 5000 余元。积极实施还林、还草、草场保护和减畜奖补政策，安排生态岗位 21665 个。制定、完善《察雅县脱贫攻坚生态保护转移就业岗位考核管理办法（试行）》，进一步加强和规范生态保护转移就业岗位人员管理，切实发挥岗位作用。

（四）坚持把发展教育扶贫作为治本之计

察雅县扎实开展控辍保学，积极推行制度控辍、条件控辍，做到应招尽招。实施“县、乡、村、户”“局、校、班、户”双线控辍责任制和控辍保学“四书制”，将防流控辍和足额招生作为乡镇党政“一把手”工程，作为经济社会考核重要指标。及时足额拨付学生“三包”经费和学生营养改善经费，兑现困难大学生资助资金和中铝·格桑花教育助学基金资助金。加大教育基础建设力度。2016 年以来，累计投入资金 1.83 亿元，新建学校 3 所，改扩建学校 17 所。坚持把社会保障兜底作为基本防线。察雅县制定出台《察雅县“十三五”社会保障脱贫实施方案》，根据每年社会保障工作实际，制定《年度社会保障工作计划》，明确每年工作内容，细化工作措施，健全完善特困供养、农牧区最低生活保障、社会救助体系，察雅县特困人员供养率 100%。

三 坚持多措并举，助力脱贫攻坚

察雅县坚持各项工作服从于脱贫大局、优势兵力集中于脱贫大局、行业资源倾向于脱贫大局，构筑起以“五个一批”为主，党建扶贫、行业扶贫、援藏扶贫、金融扶贫等多方力量、多种举措有机结合、互为支撑、相辅相成的“5+N”扶贫格局。

（一）狠抓党建促脱贫

察雅县坚持把党建促脱贫摆在重要位置，成立党建促脱贫工作领导小组，由县委常委全面负责联系乡镇党建促脱贫工作。2016年以来，察雅县培养种养能手106名、致富能手368名、能工巧匠340名，党员致富带头人293名，通过党建有效提升村党组织能力。

（二）狠抓转移就业

察雅县坚持政府主导、尊重农牧民就业意愿、立足产业发展、突出培育重点、注重工作实效的原则，培养一支有文化、懂技术、善经营、会管理的农牧民技能人才队伍，实现培训促就业，就业促增收，增收助脱贫，脱贫奔小康的良性循环。2016年以来，察雅县培训农牧民群众4412人。通过岗位推荐、就业引导、自主就业等方式，农牧民富余劳动力转移就业6.7万人次，就业增收1.93亿元。

（三）狠抓健康扶贫

察雅县大力实施“三个一批”工程，建立起“基本医保+大病保险+医疗救助”三重医疗保障防线。2016年以来，报销城乡居民基本医疗保险1亿元，1.6万名群众受益。投入资金1.4亿元，提升新卡、察拉、宗沙等7个乡镇卫生院基础能力，完成县人民医院、藏医院、疾控中心以及吉塘镇、巴日乡、香堆镇、阿孜乡卫生院新建工程，对察雅县卫生室完成提质改造，察雅县医疗条件显著提升。

（四）狠抓结对帮扶

察雅县深化“54321”结对帮扶制度，依托县级干部结对5

户、副县级干部结对4户、正科级干部结对3户、副科级干部结对2户和一般干部结对1户的结对帮扶机制，实现贫困群众结对帮扶全覆盖。2016年以来，察雅县干部投入结对帮扶资金630万元，电话联系1.5万次，入户走访5.1万次，开展宣讲活动1.2万余次，群众受教育12.7万人次，发放各类宣传资料1.5万余册。在察雅县经营的企业通过“百企帮百村”活动累计帮扶建档立卡贫困户48户，落实帮扶资金37万元。

（五）狠抓援藏扶贫

重庆市、广东省、中国铝业等援藏省市、企业深入贯彻落实东西部扶贫协作座谈会精神，主动融入察雅，不断加大援助力度。2016年以来，察雅县投入计划内援助资金达3.1亿元，实施学校、卫生院、新农村等建设项目19个。

（六）狠抓金融扶贫

在察雅县金融部门按照“服务‘三农’、精准扶贫、做强县域经济”的思路，积极发挥金融行业优势，广泛宣传精准扶贫政策，精简贷款程序，提升金融扶贫水平。2016年以来，察雅县发放精准扶贫农户小额到户贷款3132笔，发放金额1.32亿元；发放产业扶贫贷款8笔，发放金额935万元，带动当地建档立卡贫困户就业196户263人。

（七）狠抓基础建设

察雅县大力实施“水电路讯网、教科文卫保”十项提升工程，全面改善贫困地区基础设施条件，提升公共服务水平。2016年以来，察雅县投入改善基础设施建设资金12.6亿元，对365个农村的安全饮水点进行新建、改造、升级，群众饮水安全全部达标。实施农村电网改造升级工程，主电网覆盖12个乡镇，覆盖率为92.3%。实施道路交通项目98个，建设公路629公里，新建桥梁

11 座，改造危桥 13 座。察雅县公路总里程达到 1613 公里，13 个乡镇中 11 个通畅、2 个通畅在建，138 个行政村中道路 47 个通畅、65 个通畅在建。手机网络信号实现全覆盖，广播电视覆盖率为 98.2%。县城和乡镇中心小学教育网全覆盖，中学实验室和相关设备配备到位，满足教育教学需要。医疗卫生覆盖率为 100%，新农合参保率为 100%，村卫生室实现全覆盖，农牧民群众 30 分钟健康服务圈基本形成。

2016 年以来，在党中央、国务院亲切关怀下，在重庆市、广东省等援藏省市、企业的无私援助下，在自治区、昌都市坚强领导下，察雅县上下齐心协力、齐抓共管，脱贫成效得到自治区、昌都市充分肯定，贫困乡镇、村居基础设施条件明显改善，发展环境进一步优化，困难群众思想观念进一步转变，群众自我发展能力有效增强，经济得到长足发展，社会实现长治久安，群众不愁吃、不愁穿，住房更加安全，基本医疗和义务教育得到有效保障，为推动乡村振兴战略打下了坚实基础。

第五章　巩固脱贫成果长效机制的构建

第一节　以多元共治理念为指导构建全县大扶贫格局

一　构建以多元共治理念为指导的全县大扶贫格局的重要性和重点

长期以来，我国贫困治理主要强调政府主导，但消除贫困是一项长期的任务，贫困治理呈现动态性、多样性和复杂性等特征，贫困治理不应该只依靠政府。事实上，新时代精准扶贫安排应当更加注重多方参与、协同联动的合作型扶贫模式。很多学者也认为，富裕地区的相对贫困问题的解决要靠政府、村集体、社会力量和农户共同参与，参与主体的多元化既是精准识别的重要方式，也是精准帮扶的重要措施。从政府的角度来说，应该注重顶层设计，为城乡居民提供公平的教育、卫生医疗等社会保障体系，通过收入分配和财政结构偏向缩小贫富和城乡收入差距。向部分低收入农户提供公共购买服务，增加就业岗位。从企业的角度来说，应该将社会责任与企业效率提高相结合，在贫困地区选择合适的产业项目，既可以带动贫困地区就业，也可以解决企业自身生产成本过高的问题，实现企业与贫困地区双赢。从社会角度来说，要从资金、技术、知识等方面实现联村共建和结对帮扶，通过正能量传递，激发贫困村和贫困户内生动力。低收入农户个体应主动参与脱贫。最终由政府、企业、社会和低收入农户共同形成贫困治理合力和共同参与共治的扶贫格局。具体到察雅县，重点是构建9项机制助力建立全县大扶贫格局。

二 9项机制支撑察雅县全县大扶贫格局构建

（一）构建贫困动态监测机制

一是强化信息互联互通。在全国扶贫开发信息系统的基础上，建立健全察雅县扶贫开发大数据平台，通过端口对接、数据交换等方式，实现户籍、教育、健康、就业、社会保险、住房、银行、农村低保、残疾人等信息与贫困人口建档立卡信息有效对接，实现信息共享，推进“一卡通”“一证通”等，切实优化和减少贫困群众政策享受申报程序。二是构建全方位防返贫机制。完善建档立卡动态管理机制，拓展扶贫数据系统服务功能，对已脱贫户和边缘户中有返贫风险的进行全面排查，加强对低收入家庭、特困人员、重病户、残疾人户等有针对性的监测，及时做好返贫人口和新发生贫困人口的动态帮扶，形成全方位防返贫机制。三是完善返贫预警机制。根据已出台的《察雅县巩固提升脱贫攻坚成果严防返贫风险实施方案》《察雅县防范返贫分级预警机制实施办法》等文件，实行县级季调度制，并对已脱贫户分为一级（红色）预警、二级（黄色）预警、三级（蓝色）预警，切实做到分类管理，实施针对性帮扶，可以全面巩固和提升察雅县脱贫攻坚成果，严防返贫风险，有效保障脱贫质量。

（二）构建资金稳定投入机制

一是深入贯彻落实贫困县约束机制，统筹整合财政专项扶贫资金、财政涉农资金、社会帮扶资金等扶贫资金，使用方向必须聚焦脱贫攻坚巩固提升。二是严格执行扶贫资金使用管理办法和统筹整合资金使用政策，加快资金拨付进度，提高资金使用效率，引导贫困群众参与扶贫项目决策、管理和监督，接受群众和社会监督，实现扶贫资金在阳光下运行。三是持续加大对基层扶贫资金管理财务人员的培训力度，每年定期组织开展业务培训，全面提升基层财务人员的专业化水平、业务素质、职业道德素养，强化扶贫资金绩效管理，确保扶贫资金精准使用、用出成效。四是在自治区巩固脱贫攻坚资金投入的基础上，继续执行县本级财政收入 10%和计划内外援藏资金全部用于民生改善，新增资金、项目、举措继续向深度贫困县倾斜政策。五是加强各类扶贫资金项目绩效管理和常态化监管，严格落实“负面清单”制度，健全项目、资金公告公示制度，强化主管部门监管责任，确保扶贫资金特别是到户、到人资金落到实处。

（三）构建扶贫人才保障机制

一是加强村居后备干部培养，选优配强用好第一书记、大学生村干部、乡村振兴专干，充分发挥选派第一书记精力充沛、知识面广、敢闯敢干的优势特点，带领村居干部和广大农牧民群众发家致富、建功立业。二是各级各部门要加强对乡村振兴专干、扶贫一线干部、偏远乡村教师和医生的关爱激励，注重在扶贫一线考察识别干部，并保持扶贫专干队伍的稳定。三是要对奋战在脱贫攻坚一线的干部落实好津补贴、周转房等政策，改善工作条件；对在脱贫攻坚中因公牺牲的干部和基层党员家属及时给予抚恤，长期帮扶慰问。

（四）构建巩固提升考核机制

一是严格落实督导检查制度，及时制定督导检查方案，强化实地考核、实地问效。二是严格执行贫困退出标准和程序，建立完善的脱贫攻坚成果巩固提升工作考核评估指标和考核程序，每年开展一次考评。三是注重考核结果运用，对问题突出的乡镇进行问责批评，督促整改，发挥警示作用。四是完善监督机制，每年组织开展脱贫攻坚巩固提升情况督查巡查，各相关职能部门按照各自职能开展督查工作。

（五）构建扶贫作风治理机制

一是把作风建设贯穿脱贫攻坚成果巩固提升全过程，定期或不定期开展监督检查，严肃查处贯彻落实中央脱贫攻坚决策部署不坚决、不到位、弄虚作假以及主体责任、监督责任和行业责任落实不力等问题，严肃查处贪污挪用、截留私分、虚报冒领等行为。二是各级各部门要加强沟通衔接，采取明察暗访、督查巡查的方式，坚决治理扶贫领域“四个意识”不强、责任落实不到位、工作措施不精准、资金管理不规范、工作作风不扎实、考核监督不严格等问题，坚决查处扶贫领域的贪腐行为和不作为、慢作为、乱作为等行为，严肃追究履职不力、工作落实打折扣的单位和个人的责任。三是加强警示教育，集中曝光各级纪检监察机关查处的扶贫领域典型案例，释放执纪严明信号，形成强力震慑。四是注重工作实效，落实基层减负的有关要求，切实减轻基层工作负担，减少村级填表报数，精简会议文件。

（六）构建社会扶贫工作机制

一是持续深化结对帮扶，在察雅县范围内持续开展“54321”

牵手结对帮扶活动。以群众满意为标准，以群众需求为导向，坚持量力而行、尽力而为，帮助结对联系贫困户解决最迫切、最现实的困难和问题，加强对乡镇、帮扶单位、结对干部和贫困村的统筹协调，督促指导所包村居合理制定脱贫成果巩固提升方案，确保巩固脱贫攻坚工作成果有目标、有任务、有措施、有机制。二是包村科级干部要深入乡村督促指导巩固脱贫攻坚成果工作，对发现的问题及时整改落实，确保所包村居脱贫攻坚成果得到有效巩固。帮助督促指导所包村居协调相关部门落实村组道路、卫生室、文化活动室和通水、通电、通信等基础设施建设。三是发挥企业在产业、资金、技术、管理等方面的优势，立足贫困地区的自然人文资源禀赋特点，通过“企业+村居”“企业+合作社”等模式，宜农则农，宜林则林，宜工则工，宜商则商，宜游则游，帮助贫困村发展特色产业，提升产业化、组织化程度，增加贫困人口收入。

（七）构建对口援藏帮扶机制

一是积极加强与对口援藏省市、企业的沟通衔接，认真执行对口援察“十三五”规划，完善“十四五”规划申报，并加强“十三五”确定的援藏各类项目、资金衔接落地，确保“十三五”既定的援藏项目完工后资金全部落实到位。二是积极衔接重庆市，继续深化援藏结对帮扶，积极推进“援藏省市机关、乡镇对口察雅县机关、乡镇”结对帮扶模式，扩大结对帮扶覆盖面。三是突出人才支援，推进干部双向挂职、人才双向交流，按照年度计划，精准实施察雅县干部人才培训培养行动，持续加大扶贫系统干部的培训力度。四是加强对口援藏项目落实，全面落实规划内项目，积极争取规划外项目。

（八）构建消费扶贫机制

一是加快消费扶贫体系建设。按照“政府引导、市场运作、社会参与”的原则，坚持帮助贫困地区群众发展生产、脱贫致富与城市居民消费农牧区农畜产品需求相结合，尽快形成察雅县消费扶贫工作体系。二是加大扶贫产品县内直销。将消费扶贫纳入县（中、区）直单位定点扶贫和结对帮扶工作内容，采取“农超对接、农校对接、农寺对接”等多种渠道，动员察雅县各级机关、学校和国企事业单位等带头参与消费扶贫，鼓励引导干部职工自发购买贫困地区扶贫产品。三是拓展扶贫产品援藏带销。积极与援察省市、企业建立消费扶贫协作机制，调整优化农业产业结构，提升农产品质量，扩大扶贫产品外销规模。积极对接援藏省市、企业帮助引进内地相关企业到察投资兴办农畜产品深加工企业，推动各乡镇农畜产品就地加工，带动贫困人口增收致富。四是鼓励扶贫产品社会帮销。鼓励察雅县各类民营企业等社会力量参与消费扶贫行动，将消费扶贫纳入“百企帮百村”扶贫行动，鼓励民营企业采取“以购代捐”“以买代帮”等方式采购贫困乡镇产品和服务，帮助贫困人口增收脱贫。五是推进扶贫产品市场直销。积极探索创新销售方式，扩大网上直销和超市和商场线上、线下直销，并利用招商推介、农产品推销会等平台，在内地各省市大力推销察雅县扶贫产品，扩大销售渠道。

（九）构建贫困群众稳定增收机制

一是围绕“五大养殖基地、七大种植基地”，着力在延长产业链、提高附加值上下功夫，继续咬定全产业链打造，推进各类产业项目建设。二是对于400万元以下的工程建设项目，行业主管部门和项目法人必须将技术难度低、施工工艺较简单的工程建设项目交由农牧民施工队承担实施，切实增加群众收入。三是坚持把就业作为群众增收的根本举措，结合国家、自治区的劳动力转移就业增收工作扶持政策，完善农牧民“订单式”“对接式”“储备式”和顶岗见习等技能培训机制，实现群众就近就便、不离乡不离土、能干会干就业增收。积极协调对接援藏省市和国有企业，扩宽区外就业援藏渠道，促进更多贫困人口赴县外实现就业。四是稳定粮食生产、加强现代农业设施建设、发展富民乡村产业，依托察雅县各乡镇资源禀赋和品种优势及产业发展现状，继续推进县产业园区（扶贫车间）建设，加大农产品初加工、深加工和上下游产业配套，促进第一、二、三产业融合发展，拓展群众增收新途径。五是认真落实国家强农惠农政策和自治区十大惠民举措，积极推进财政支农资金支出稳定增长，强化科技支撑作用，抓好农村重点改革任务。六是完善农村基本经营制度，制定农村集体经营性建设用地入县配套制度，深化农村宅基地制度改革，着力提高农牧民群众工资性收入、经营性收入、转移性收入、财产性收入。

第二节　以提升内生动力为目标构建脱贫常态化机制

一　构建以提升内生动力为靶向的脱贫常态化机制的重要性和重点

要处理好产业扶贫与产业发展的关系，在精准识别贫困户的基础上，精准安排产业扶持项目，防止将产业扶贫变为产业扶持。针对贫困地区选择优势特色产业加以扶持，从贫困户需求角度，选择适当产业，做到因户施策。实现产业发展与脱贫攻坚的有机结合，通过“家门口就业”最终实现稳定脱贫。有些地区村庄自治能力较弱和村集体资产薄弱，加上基层组织自身能力较弱和社会资源不足等，导致村集体与农户内生脱贫意愿不强，产业扶贫政策很难推进，脱贫工作效率不高。基层组织和社会企业应协同推进产业项目，给低收入农产带来发展生产力经济条件和社会机会，提高农户就业增收的可行能力；在整村提升中赋予农户参与村务的自由；通过土地流转发展现代农业，加大就业培训和技术培训力度，提升农户自身水平，并且以可行能力提升为目标，建立“社会安全网+发展就业”的特色“造血”道路。具体到察雅县就是要通过五项重点工作提升内生动力。

二　五项重点工作提升内生动力

（一）严格落实“四不摘”要求，持续巩固脱贫摘帽成果

严格落实“四不摘”要求。在产业扶持、生态补偿、义务教育、易地扶贫搬迁、社保兜底等方面保持政策的稳定性和政策的连续性，对脱贫户要严格落实“攻坚期内脱贫不脱政策”，做到政策落实不改变；继续严格贯彻落实中央“县区落实、乡镇专干”“工作到村、扶贫到户”“五级书记抓扶贫”和“党政同责”等脱贫攻坚责任体制和工作机制，深化察雅县党政主要领导抓扶贫工作机制和县级领导包乡、科级干部包村、一般干部包户的脱贫攻坚工作责任制度，层层传导脱贫攻坚压力，压实责任；严格执行细化“54321”结对帮扶工作机制，实施结对帮扶不脱钩，收入监测不间断；坚持督查考核不放松，建立“四张清单”管理制度，围绕巩固提升脱贫攻坚成果目标任务，建立乡镇、13个专项小组责任单位任务、政策、工作和问题清单。坚持以明察暗访为主，督导和指导相结合，开展常态化约谈，倒逼工作落实。对责任落实不到位、措施不精准、政策落地不扎实、帮扶人员不到岗、制度执行不严格的情况，严肃监督执纪问责，确保扎实推进脱贫攻坚实践。

（二）持续巩固义务教育成果

一是巩固控辍保学成果。依托义务教育巩固率县监测系统，实施贫困学生控辍保学台账化精准管理，实行最严格的“五级调度制”，严格落实控辍保学“双线五级八包、四书制、八长制”和联保联控机制，确保贫困学生“能上学、有学上、上好学”。二是巩固学生资助成果。健全覆盖各级各类教育的资助政策体系，继续落实各类学生资助资金（“三包”、营养餐改善计划、免费教育等资金），全面落实15年免费教育，落实好建档立卡贫困家庭子女高等教育“三免一补”政策（免学费、住宿费、书本费和补助生活费）和贫困大学生1.2万元资助政策。三是巩固教育教学成果。深化产教融合、校企合作，实现“互联网+教育”全覆盖；持续加大各级学校标准化建设力度，持续改善基层办学条件，保障贫困学生入学需求。四是加快发展现代职业教育，加大农牧民群众职业技能培训力度，提高职业技能水平，以强化职业教育促进农牧民群众转移就业。

（三）持续巩固基本医疗保障

一是强化医保政策落实。严格按照“基本医疗有保障”的目标，继续将贫困人口100%纳入农牧区基本医疗、大病保险、医疗救助等政策保障范围，认真落实贫困人口参加农牧区基本医疗保险个人缴费部分由县级财政全额补贴（民政全额代缴）和住院费用平均提高5%的倾斜政策，落实基本卫生公共服务费用人均增长10%以上的政策；继续执行贫困人口县内就医实行“先诊疗、后付费”制度和“一站式服务、一窗口办理、一单式结算”政策，扩大跨省、跨市易地就医联网结算系统的覆盖面。医保部门要建立贫困群众医疗报销乡镇代办、报销进度追踪机制，加快推进县、乡、村三级医疗系统联网，2020年实现市、县级医院群众看病医疗费用即时报销，切实解决报销慢的问题，使贫困人口有“制度保障”看病。二是持续改善医疗条件。继续提升县人民医院“二乙”综合医院服务品质，继续实施乡镇卫生院标准化和村居卫生室提质改造工程，确保每个乡镇建好卫生院，力争所有乡镇卫生院和村居卫生室全部达标，使贫困人口“有地方”看病。三是建强医疗卫生队伍建设。加强充实乡镇、村级卫生专业人员队伍，通过“外引内培”推进卫生人才增量提质，加大医疗卫生“组团式”援藏力度，加大本地人才培养，通过培养、引进、招聘、对口支援等多种渠道，使贫困人口“有医生”看病。四是扎实开展“两降两升”工作。有效发挥乡村医生和强基惠民驻村工作队的基层职能，深入摸清孕产妇底数，加大住院分娩政策宣传力度，鼓励农牧民孕产妇自觉接受孕期保健和选择住院分娩；严格落实农牧区孕产妇住院分娩奖励政策；扎实开展叶酸增补、儿童营养改善、免费孕前优生健康检查等妇幼公共卫生项目。五是强化公共卫生服务。持续推进大病专项救治和家庭医生慢性病签约服务工作，重点对大病进行专项救治，对慢性病患者进行签约服务管理。强化卫生知识宣传普及，开展健康教育和健康促进活动，推进“六个一”文明行动，提升贫困群众健康素养水平，使贫困群众少生病。

（四）持续巩固住房安全保障

一是严格落实国家易地扶贫搬迁政策要求和规范标准，强化工程质量监管和建后维修大修机制，每年核查一次易地扶贫搬迁安置点房屋工程质量以及涉迁群众稳定入住情况，并消除住房安全隐患，确保高质量完成易地扶贫搬迁目标任务。二是全面做好易地扶贫搬迁后续管理工作，加大涉及基础设施、公共服务、产业发展、民生保障等领域的畅通力度，上半年全部完成易地扶贫搬迁配套设施建设、住房和饮水安全扫尾工程任务，主动解决搬迁人口过渡期各项困难，用情、用心、做细各项入户帮扶工作，确保察雅县2406户12751人稳定搬迁，并消除“两头跑”现象。三是加强安置点基层组织建设，建立健全稳定的社区管理机构和管理机制，加快设立社区、村居、乡镇进程，统筹推进拟新建的5个（已批准5个，没有涉及大村调整）安置点村居委会组建工作，配齐村居“两委”班子。四是加快易地扶贫搬迁集中地的社会治理体系建设，加大矛盾纠纷排查、化解和为民办好事、解难事力度，全力解决好搬迁群众就业、社会融入、子女入学就医、文化娱乐等实际问题，防止小事经过发酵扩散，造成聚集上访和群体性事件，真正让搬迁群众过上设施齐全、环境优美、生活方便、生产有序、致富有门、就业有路、文明互助的新生活。五是按照“以岗定搬、以业定迁”原则，指导乡镇开发新的就业岗位，加强后续转移就业工作，确保搬迁家庭至少有1个劳动力实现稳定就业。六是坚持试点先行，2020年积极稳妥开展旧房拆除、宅基地复垦、生态修复等试点工作。七是强化住房安全排查，实事求是地再次对所有农户住房安全情况进行核查，发现一户、申报一户、改造一户、销档一户，全面完成农村危房改造任务，并持续强化对贫困群众住房安全实时监测，避免出现漏评、漏改现象。

（五）持续巩固饮水安全保障

一是派出工作组，全面启动13个乡镇城区集中式供水、138个行政村和人口较多自然村的水质检测工作。二是按照《西藏自治区农村饮水安全评价准则》，采取地毯式排查方式，精准筛查饮水安全工程供水情况，针对排查出的饮水安全问题，分类制定饮水安全工程维修、新建、改造等巩固提升实施方案，采取多种方式解决贫困群众冬季吃水难问题。三是探索建立农户用水收费管理机制，成立察雅县农村用水服务公司，通过政府购买服务，组建村级用水协会和加强建后管理培训，确保每个村居有 2~3 名饮水安全工程管护人员，并切实做好农村饮水工程后续管护工作。四是加快灌区与节水改造、中小河流治理、山洪灾害预防、水土流失治理等水利设施建设和小型农田水利工作，提高水利支撑保障脱贫攻坚能力。

第三节 以夯实社会治理为盾牌构建防返贫预警机制

一 构建以夯实社会治理为盾牌的防返贫预警机制的重要性和重点

贫困与农村人口空心化互为因果，我国经济发达地区一些贫困乡村规模萎缩并存在恶性循环趋势。扶贫改革试验目标是美丽乡村建设的有效探索，但想要真正解决经济薄弱地区乡村“空心化”和“三留守”问题，政府就必须加大力度支持就业工程，通过社会环境建设和完善社会保障制度吸引更多青壮年返乡就业、创业，增强当地经济实力，缩小城乡差距和贫富差距。在实践中，通过返乡创业对农户就业增收带来示范作用，增强贫困地区脱贫致富的文化氛围，激发经济薄弱村和低收入农户脱贫致富的意向和信心；通过企业、社会组织的就业培训，村基层组织及后方帮扶单位组织技能培训，结合农户本身具有的务农经验，提升农户认知、增强农户人力资本；通过第一书记驻村指导，改变贫困村“两委”组织涣散的工作状态；通过整村提升完善基层组织服务群众水平，利用专项扶贫资金发展产业，吸引社会企业资本进入，让低收入农户和经济薄弱村参与市场活动，增强其资源获取能力和自我归属感。具体到察雅县就是要通过巩固事项举措和加快消除宗教消极影响两方面来实现。

二　十项举措为察雅县构建以夯实社会治理为盾牌的防返贫预警机制

（一）推进产业提质增效

围绕“五大养殖业”“七大种植业”，不断健全完善产业扶持项目库，筛选优化扶贫项目，优先选择实施见效快的特色产业项目。一是健全完善产业项目库。依托区位优势和各乡镇资源禀赋，坚持“宜农则农、宜牧则牧、宜林则林、宜商则商、宜游则游”原则，先后组织编制《察雅县“十三五”产业精准扶贫规划项目库》《察雅县深度贫困地区产业项目投资计划》。根据昌都市产业脱贫组要求，察雅县对“十三五”规划产业项目实施情况进行摸底调查，并结合实际情况提出调整建议，已报请市产业脱贫组审核，待审核通过后将根据市产业脱贫组统一安排部署对“十三五”规划进行最后的调整和完善。二是完善利益联结机制。严格执行规划定项目、项目定人员、产业定收入、收入定增福、增幅定目标，项目公示牌和贫困群众明白卡、信息档案之间内容相一致的“五定三统一”机制，针对不同类型产业项目，实行一个产业项目一个法人、一个利益联结机制、一套资料的“三个一”制度，积极探索采取订单式运作、家庭式产业、股份合作、委托饲养、资产收益等多种利益联结模式，鼓励贫困群众直接参与项目生产经营，确保项目充分发挥扶贫效益、贫困群众精准受益。三是扶持龙头企业发展壮大。依靠产业精准扶贫政策优势，鼓励企业、合作社等各类市场主体积极参与实施产业项目，充分发挥农牧民合作组织、龙头企业等市场主体的组织和带动作用，带动贫困群众参与产业项目实施和经营管理等，促进贫困群众增收致富。到 2020 年，察雅县建成一批对贫困户脱贫带动能力强的特色产业基地，基本形成特色鲜明、比较优势突出的特色产业体系，产业扶贫覆盖所有贫困农户，使每个贫困家庭至少有一项增收产业，贫困农户自我发展能力明显增强。

（二）提升群众就业水平

加强就业政策宣传，加快就业观念转变。一是依托村“两委”和驻村居工作队开办的农闲班、夜校班对交流、交往能力较差的贫困群众实施国家通用语言培训，进一步提高贫困群众外出务工能力和巩固就业基础，努力消除影响贫困群众外出就业的语言障碍，加快打通贫困群众外出就业无障碍通道。二是依托县、乡、村三级就业服务平台，在察雅县范围内开展全覆盖、无死角的就业政策宣讲活动，形成以县人社局为牵头单位、乡镇就业服务所为协助单位、村居就业服务站为落实主体的宣讲网络，采取集中或登门方式，以发放宣传资料和口头宣讲相结合，每年开展 2～3 次就业政策宣讲。抓住农牧区富余劳动力、高校毕业生、易地扶贫搬迁群众这几个就业扶持重点人群，广泛宣讲自治区内外系列就业创业政策，让群众了解就业、创业政策。三是依托县、乡、村三级就业服务平台，对未就业贫困劳动力进行就业教育引导，特别是对就业观念陈旧的贫困劳动力要加强教育，引导他们解放思想，走出家门，用自己的双手创造财富。努力消除依赖他人或政府脱贫的思想，形成以市场就业为主、政府购买岗位为辅的就业趋势，进一步激发贫困群众自主就业的积极性和主动性。加强致富典型宣传，在察雅县树立 5～8 个典型事例，形成浓厚的就业创业氛围。

加强专业人才培养，建设基层人才体系。一是重点抓好基层教育系统和卫生系统的人才体系建设。一方面从内地引进专业人才，另一方面从本地吸纳人才资源，预计年新增约50人，对察雅县教育系统和卫生系统短缺人才进行充实，以缓解基层专业人才短板，促进基层卫生系统和教育系统发展，确保乡村卫生、教育均衡发展，全面满足人民群众的现实需求。二是根据教育、卫生专业技术提升需求，与对口援藏省市、企业加强沟通，通过“送出去”和“请进来”的方式，争取更多的轮岗交流、在职实训、脱产培训机会，争取年轮训100人次，以促进察雅县教育工作者和医护人员的专业技术提升。

加强职业技能培训，服务产业经济发展。一是大力实施“五大培训”工程，坚持以军旅式培训为先导，根据群众实际需求，采取集中与分散相结合、工种与需求相结合、引导与意愿相结合的方式，继续开展“1+N”精准军旅式培训模式，形成以“送培下乡”为主、以集中培训为辅、以对口援藏培训为补充，政府主导、企业参与的培训工作格局。力争年培训800人以上，到2020年对因缺技术致贫家庭实施应培尽培。二是根据察雅县产业发展情况，摸清各项产业岗位需求、薪酬待遇等基础信息，再结合特色产业需求的就业岗位，开展定向、定岗、订单式技能培训，为富余劳动力特别是建档立卡贫困人口实现转移就业奠定技能基础，2020年“订单定向式”培训不少于培训总数的40%。三是在察雅县落实各类工程项目建设，将吸纳本地人员务工占用工总量的30%作为硬性指标。项目验收时，项目建设主管部门要吸纳30%以上农牧民。四是坚持“短平快”扶贫产业项目与长期稳定产业发展相结合，通过扶贫产业组织建档立卡贫困人口就近就便实现就业，力争通过扶贫产业项目建设和扶贫产业分红、吸纳就业等形式，实现年转移就业5000人次。五是围绕农牧业提质增效行动，充分发挥民族服装、矿植物颜料、金银手工艺品、民族手工艺品、构树茶产品等特色产品优势，推进经济产业规模化、标准化、集约化、市场化、品牌化发展，支持劳动密集型且具有一定规模和盈利能力的农牧民经济合作组织发展，力争实现年转移就业 1000 人次。六是围绕构建旅游总体空间布局，以察芒公路交通线改造提升为契机，突出以点带线、点线结合、以线带面，推动旅游文化融合发展。加快民宿、景点等旅游基础设施项目建设，深化特色民族文化内涵，发展文化旅游产业，打造吃、住、行、游、购一条龙服务链，力争实现年转移就业 500 人次。七是支持餐饮、酒店、美容美发、家政服务、保安保洁等服务业发展，增强服务业市场活力，提高吸纳农牧民就业能力，鼓励市场主体积极吸纳本地人员就业。

提升公共就业服务，保障劳动合法权益。一是充分发挥社会组织开办职业介绍机构，支持经营性人力资源服务机构，尽快完善察雅县腾昌劳务派遣有限责任公司相关经营资质，扩大有组织劳务输出成效，力争实现年劳务输出 4000 人次。二是鼓励劳动力多渠道、多形式转移就业，规范管理劳动用工模式，在乡镇和村居探索发展劳务经纪人模式，加快推进劳动力务工组织化进程，实现就地就近就业与企业用工有效对接，建立“政府指导、政策引导、市场运作、管理规范、转移有序”的劳动用工新模式，力争实现年劳务输出 3000 人次。三是完善城乡劳动者平等就业制度，规范人力资源市场秩序，加强企业劳动用工管理，及时纠正同工不同酬行为，加大对劳动用工备案、社会保险登记等工作的监督检查力度，健全劳动保障监察和劳动人事争议调处机制，将工程领域欠薪特别是政府投资工程项目欠薪问题作为“治欠保支”重点，维护好劳动者的合法权益。

（三）全面保障义务教育

一是完善控辍保学部门协作机制、联动联保机制和控辍保学目标责任制，明确细化乡镇、村委、教育局、各相关部门、学校和家长（监护人）的控辍保学职责分工，切实落实乡镇干部包动员、保入学率，学校包管理、保巩固率，教师包教学、保合格率的“三包三保”制度。每年县政府与各乡镇、村委会签订学生入学目标责任书，将控辍保学工作纳入考核体系。教育局与学校、学校与教师、教师与家长层层签订控辍保学目标责任书。逐级分解目标任务，明确分工，落实责任，逐步健全政府主责、学校尽责、家长（监护人）履责、社会参与的控辍保学工作体系。到2020年，学前毛入园率达到85%，义务教育阶段巩固率达到95%以上。二是准确统计适龄学生入学情况，建立控辍保学基础数据库。各级各类学校每年春秋季开学后两周内要对学生转入、转出、休学、辍学等情况进行统计，准确掌握适龄学生就读情况。教育局在学校统计的基础上，建立辍学学生数据库，及时对学生学籍变动信息进行更新，详细核实和记录转入、转出、休学、复学、辍学等情况。建立教育精准扶贫管理数据库，每年12月31日前将所有义务教育阶段建档立卡学生信息与电子学籍系统进行比对，准确掌握学生家庭、入学、资助等信息。每学期对义务教育阶段建档立卡学生进入、退出系统实行动态监控，及时更新数据，确保系统能够对每个学生的就学状态、受资助情况等进行跟踪。三是完善控辍保学动态监测机制。充分利用电子学籍系统建立控辍保学动态监测机制和控辍保学台账。教育局要加强监管，把偏远乡镇和外来务工人口相对集中学校作为重点监测地区，把小升初作为重点监测学段，把留守儿童、进城务工人员随迁子女、家庭经济困难和学习困难学生以及单亲家庭学生等作为重点监测群体。定期对重点监测群体的学生进行排查，发现辍学苗头要及时开展动员劝返工作。四是完善辍学学生复学报告机制。察雅县中小学要建立和完善学生考勤报告、（疑似）失学学生劝返复学书面报号、辍学学生登记和书面报告等制度。发现辍学苗头的，要第一时间会同责任督学开展劝返复学工作。乡镇、村委会和教育局要采取有效措施劝辍学学生复学，经劝返复学的要在学籍系统中及时标注为复学。对瞒报、漏报和不作学籍标注处理的将依照有关法律法规追究当事人和学校负责人的责任。五是教育局和学校要采取切实可行的措施，提高义务教育学校特别是农村学校的教育质量，不断提升农村小规模学校的整体育人水平，用优质的教育留住每一位学生。要认真落实义务教育学校优惠政策，继续实施乡村教师轮岗计划，实行乡村教师待遇倾斜政策，继续加强校长教师轮岗交流，增强乡村学校师资力量，着力解决乡村教师结构性短缺问题，保障乡村学校开齐、开足、开好国家和自治区规定课程。合理安排学生体育锻炼时间、在校活动内容和家庭作业，积极开展校园文体活动和社会实践活动，丰富校园文化生活。充分运用信息化手段，促进农村学校共享优质教育资源，提高义务教育质量，增强学校的吸引力，让学生能进得来、留得住、学得好。六是察雅县学校要组织开展“一对一”或“一对多”帮扶活动，重点走访孤儿、单亲、贫困、残疾、外来务工、留守儿童等特殊家庭，全面摸清学习困难学生的家庭情况和心理状况。建立帮扶学习困难学生的责任制度，采取师生间和生生间结对帮扶等办法，不断提高学习困难学生的学习能力和自信心，增强学习的有效性和获得感，着力消除因学习困难或厌学而辍学的现象。要切实加强安全教育、法治教育和心理健康教育，重点加强对学习困难学生、留守儿童、辍学返校学生等群体的心理健康教育。加强师德修养，使其关心爱护每一名学生，尊重学生人格，不讽刺、挖苦、歧视学生，不得以学习成绩为由给学生排名、排座位，不得出现体罚或变相体罚学习困难学生的现象，不允许以任何方式驱赶学习困难学生，保障适龄儿童和青少年平等接受义务教育的权利。七是要精准确定教育扶贫对象，把建档立卡贫困家庭的学生作为脱贫攻坚的重点对象，落实中央“发展教育脱贫一批”的任务，阻断贫困代际传递，把控辍保学作为教育脱贫的硬任务和脱贫摘帽的硬指标，压实工作责任。要特别重视残疾学生入学工作，建立以随班就读为主体、以送教上门为补充的特殊教育体系，满足残疾儿童入学的需要。要健全家庭、学校、政府尽职尽责、社会力量积极参与的农村留守儿童关爱体系，建立和完善留守儿童档案，优先满足留守儿童就读、寄宿等方面的需要。要不断加大教育投入，加强寄宿制学校、小规模学校、教学点建设，积极改善办学条件。足额、及时落实义务教育学校“三包”经费，加大统筹力度，发挥资金使用效益。要确保经费落实到学校，保障学校正常运转。加大对义务教育经费使用的监管力度，对挤占和挪用“三包”经费的单位和个人严肃问责。

（四）有效落实基本医疗

贫困人口医疗政策保障全面到位。一是建档立卡贫困人口住院医疗费用报销比例提高5%。二是与市人民医院、市藏医院、七五医院、妇幼保健院、民安医院、协和医院签订“一站式”即时结算协议，建档立卡贫困人口在以上6家医院住院治疗，实行“零押金”即时结算政策。三是设立建档立卡贫困群众政策兜底基金，个人自付费用超过2000元的建档立卡贫困群众疾病患者按一定比例进行政策兜底。四是设立疾病应急救助基金，为无法支付医疗费用的农牧民患者预借医疗费，使贫困群众“看得起病”。五是全面落实建档立卡贫困人口大病统筹、大病保险、民政医疗救助、政策兜底医疗“四重保障”措施，确保贫困人口就医诊疗个人自付不超过10%。

加快推进县、乡、村三级卫生服务机构标准化建设。一是积极跟进“十三五”卫生基建项目，督促项目进度，协调项目相关事项。争取资金147万元，集中采购一批医疗设备分发给各乡镇卫生院。二是不断规范完善13个乡镇的卫生院功能科室及服务能力，健全乡镇卫生院各项功能科室，不断规范服务标准。三是统一设立乡镇卫生院藏医馆，提高基层藏医馆服务能力。

加强乡镇卫生人才队伍建设。通过人才引进、高校联合培养、鼓励乡镇医务人员参加市、自治区等上级单位组织的全科医生转岗培训等方式，全力解决乡镇卫生人才队伍缺乏的问题，力争到2020年，察雅县每个乡镇卫生院有1名全科医生的目标，使农牧民在乡镇就可以享受到基本的医疗保障服务，使看病难问题得到有效解决，进一步提升察雅县全科医生岗位胜任力，满足基层基本医疗和公共卫生服务需求。

全面推进大病救治和家庭医生签约服务。一是按照自治区和昌都市“大病集中救治一批”指示精神，多措并举，稳步推进大病集中救治工作。二是县人民医院、县疾控中心、乡镇卫生院、村卫生室采取“县包乡、乡包村、村包户和人”的方式，组建13支签约服务团队，进一步推进家庭签约服务工作，为每位贫困慢性病患者提供远程健康指导和随访管理。三是农牧区医疗制度覆盖所有农村贫困人口并实行政策倾斜。贫困患者住院费用较高，超过农牧区医疗政策报销封顶线的，由大病保险理赔和民政医疗救助，并将继续完善各项兜底政策，有效解决因病致贫、因病返贫问题。

实施贫困地区重点疾控、地方病综合防控。一是严格执行疫情网络直报制度，加强疫情的主动搜索。二是察雅县各类免疫规划接种率达93%以上。三是积极开展大骨节病监测、碘营养监测等地方病工作监测工作。四是严格落实国家“四免一关怀”政策要求。

五是按照药品管理标准对抗结核药品进行管理，使药品库存符合储存要求。六是持续做好包虫病术后治疗及随访，进一步加强包虫病综合防治健康教育宣传，引导群众改变自身生活习惯，摒除陋习，提高个人卫生意识，自觉加强综合防治。七是由县疾控中心牵头，乡镇卫生院辅助，将确诊的重性精神病人信息录入系统并动态跟踪管理，做好日常随访问诊。

加强健康教育。一是通过“3.24 结核病防治日”“4.25 全国预防接种日”“5.15 全国消除碘缺乏病日”“世界防治艾滋病日”“爱国卫生日”等主题宣传活动，加大健康科普宣传的力度，提高广大群众健康防病意识。二是把健康教育融入学校教育中，派出专业技术人员，对察雅县 13 个乡镇包括各学校师生进行手足口病、痢疾、甲肝、乙肝、流脑、腮腺炎、流感、青春期生理卫生、预防艾滋病、性病等知识大力宣传，丰富群众的文化生活和对健康知识的需求，营造温馨和谐的社区和校园氛围。

（五）持续加强生态建设

强化生态岗位招收和管理。一是对察雅县 13 个乡镇党委书记、乡镇长、扶贫专干和 138 个村居驻村工作队进行生态补偿脱贫政策培训，并充分利用实地宣传、藏东察雅微信公众号等方式，加强为农牧民群众尤其是岗位人员进行政策解读，让群众了解生态保护岗位的招收条件、补助标准及需要履行的职责，努力做到家喻户晓、人人皆知。确保招收工作精准落实、岗位人员按职履责。二是实时检测，及时更新生态岗位人员，严格按照“定岗定员、定岗定责、定岗定酬、一人一岗”要求及生态保护政策性岗位招收政策，核实确认已招收生态保护政策性岗位人员基本条件。对生态岗位人员有变动、退出和增加等情况及时上报，建立数据动态管理模式。三是进一步加强人员考核工作，严格生态岗位人员确立，对已在岗的人员严格按照《察雅县脱贫攻坚生态保护转移就业岗位考核管理办法（试行）》进行日常管理、工资兑现及续聘、解聘。四是进一步加强生态补偿脱贫购买服务转移就业岗位资金的管理，确保专款专用，严禁截留、挤占、挪用。要求各乡镇按照相关文件内容，切实做到生态岗位“精准到人、一一对接、定岗定责、定员定酬”，切勿发生一人多岗等违背上级要求的现象出现，切实将资金落实到每一户每一人。

加强生态项目建设，实现生态保护与增收“双赢”。一是进一步加强利益联结机制，通过强化吸纳建档立卡贫困户投工投劳、土地流转费、项目分红加强利益联结机制，真真正正使广大农牧民群众特别是建档立卡贫困户增收致富。二是进一步加强项目制度管理，县林草局要对直接参与项目的干部进行培训，培训内容要重点针对项目申报、实施、管理等方面，确保林业产业扶贫项目发挥真实效。三是进一步拓宽贫困户增收途径，增加贫困群众致富门路，实现“在家门口”就业致富。坚持“培训一人，就业一人”的原则，对贫困群众开展育苗、苗圃管理等技术培训，并将其吸纳为苗圃工人，参与育苗、管护，促进贫困群众长期稳定增收。四是进一步加快林草产业项目实施，推进 2019 年度新一轮退耕还林工程项目及察雅县 2019 年天然草原退牧还草工程项目实施，积极开展各项工作，稳步推进工程有序开展。

（六）推进搬迁后续管理

一是县自然资源局和林草局要深入宣传精准扶贫和土地整治、生态修复相关政策，确保农牧民群众认识到易地扶贫搬迁土地整治和生态修复工作的重要性和必要性，充分调动农民群众的积极性，营造全社会关心、支持参与易地扶贫搬迁土地整治和生态修复工作的良好氛围，推进工作顺利开展。根据《察雅县易地扶贫搬迁土地整治和生态修复实施方案》，由县国土资源局牵头，各乡镇人民政府负责具体落实旧房拆除工作。生态修复由县林草局牵头，乡镇政府配合实施，建设标准执行国家和自治区林草相关行业标准。二是根据《中共察雅县委办公室 察雅县人民政府办公室关于印发〈察雅县2018年易地扶贫搬迁安置实施方案〉的通知》和《中共察雅县委办公室 察雅县人民政府办公室关于设立易地搬迁集中安置点临时管理机构及党组织的工作方案》，持续做好察雅县易地搬迁后续管理工作。

（七）提升社会保障水平

一是每年4月将农村低保保障对象、残疾人花名册、特困人员花名册、孤儿花名册以函的方式告知县人社局、医保局，协调按照规定资助、帮助以上困难人员参加养老保险、新农合。二是打好以最低生活保障为基础，以养老、临时救助等专项救助为辅助，以其他救助、救济和社会帮扶为补充的社会救助体系的社会保障兜底"组合拳"。扎实做好已纳入农村低保、特困人员、困难残疾人等社会兜底人员的资金兑现工作，及时把需要纳入社会救助政策兜底的人员按照政策、程序纳入救助体系。三是加大与乡镇对接力度，及时发现、及时救助各乡镇的特困人员、孤儿。为愿意到集中供养服务中心的特困人员及时办理手续，将愿意分散供养的人员及时纳入救助。对愿意集中供养的新形成的孤儿，及时与市局福利科联系，按照程序办理送养；对愿意寄养的及时做好登记工作，加大孤儿救助力度。四是加大对察雅县援助企业、个人的登记，配合党委、政府做好社会力量参与扶贫工作。

（八）深化助残帮扶行动

一是根据民政厅关于印发《西藏自治区城乡最低生活保障审核审批办法（试行）》的通知精神，在抓好农村低保对象审核的基础上重点抓好困难残疾人保障工作。二是根据《关于进一步完善城乡医疗救助制度 全面开展重特大疾病医疗救助工作的实施意见》，加大与医保局的衔接力度，从资助困难残疾人参加新农合和医疗救助两方面，严格执行医疗救助政策。三是根据自治区人民政府《关于建立困难残疾人生活补贴和重度残疾人护理补贴制度的实施意见》，严格按照意见规定要求，严格按照每年的标准，及时、足额落实好“两项补贴”；在困难残疾人康复需求上，结合自治区残联康复中心帮助察雅县开展康复筛查，根据自治区统一部署，积极衔接符合康复治疗条件的困难残疾人到自治区接受康复治疗；对接重庆市儿童救助基金会，对18周岁以下先天手足残疾人筛查出的符合手术条件的10名儿童，积极通过市民政局向重庆市民政局衔接手术治疗。联合县卫健委、县医院继续抓好新增残疾人办证服务。四是开展好残疾人就业、创业服务工作。依托察雅县福志商贸有限公司引导有技能、劳动力残疾人参与就业、创业。

（九）深化志智双扶工程

一是坚持扶贫必扶智，采取“七个必须”。破除陈规陋习，强化转移就业培训，大力发展产业，不断增强贫困群众脱贫致富能力，实现稳定脱贫、持续致富。建档立卡贫困群众必须接受政策宣传教育；有劳动能力的必须参加就业致富技能培训，必须就近就便参与产业发展，必须参与劳务输出实现增收；易地搬迁群众必须参与搬迁点自家房屋建设；享受生态岗位贫困群众必须履行岗位职责；有适龄儿童的家庭必须保证子女按时上学。

二是深入开展“五个覆盖”。察雅县各新闻媒体要发挥好宣传报道作用，把握时间节点，创新宣传方式，突出宣传侧重，采取多种形式，构建多角度、全方位、广覆盖的宣传格局，以舆论强势引领和推进精准扶贫工作，确保脱贫攻坚宣讲教育实现全覆盖，脱贫攻坚新闻舆论宣传实现全覆盖，脱贫攻坚专题活动实现全覆盖，农牧区科普知识宣传实现全覆盖，各级干部学习宣传精准扶贫政策实现全覆盖。

三是开展创先评优，树立鲜明导向。重点围绕“扶贫夜校、农牧民讲习所，勤劳致富、发展产业、外出务工、自主创业、庭院卫生、家庭美德、遵纪守法、配合工作”等多个方面，对贫困群众参与活动情况进行考核打分，实行量化管理。以“激发群众内生动力”为主题，组织开展村与村、户与户“比学赶超”竞赛等活动，按照“奖勤罚懒”的原则，年终对总体表现突出、综合得分较高的贫困户进行表彰奖励，并设立专题宣传栏予以公示。努力营造激励先进、鞭策后进的良好氛围。

（十）加大科技支持力度

一是加强科技特派员管理培训。引导科技特派员服务于生态安全屏障项目以及果树栽植、蔬菜种植特色产业等项目中，切实做到农牧业生产建设项目与农牧科技服务相结合，充分发挥科技特派员科技推广、科技普及等作用，适时安排县专业技术人员下乡，到田间地头开展培训。二是加快培养新型职业农牧民。健全职业农牧民制度及配套政策，拓宽培训对象来源，着重吸收种养大户、家庭农牧场主、农牧民合作社带头人和骨干社员、农牧业企业骨干规模经营农牧户、返乡创业农牧民工、贫困户、退役军人和农牧区新生劳动力等重点培训对象，加强农牧业适用技术培训，扩大培训覆盖面，提升培训质量。推行农牧民田间学校模式，大力开展生产经营型、专业技能型、社会服务型新型职业农牧民培训。加强新型职业农牧民认定管理，分初级、中级、高级三个层次进行认定和管理，逐级培养。鼓励新型职业农牧民领办创办农牧民合作社、农牧业企业。三是加快提升农牧民综合素质。以县专业技术人员为核心，辐射带动138个村居的276名科技特派员，引领科技兴农新风尚，进一步带动一部分农牧民向新型职业农牧民转变，最终达到科技全覆盖。

第六章　脱贫攻坚与乡村振兴有效衔接

第一节　组织机制与责任主体相结合

一　组织机制与责任主体相结合的重要性与重点

贫困地区脱贫攻坚与乡村振兴有效衔接是成功打赢脱贫攻坚战，走好乡村振兴“第一步”的重要指导思想。将乡村振兴战略的思想和原则因地制宜地融入脱贫攻坚工作中，是来自上述地方实践的经验与启示。不同于非贫困地区，贫困地区乡村振兴的前提是全面脱贫、持续稳定脱贫，但脱贫攻坚又要为乡村振兴打基础、做准备。因而，虽然现阶段的工作重心仍是集中精力打赢精准脱贫攻坚战，但也要着眼未来，结合自身条件，根据脱贫攻坚任务，将乡村振兴战略思想和原则因地制宜地融入具体脱贫攻坚计划和行动中，统筹推进脱贫攻坚与乡村振兴有效衔接，为乡村振兴奠定制度和物质基础。首先就是要做好组织机制与责任主体相结合，并以此为中心，实现战略规划与事实协同。

2017 年，中央农村工作会议明确指出乡村振兴实行“中央统筹、省负总责、市县抓落实的工作机制”，这与脱贫攻坚工作机制是一致的。可见，中央层面对推进脱贫攻坚与乡村振兴融合在领导责任制、工作机制方面的指导思想明确。在“市县抓落实”方面或者说实现脱贫攻坚与乡村振兴有效衔接的基层实践中则留有充分的创新空间。各市县、乡镇以及村组在落实脱贫攻坚与乡村振兴战略的相关项目时应实事求是、因地制宜地构建组织机构，落实责任主体，实现二者合而为一，避免出现责任主体不明确、相互推诿的现象。

组织机制上，应以脱贫攻坚的组织机制为基础，进一步充实农业农村工作相关主管业务部门的力量，并随着脱贫攻坚与乡村振兴工作重心的逐渐转移，同步实现责任重心由扶贫工作主管业务部门向农村工作主管业务部门转移。具体来说，在市县层面，书记、市县长分别任领导小组“双组长”，全面负责市县脱贫攻坚与乡村振兴工作的顶层设计、统筹调度和督促指导；在乡镇层面，实行书记、乡镇长负责制，全面负责乡镇脱贫攻坚与乡村振兴工作的落实与督促；在村级层面，在现有的基层党组织、村“两委”以及驻村帮扶工作队等组织机构的基础上，进一步增强力量，拓展任务，提升目标。通过将“五级书记抓扶贫”的组织优势延伸到乡村振兴战略实施中，为脱贫攻坚与乡村振兴有效衔接提供组织保障。

责任主体的绩效考核上，要“长短结合，凸显脱贫成效的可持续性和前瞻性”。实施最严厉的考核是精准扶贫的客观要求，也是保障脱贫攻坚和乡村振兴成效的重要举措。脱贫攻坚和乡村振兴有效衔接要求在责任主体的绩效考核上，既要重视短期脱贫成效，抢抓进度，又要强调可持续脱贫，为乡村振兴打牢基础，前瞻性地布局乡村振兴，确保脱贫攻坚向乡村振兴顺利过渡。

乡村振兴是我国农业农村未来发展的目标和指导思想，脱贫攻坚是2020年前农村发展的阶段性历史使命，也是乡村振兴的前提。“产业兴旺、生态宜居、乡风文明、治理有效、生活富裕”为农业农村发展绘制了一张美好蓝图。脱贫攻坚作为乡村振兴的前提和基础，理应是该蓝图中的一部分，因而，在两大战略的战略规划和实施上要协同，坚持“一张蓝图绘到底”。战略规划上，要以乡村振兴战略的“二十字”方针统领脱贫攻坚战略规划，将脱贫攻坚规划融入乡村振兴规划中，明确其子规划或阶段性规划的定位。实现“多规合一”，在制定乡村振兴规划时，将现有多部门、多类型、多时段的规划统筹到乡村振兴规划之中，形成充分体现“二十字”方针的乡村振兴规划，保障乡村振兴规划的统揽性、权威性和指导性。规划实施上，在2018~2020年的交替期内，统筹制定乡村振兴各项规划，重点突出脱贫攻坚规划实施，以乡村振兴战略新要求充实贫困地区脱贫攻坚任务目标。以脱贫攻坚规划实施为重要抓手，切实推进脱贫攻坚各项举措，以脱贫攻坚成效夯实乡村振兴规划基础。在脱贫攻坚规划实施中为乡村振兴规划全面实施锻炼队伍、集聚资源、积累经验、营造氛围，特别是为实现乡村振兴“三步走”战略目标中的“第一步”目标，即到2020年基本形成乡村振兴制度框架和政策体系做出应有的贡献，在脱贫攻坚中推进乡村振兴。具体来说就是要把扶贫队伍发展为振兴力量。

二 扶贫队伍发展为振兴力量保障察雅县组织机制与责任主体“合二为一”

十九大报告明确提出扶贫同“扶志”相结合的要求，将提升贫困人口脱贫攻坚的主动性、积极性、创造性摆在突出位置。打赢脱贫攻坚战和实施乡村振兴战略需要加大人才力量，贫困群众个体或群体发自内心的脱贫致富愿望和自发动力直接决定脱贫攻坚和乡村振兴成效。

人才是打赢脱贫攻坚战和推动乡村振兴战略的核心动能。一是包村干部、驻村工作队和第一书记等在脱贫攻坚任务如期完成后，将在巩固和扩大脱贫攻坚成果以及谋划实施乡村振兴战略上继续发挥担重任、打硬仗的作用。二是在持续激发以扶贫干部为主体的现有人才活力的基础上，创新乡村人才工作机制，积极开拓人才培养新路径，鼓励外出农民工、高校毕业生、退伍军人、城市各类人才返乡创新创业，培养造就一支懂农业、爱农村、爱农民的“三农”乡村人才振兴队伍。三是用活用好乡村振兴专干岗位，协助村“两委”抓好社会稳定、脱贫攻坚、产业发展、生态环保、移风易俗、服务群众、基层党建等工作，推动乡村振兴。四是分批次适度开发基层医护专业岗位，招聘具备医疗卫生岗位所需条件的高校毕业生到乡镇卫生院和村卫生室工作。五是进一步加大职业技能培训力度。通过援藏力量、开发岗位、人社局使用技能培训、充分发挥三级劳务平台，扩大贫困群众学习实用技能的覆盖面，让贫困群众掌握更多的增收技能，找到更多的增收渠道，积极发挥主观能动性，变“懒”为“勤”，变“静”为“动”，学会穷则思变，主动改变自身、改变环境，主动向致富路靠拢。

第二节　要素保障与整合引导持续发力

一　要素保障与整合引导持续发力的重要性与重点

脱贫攻坚是一场短时间的“突击战”和“硬战”，乡村振兴则是一场需要分“三步走”的“持久战”。二者的有效衔接，既要求在短期内整合和投入大量的“人、钱、地”等要素资源，又要确保这种投入具有可持续性，能在相当长一段时期内为乡村振兴的推进持续发力。如何实现这一看似矛盾的双重目标呢？关键在于充分发挥政府引导性资源和市场诱导性资源的协同效应，即“政府”和“市场”两只手的协同作用，而更深层次的动力则是加快促进协同效应、协同作用发挥的制度改革和创新。

在脱贫攻坚中，要素整合与投入以政府引导性资源为主、以市场诱导性资源为辅，充分发挥行政手段高效率的优势，以实现短时间内保障充足的要素资源投入。“人”的方面，通过帮扶干部、驻村干部等“干部下沉”的方式为贫困村迅速注入智力要素，通过激励“返乡创业”回流人才、教育培训、精神和能力扶贫激活农村内部智力资源，实现外部主体和内部主体的协同；“钱”的方面，通过整合各种涉农、扶贫财政资金为农村注入资金要素，通过金融扶贫等金融途径，发挥资金的协同效应；“地”的方面，通过“三变”改革、土地入股、土地流转等，激活土地的财产属性，增加农民收入。不过，这种由政府主导、以市场为辅助的资源整合方式面临持续性挑战。在乡村振兴战略实施过程中，尤其是在第二、第三阶段，应充分挖掘市场机制的资源调节作用，向以市场诱导性资源为主、以政府引导性资源为辅的要素整合投入方式转变，发挥市场手段更持续的优势，满足乡村振兴持续要素需求的目标。“人”的方面，要在前期“干部下沉”等智力帮扶手段的支持下，通过“人才回流”“人才下乡”等机制体制改革，以及基层干部队伍建设等，形成城乡人才自由流动通道和组建一支“懂农业、爱农村、会管理、善经营”的新型职业农民队伍，为乡村振兴提供人才保障；“钱”的方面，要在财政资金投入补齐和完善基础设施及公共服务设施等的基础上，通过金融改革和创新，将乡村转变为资金流入的“洼地”，实现乡村振兴资金投入的良性循环；“地”的方面，在“三变”改革的基础上，继续推进“三权分置”等土地制度改革，盘活土地资源，发挥市场在现代农业发展和推进一、二、三产业深度融合方面的主导作用。为实现上述要素整合投入方式有序转型，在脱贫攻坚与乡村振兴交替和有效衔接阶段，既要充分发挥政府引导性资源投入和市场诱导性资源投入各自的优势及其协同效应，又要加快激发乡村“人、钱、地”要素活力、市场机制作用以及制度改革创新。

二　产业扶贫向产业兴旺转变，确保察雅县要素保障与整合引导持续发力

长短结合发展乡村产业。发展乡村产业既是可持续脱贫的根本之策，又是促进乡村振兴的物质基础。无论是脱贫攻坚，还是乡村振兴，都需要大力培育乡村产业。产业振兴，贫困群众才能稳定脱贫致富，才能增强乡村吸引力、凝聚力，实现乡村生活富裕。

促进脱贫攻坚与乡村振兴有机衔接，要紧紧抓住乡村产业这个关键纽带，统筹推进贫困人口脱贫和乡村产业发展，实现脱贫效果的可持续性。一是按照“产业兴旺、生态宜居、乡风文明、治理有效、生活富裕”的乡村发展总体要求，从产业扶贫到产业兴旺，通过优化产业结构、延伸产业链条，培养附加值高、抗风险能力强的富有竞争力的产业，尤其是结合察雅县传统农牧产业的优势以及察雅县万亩饲草料基地和杂交构树饲料项目的潜力，进一步加大阿孜乡绵羊育肥规模，积极向阿旺绵羊品牌体系靠拢，进一步扩大宗沙、肯通等传统牧业乡镇的牦牛养殖规模；充分利用干热河谷地带气候优势，大力发展蔬菜产业。二是全方位、多维度地统筹布局，

在产业配置上实现长效主导产业与短效特色产业间的精准有序衔接，逐步促进第一、二、三产业融合发展，结合六大通道的优势，实现察雅县从“口袋”县城到交通重镇、开放县城的转变，大力发展牧家乐、藏家乐、精品民宿、温泉住宿等旅游产业，进一步激发乡村发展的活力，拓宽农牧民增收渠道，促进劳动力转移就业，巩固农牧区发展成果，推动贫困地区产业向高质量发展，接续推动农村经济社会发展和群众生活改善。

第三节　“五个一批”与“二十字”方针有效对接

一　“五个一批”与“二十字”方针有效对接的重要性与重点

产业是脱贫攻坚和乡村振兴的最大融合点和关键。脱贫攻坚和乡村振兴需要产业带动。产业扶贫是脱贫攻坚“五个一批”中最重要的脱贫手段，产业兴旺是乡村振兴“二十字”方针、五大取向中的第一条。乡村产业的培育和发展要以产业兴旺的基础。以扶贫兴旺为目标，做到“短中长”产业有机结合，以农业现代化及第一、二、三产业融合发展为着力点，充分发挥贫困地区的后发优势和比较优势，因地制宜，发展特色产业，延长产业链条，通过基础设施、公共服务、营商环境等软硬环境建设，积极为产业发展创造条件，实现扶贫产业的自我发展、持续发展，为产业兴旺奠定基础。此外，产业扶贫还是生活富裕、乡风文明的重要基础。产业是农民增收的主要途径，也是乡风文明的物质基础。“富则雅”，在产业发展的基础上，农民增收，生活富裕，精神层面追求将更高，进而提升乡风文明内生动力。

生态环境是脱贫攻坚与乡村振兴融合的空间契合点。生态补偿脱贫一批和易地搬迁脱贫一批是脱贫攻坚“五个一批”中的两大举措，前者是通过外部补偿、转移支付等方式为贫困地区因为给他人创建“生态宜居”环境而牺牲发展代价的补偿，后者则是为实现“生态宜居”而让贫困人群迁离“一方水土养活不了一方人”的原居住地。虽然两者都主观为“脱贫”，但客观上都有助于实现乡村振兴战略的“生态宜居”目标。特别是在两者的有效衔接中，要充分发挥特色小镇这一空间载体作用。乡村既包括村，也包括乡、镇等建成区，是大、中、小城市和农村的过渡带，乡、镇等建成区往往也是易地搬迁的合适承载地。特色小镇建设能有效承接易地搬迁贫困户，为其提供“生态宜居”环境，可为农产品加工和农村第一、二、三产业融合发展提供空间载体，是城乡融合发展的各类资源要素在大、中、小城市和乡村之间自由流动的桥梁和纽带，是城乡发展要素的自由流动和城乡融合发展的助推器，也是乡村振兴“生态宜居”环境打造的重要平台。

教育扶贫、社会保障兜底扶贫与乡风文明、治理有效以及生活富裕有效衔接。教育培训脱贫一批和社会保障兜底一批是直接面向贫困主体的重要脱贫手段。教育培训通过“志智双扶”，提升贫困主体的脱贫主动性和脱贫能力，是一种着眼于长远的根本性的“造血式”扶贫，通过“志智双扶”，贫困主体的“等靠要”思想得到改变、贫困文化得以瓦解，现代伦理意识、市场意识和发展理念得以培育，自我发展能力得以提升。乡风文明培育反过来也有助于农村精神脱贫，反哺农业、农村、农民发展。一方面，社会保障兜底脱贫一批是生活富裕的底线红线，虽然不能直接实现生活富裕目标，但随着发展水平不断提高，保障标准将不断提升；另一方面，社会保障兜底是现代文明的应有之义，有助于形成良好社会风气，使社会更具包容性，本身是“乡风文明”和“治理有效”的重要体现。反过来，要在乡村振兴“治理有效”目标驱动下完善乡村治理机制，通过自治、法治、德治的有机融合为教育、社会保障兜底脱贫举措的实施提供保障。

二 五项基础设施建设促进察雅县脱贫攻坚与乡村振兴有效对接

补齐贫困村基础设施和公共服务短板，确保贫困地区基本公共服务领域的主要指标接近全国平均水平，是脱贫攻坚的重要标准，也是乡村振兴的基本要求。脱贫攻坚期内，察雅县整合各种资源，强化各项扶贫举措，聚焦深度贫困地区，集中力量改善贫困村发展条件。在乡村振兴战略中，要更加注重乡村的特色，使其优则美，加强区域统筹，提升基础设施建设对于乡村经济发展的整体效能。

（一）加强水利基础设施建设

全面推进农村饮水安全巩固提升。在实现水质达标率 100%、常住户自来水入户全覆盖的基础上，加快实施农村饮水安全巩固提升工程和人饮信息化项目建设，不断加大人饮基础设施改造力度，逐步建立“从源头到龙头”的农村饮水工程建设和运行管护体系，进一步提高农村集中供水率、自来水普及率、供水保证率和水质达标率，提升农村饮水安全和供水保障水平。加强饮用水源保护，加快配套完善水质净化设施设备，定期开展水质检测监测，提高水质保障水平。到 2020 年，深度贫困村农村安全饮水人口普及率达到 99%，农村集中式供水受益人口比例达到 80%。

大力实施农田水利设施建设工程。一是加快小型水源工程建设。针对农牧区灌溉用水保障不足，重点提高县城、乡镇及中小灌区的灌溉保证率。二是加强“五小水利”工程建设。继续开展小型农田水利工程建设，因地制宜实施小水窖、小水池、小塘坝、小泵站、小水渠“五小水利”工程建设，提高农田灌溉保障程度。三是继续加强深度贫困村重点灌区续建配套与节水改造。大力实施深度贫困村大中型灌区的节水改造，提高灌溉保证率，为深度贫困村农业发展提供坚实的水利支撑。四是加快饲草料地和草场灌溉工程建设。在海拔相对较低、水土资源较好的区域，采用引水渠道、低压管道输水等灌溉方式，保护天然草场生态环境，提高饲草料保障能力。

推进防洪抗旱减灾保障工程建设。根据中小河流治理现状，维护河流生态功能，合理确定中小河流治理布局和建设模式，采取堤防、护岸、排洪渠和河道清淤疏浚等工程措施，继续实施中小河流重点河段治理，确保沿河人民群众、农田、草场的防洪安全。加强山洪灾害监测预警系统和群测群防体系等非工程措施建设，继续实施重点山洪防洪治理，结合小型农田水利工程，建设一批规模合理、标准适度的小水塘、提灌站、机井等应急抗旱水源工程，解决主要受旱村的农村生活生产供水、基础口粮田地和设施农业的用水问题，提升区域应急抗旱供水能力。

开展水土保持和生态建设工程。一是进一步加强深度贫困村水土保持生态建设，加快实施重要江河源头区、重要水源地和水蚀、风蚀区等水土流失重点预防项目。二是巩固完善深度贫困乡镇的河长制、湖长制，明确各级河（湖）长监督责任。推动建立生态水量、水质监测预警机制。三是正确处理好保护生态和扶贫开发的关系，将水生态补偿岗位与建档立卡贫困户精准对应，优先聘用有相应能力的当地贫困家庭劳动力就业，就地安置贫困群众从事水资源管理监督工作，加强水生态补偿岗位管理，充分发挥水生态保护和村级水管员岗位在水资源保护、水土流失预防、小型水利工程设施管护等方面的重要作用，实现水生态改善和脱贫双赢。

（二）加强电力基础设施建设

一是深入实施贫困地区农网改造升级，持续完善主网架建设，继续抓好涉及察雅县的“三区两州”项目，解决巴日乡未通电及卡贡乡、吉塘镇等乡镇的经常性停电问题，切实解决察雅县部分国家电网尚未覆盖的边远乡村居民用电问题。二是逐步提升电力运经能力。察雅县电力公司只有县城一处办公地点，对于较远乡镇的故障抢修、供电服务无法保障，计划在香堆镇建设二级供电服务机构，既便于中东部居民办理用电业务，也将大大节省故障抢修时间。三是积极与上级协调对接，加大沟通协调力度，争取最大倾斜力度，提升察雅县电力基础设施，提高供电可靠性和稳定性，全力满足经济社会发展和农牧民生产生活用电需求。

（三）加强交通基础设施建设

加快乡村道路建设，有条件乡镇、建制村通硬化路，全面解决有条件自然村道路通达。加快农村公路安全防护工程建设，完成乡道及以上行政等级公路安全隐患治理细化。一是结合“十三五”规划，未实施建制村通畅项目，积极协调上级业务部门，申报项目并定时跟踪项目设计进度，争取项目早日下达批复。二是对自然村道路通达工程，按照脱贫攻坚行业任务分解，利用财政扶贫整合资金 20760.02 万元。三是积极协调上级业务部门，上报生命安全防护相关数据至上级业务部门，加大对农村公路安全防护的摸排力度，确保农牧民群众生命财产安全。

（四）加强通信基础设施建设

一是加快“宽带西藏”建设，完善乡镇网络信息基础设施建设，推进光纤到户，加快宽带入乡进村步伐，加强通信网络基础设施建设，全面提升贫困地区通信网络覆盖能力，实现贫困地区无线网络、宽带网络广覆盖目标。二是推进“智慧察雅”进程。重视铁塔基站等信息基础设施建设，深化双方合作，在规划落地建设程序及公共资源开发等方面提供便利，营造良好的产业发展环境，共同提升察雅县信息化发展水平，助力信息扶贫，使通信网络部署更趋均衡。三是积极向上级上报未通网络需求，加大沟通协调力度，消除通信盲区，加快推进农村通信设施建设，完善农牧区通信条件。四是积极协调相关维护单位及时处理网络信号不稳定或故障等影响通信的情况，保障已有的通信的村居设施正常运行。

（五）加强农村人居环境建设

大力推进农牧区生活垃圾治理。一是建立完善农牧区生活垃圾收运处置体系。加快生活垃圾处理设施建设，因地制宜选用“村收集、村处理”“村收集、乡镇处理”“村收集、乡镇转运、县处理”等减量化、无害化处理模式，基本建立起符合察雅县实际的生活垃圾收运处置体系。二是开展农牧区生活垃圾分类和资源化利用试点。加快编制察雅县农牧区垃圾处理技术标准。察雅县国省道沿线选2个村庄开展农牧区垃圾分类试点示范，全面开展农牧区生活垃圾减量化、资源化利用。三是做好非正规垃圾堆放点整治。继续开展生活垃圾和建筑垃圾、工业固体废弃物、农牧业生产垃圾、河（湖）面漂浮垃圾等非正规垃圾堆放点排查整治工作，建立非正规垃圾堆放点滚动销号制度。全面完成察雅县农牧区非正规垃圾堆放点整治工作。四是组织村民特别是贫困户开展村容户貌大扫除活动，清理村内道路及家庭院落积存的杂物、垃圾等，并定期组织开展检查观摩评比活动，着力消除部分贫困户家中“脏乱差”。五是为易地搬迁配套13个乡镇安置点环卫设备共计垃圾摆臂车14辆、扫地车2辆、可卸式垃圾车8辆、道路清洗车2辆及各项配套垃圾箱、垃圾桶若干，改善农村生态环境和环保卫生。

大力推进农牧区“厕所革命”。一是逐步开展农牧民户用卫生厕所改造普及。因地制宜选择改厕模式，鼓励和引导农牧区新建住房配套建设无害化卫生厕所。在城镇污水管网可延伸覆盖到的村庄，以及在基础好、有条件的城镇周边村庄，鼓励推广水冲式厕所，配建污水管道，统一纳入城镇污水管网，推进厕所粪污与生活污水共同治理。二是开展农牧区公共厕所建设和改造。结合“厕所革命”和乡村旅游发展，推进农牧区公共厕所建设。加强村民广场、乡村集市、中小学校、乡镇卫生院等人员密集活动场所卫生公厕建设；对行政村所在地村级组织活动场所配建公共厕所，其他村庄可结合人口数量和习俗，合理设置公共厕所。三是推动农牧区畜禽养殖和种植业污染物治理和资源化利用。合理规划布局农牧区生产废弃物资源化利用处置中心，加快粪污贮存、处理、利用设施建设以及配套粪污消纳用地试点建设，落实畜禽规模养殖场主体责任制度。不断加强畜禽养殖粪污资源化利用。

第二篇 实践篇

第七章　群策群力　实施“五个一批”显成效

2015 年 10 月 16 日，习近平总书记在减贫与发展高层论坛上首次提出“五个一批”脱贫措施。随后，“五个一批”脱贫措施被写入《中共中央　国务院关于打赢脱贫攻坚战的决定》。察雅县委、县政府随即在自治区、昌都市政府的部署下，认真学习和领会“五个一批”重要战略部署，并按照“六个精准”，全面推进“五个一批”的脱贫措施，千方百计打通脱贫“最后一公里”。

第一节　守住底线　社会保障兜底一批

针对察雅县贫困人口中部分或全部丧失劳动能力的人口，县政府积极统筹协调扶贫标准和低保标准，加大多种形式的社会救助力度，特别是加大在大病保险政策方面对贫困人口倾斜，取得了显著成效，真正做到“社会保障兜底一批”。

一 察雅县社会保障兜底成就

（一）兜底保障实现社会救助“托底网”

察雅县聚焦脱贫攻坚，认真履行基本民生保障职责，推进脱贫攻坚主体责任落实落地。认真履行脱贫攻坚社会保障单位和民政部门兜底保障政治责任，按照“两不愁三保障”要求，实现农村最低生活保障制度与扶贫开发政策有效衔接。

1. 社会救助制度健全。社会救助体系日趋完善，社会救助制度进一步健全，服务水平日渐提升，建成“城乡最低生活保障、特困人员供养、临时救助、困难残疾人”全方位社会救助体系。

2. 动态管理及时。扎实推进扶贫领域腐败和作风问题专项治理。完成各级各部门巡视巡察反馈问题整改。加大对农村低保领域漠视侵害群众利益问题的整治力度，通过动态管理、精准排查，对不符合低保保障条件的家庭或个人及时给予退出，将没有劳动能力或暂时无法通过扶贫开发脱贫的困难家庭，按程序及时纳入农村低保范围，实行“兜底保障”，做到动态管理下的应保尽保、应退尽退。2019 年底，察雅县识别农村低保保障对象 7779 人，其中建档立卡 7283 人，占 94%；无劳动能力 3358 人，占 43%；特困人员保障 399 人，其中建档立卡 374 人，约占 94%，无劳动能力 399 人，占 100%。

3. 保障资金落实到位。截至 2019 年底，落实 31226 名农村低保对象保障资金 5608.2 万元；落实 949 人次城镇低保保障对象资金 647.38 万元；落实 8568 人次困难“残疾人两项补贴”资金 1633.29 万元；落实困难群众临时救助 2346 人次，落实资金 487.15 万元；医疗救助 4304 人次，落实资金 1497.06 万元；向分散特困人员落实生活补贴资金 802.84 万元；落实 2633 位“寿星老人”补贴资金 89.06 万元；落实 2726 位经济困难高龄失能老人补贴资金 163.56 万余元；落实 4304 位城乡困难群众医疗救助对象资金 1497.06 万元。

4. 救助标准逐步增长。城镇低保补差标准由 2016 年的 640 元/月/人提高到 847 元/月/人。农村低保标准从 2016 年 A 类 2170 元/年/人、B 类 1630 元/年/人、C 类 1023 元/年/人增加到 2017 年的 A 类 2931 元/年/人、B 类 2327 元/年/人、C 类 1613 元/年/人。自 2018 年开始农村低保标准实行差额补贴，由 2018 年的 3840 元/年/人提高到 2020 年的 4713 元/年/人。特困老人供养标准从 2016 年的 4740 元/年/人提高到分散供养老人 7743 元/年/人、集中供养老人 12480 元/年/人。“两项补贴”标准重度残疾人员护理补贴从 2016 年的 1320 元/年/人增加到 2400 元/年/人，困难残疾人生活补贴从 2016 年的 660 元/年/人增加到 1200 元/年/人。

5. 救助范围覆盖面广。察雅县不断加强社会救助规范建设，完善城乡低保、特困人员、困难残疾人、临时救助等方面的救助审批程序、动态管理制度、内外监督制度，实现“应保尽保”，有效解决困难群众后顾之忧，县城镇低保保障对象从 2016 年的 235 人调整至 241 人；农村低保保障对象从 2016 年的 7828 人调整至 7779 人；特困供养对象从 2016 年的 464 人调整至 399 人，持证残疾人对象从 2016 年的 1847 人增加至 2348 人。这为农村建档立卡贫困人口实现脱贫发挥了积极作用。

（二）“双集中”供养构建社会福利“保障网”

2015 年以来，察雅县建成特困供养服务中心 1 座，项目总投资 2278 万元，占地面积 3500 平方米，建筑面积 6937 平方米，共有 83 间卧室，可容纳 166 名老人居住，大大提升了察雅县特困人员集中救助水平。通过多项措施，保障“双集中”顺利推进，调整充实工作小组，建立专班，强化组织领导，明确任务。推进“双集中”，层层签订责任书，责任到人，督导到位。创造条件，推进机构运转，加强机构管理，切实发挥职能作用，截至2019年底，察雅县特困人员399人，分散供养老人250名，集中供养老人149名，有意愿特困人员集中供养率100%；孤儿158人，送往西藏自治区福利院、林芝市福利院、昌都市第一福利院、昌都市第二福利院等福利机构的集中供养孤儿123人，孤儿集中供养水平稳步提高。

（三）残疾人帮扶构建康复服务“幸福网”

察雅县坚持把贫困残疾人康复帮扶和脱贫作为工作重点和难点，通过政府主导、民政作为、部门联动、社会协同，大力实施残疾人脱贫工程，进一步增强贫困残疾家庭的“造血”功能，在察雅县形成残疾人帮扶工作齐抓共管的良好格局，确保“全面建成小康社会，残疾人一个也不能少”。一是按照《贫困残疾人脱贫攻坚行动计划（2016~2020年）》《西藏自治区打赢深度贫困地区脱贫攻坚三年行动计划》等各级文件精神，结合察雅县实际，第一时间制发《察雅县贫困残疾人帮扶计划》，民政、卫健等部门凝聚合力，多次深入各乡镇走村入户开展残疾人上门办证服务，累计为2851名群众办理残疾证。二是以“政府+大学生创业+困难残疾人”的模式，投入78万元（其中县级财政配套60万元）注册成立察雅县福志商贸有限公司，通过积极开展洗涤业务、手工艺品编织、电子商务等业务成功解决1名大学生和3名贫困残疾人就业问题，实现月人均增收1500元。2019年积极配合昌都市残联将8名残疾人送往昌都市职业技术学院，根据残疾人意愿开展摩托车维修、服装制作、房屋绘画等技能培训。三是在深入了解残疾群众辅助需求及康复需求后，分门别类对辅助器具完成统计，确定需要轮椅 324 人，需要盲杖、拐杖 225 人，需要助听器 222 人，由县财政投入专项资金 50 万元购置辅助器具。四是积极协调上级有关部门实施免费医疗康复，自治区康复中心和昌都市残联 4 次组织医生及专家深入察雅县开展康复筛查，累计为 700 余名残疾人提供康复服务。

（四）临时救助构建民生保障“安全网”

临时救助是保障困难群众基本生活权益兜底线制度安排，承担着筑牢社会救助体系最后一道防线任务，是解决城乡居民各类突发性、紧迫性、临时性基本生活困难重要举措。察雅县坚持助力脱贫和防止返贫相结合，着力发挥临时救助“托底线、救急难”作用，切实解决易地搬迁群众突发性、紧迫性、临时性生活困难，对符合条件的及时给予救助，做到“主动发现、全面介入、应救尽救”。为有效衔接好脱贫摘帽后，易返贫群众救助，加大做好受新型冠状病毒疫情影响困难群众生活救助力度，向 13 个乡镇下拨 2020 年上半年临时救助备用资金 78 万元；严格按照《西藏自治区人民政府关于全面建立临时救助制度的意见》要求，对符合救助条件的困难群众按照救助标准均予以及时救助。充分发挥临时救助制度应急性功能，进一步健全临时救助制度，为筑牢社会救助体系最后一道防线增添新的有力举措，减贫作用得到充分体现。

二 察雅县社会兜底创新做法

（一）强化政治责任，兜好困难群众基本生活保障底线

1. 加强政策衔接。严格按照《西藏自治区城乡最低生活保障实施办法（试行）》要求，指导各乡镇进一步规范化管理城乡低保，加强有效衔接，应退尽退，应保尽保，做好农村低保动态管理，加大社会保障力度，做实社会保障兜底；坚持摘帽不摘责任、

摘帽不摘政策、摘帽不摘帮扶、摘帽不摘监管要求。一方面在每年12月对本年度农村低保对象家庭收入进行核对，做好困难群众农村低保保障；另一方面，建立农村低保动态管理制度，对县、乡、村相关部门工作中发现的困难群众，及时按照农村低保申请审批程序识别纳入保障。贯彻落实好《民政部 财政部 国务院扶贫办关于在脱贫攻坚兜底保障中充分发挥临时救助作用的意见》《西藏自治区社会救助兜底脱贫攻坚行动实施方案》《西藏自治区民政系统2020年脱贫攻坚兜底保障巩固提升工作计划》。

2. 健全救助对象精准认定。健全信息共享核查机制，加强低保动态核查，巩固提升低保专项治理成果，建立长效机制，提高低保对象认定精准度。坚持以家庭收入核查结果和家庭困难程度为纳入和退出低保核心依据，做到对象精准、救助精准、保障精准。

3. 完善社会救助制度。梳理完善社会救助制度政策，研究制定低保制度措施，及时提高城乡低保标准，推进城镇低收入家庭生活保障政策。贯彻特困人员供养服务标准，规范特困人员认定条件。发挥“救急难”救助机制和临时救助备用金制度，完善临时救助制度。强化社会救助管理。开展困难群众救助绩效评价，提升社会救助基层经办能力，持续做好贫困群众救助保障，提高社会救助兜底水平。

（二）狠抓康复帮扶，保障困难残疾人基本生活

狠抓残联组织建设、深入开展残疾人脱贫攻坚和康复服务，提高服务能力。加大困难残疾人“双扶”工作力度。一是加大残疾人就业、创业支持力度。察雅县福志商贸有限公司帮扶效果显著，推进解决更多的残疾人就业问题，营造脱贫氛围，加大对香堆镇残疾人创业项目察雅县土登粮油食品经营商行的宣传、报道力度。二是向上积极争取困难残疾人康复支持。向昌都市民政局、自治区残

联等相关单位积极申请残疾人康复项目支持。加大对困难残疾人的康复救助力度。做好残疾人辅助器具发放，对需要康复器具救助的残疾人，有一例办一例。

（三）规范管理，助推养老服务事业发展

一是积极探索有效规范管理模式，建立健全各项服务体系，完善各项职责，进一步提升特困人员集中供养服务中心管理服务水平。二是积极申报供养中心基础设施设备提升改造项目，规划完善供养服务机构生活娱乐等基本设施，不断提高服务质量，为集中供养老人营造良好生活环境。三是加快老年日间照料中心和社会福利中心改造项目建设进度，进一步做好供养特困人员服务和管护，改善特困老人的生活环境，提升特困人员集中救助水平。四是坚定站在疫情防控第一线，尽职尽责做好本职工作，加强供养服务中心管理服务，建立疫情防控应急预案、防控方案，强力推动特困人员集中供养服务中心“封、防、消、测、导”等防控措施落实，确保特困人员集中供养服务中心状况良好，供养对象生活正常。

（四）加大临时救助力度，提高保障兜底能力

充分发挥临时救助制度托底功能，全面推进临时救助，优化申请审批程序，提高兜底保障能力和救助时效。一是全覆盖，2019年根据乡镇人口数、经济发展状况及时向13个乡镇下拨临时救助备用金。二是放权限，将临时救助审批察雅县下放乡镇一级，乡镇临时救助资金审批额度为困难个人年救助标准不得超过5000元，困难家庭年救助标准不得超过10000元。三是简化申请救助程序，困难群众申请临时救助只需到户籍地乡镇政府审批，不需要在到县一级审批，救助程序和救灾时效极大地提高，困难群众遭遇突发性、紧迫性、临时性困难能及时得到救助，临时救助“托底线、救急难”作用有效发挥。四是明确救助对象，临时救助备用金主

要用于各乡镇辖区内由于突发事件、意外伤害、重大疾病、受疫情影响等而陷入困境的家庭，其他社会救助制度暂时无法覆盖或救助之后基本生活暂时仍有严重困难的家庭。对这些家庭给予应急性、过渡性救助。五是规范救助程序，各乡镇在使用临时救助资金过程中，严格按照上级部门规定审核申请救助程序进行救助，必须建立健全台账资料。六是强化监督管理，严禁人情救助、严禁套取临时救助资金，不定期组织人员深入各乡镇对临时救助资金落实情况督导检查，利用下乡镇开展工作时间深入困难群众家中核查临时救助资金落实情况，指导乡镇财务人员做好临时救助备用金使用台账和规范资料台账。

第二节　斩断穷根　发展生产脱贫一批

通过发展生产脱贫是解决贫困问题的根本出路，察雅县结合当地资源禀赋条件、产业发展状况以及贫困人口的实际，积极采取措施，鼓励、引导、支持贫困人口参与生产，让其在市场中进行锻炼，提高自身的可持续发展能力。

一　察雅县发展生产脱贫取得成效

察雅县利用区位优势，将发展产业作为脱贫攻坚长久之策和治本之举，以“五个一万级”产业［万亩良种青稞基地、万亩饲草料、万亩经济林、万头（只）牛羊、万吨花岗岩］为载体，以“六个千万级”工程（吉塘镇藏东现代农牧业科技示范园、县扶贫开发产业园、阿孜乡阿旺绵羊养殖基地、宗沙乡牦牛育肥场、杂交构树种植基地、蔬菜基地）为龙头，按照大、中、小、微类型产业项目分别带动县、乡、村、户工作机制，推进发展经济林果、苗木、蔬菜、牛羊育肥等特色产业项目，确保扶贫产业项目发挥成效。截至2019年，察雅县投入产业扶贫资金4.8亿元，实施产业项目92个，带动建档立卡贫困群众5431人实现增收，发放土地流转费、打工工资、效益分红等扶贫收益770余万元，有力提高贫困群众家庭收入。

重点培育三大农业产业基地，用好荣周乡、香堆镇地势平坦、水源丰富、耕地集中、土壤肥沃的优势，实施“察雅江南”特色高产农业项目，将该区域定位为重点优质青稞和黑青稞生产基地，投资1亿多元实施荣周灌区、瓦西灌区等农田水利设施项目30项，变“靠天低产田”为“万亩粮仓”。以澜沧江为纽带，打造烟多、新卡、吉塘、卡贡经济带，构建察雅及昌都全市“菜篮子”和“果盘子”，确定以蔬菜、经济林为主的产业定位，建成苗圃5个，大中型果园7个，河谷流域庭院经济基本全覆盖，以园林为主题的林卡、藏家乐到13个。察雅县充分利用自身资源，通过大力发展特色产业，构建“一乡一业”“一村一品”的产业结构布局，有力地带动一大批农牧民实现持续增收。

二　察雅县发展生产脱贫的具体做法

（一）加强产业脱贫组织领导

察雅县高度重视产业扶贫，在脱贫攻坚指挥部组织架构体系内，专门组建产业脱贫组，政府主要领导亲自担任组长领导产业脱贫。产业脱贫组主要负责产业扶贫工作组织领导、统筹协调，主抓政策制度制定、规划计划编制、业务工作指导、督导检查考核，综合协调、落实资金、总结评估、目标考核。察雅县农业农村局、扶贫办、发改委、财政局、各乡镇等产业脱贫组成员单位主要承担推动项目实施的主体责任，切实做好项目申报审批、建设管理、资金管理、经营管理等。

（二）加强规划计划编制

察雅县依托区位优势和各乡镇资源禀赋，坚持“宜农则农、宜牧则牧、宜林则林、宜商则商、宜游则游”原则，组织编制《察雅县“十三五”产业精准扶贫规划项目库》《察雅县深度贫困地区产业扶贫项目投资计划》，并根据扶贫产业发展实际情况，调整完善《察雅县“十三五”产业精准扶贫规划项目库》，最终确定“十三五”期间产业扶贫项目95个（包含10个深度贫困地区产业扶贫项目），明确产业发展方向和重点领域，严格按照确定的规划实施，提高规划执行力和完成度。

（三）加强项目可行性论证

严格执行自治区、昌都市关于产业扶贫项目管理办法要求，加强产业扶贫项目前期调研及可行性论证，召开《察雅县2018~2020产业扶贫项目实施计划》论证评审会，对项目可行性一一进行评审讨论。针对察雅县经济林建设项目、察雅县扶贫开发产业园区建设项目、察雅县阿孜乡阿旺绵羊养殖基地建设项目等建设内容多、投资大的产业扶贫项目专门召开项目评审会，详细讨论分析项目建设内容及规模、投资、预期效益等，有效提高项目的科学性和可操作性。

（四）加强会议调度安排

为加大产业扶贫项目推进力度，察雅县经常召开县委常委会和专题会、政府常务会和专题会、指挥部会议、产业工作推进（调度）会，制定产业扶贫项目实施计划、研究重点项目推进措施、批复项目实施方案、推动项目加快实施。产业脱贫组更是形成产业扶贫项目月调度工作制度，每月月底将产业扶贫项目实施进度、资金到位、完成投资、脱贫人数、带动人数等进展情况进行调度汇总，上报市级部门备案。

（五）明确责任分工

为确保产业扶贫项目实施计划全部落到实处，察雅实行一个项目一个法人、一个利益联结机制、一套资料的“三个一”制度，对规划内产业扶贫项目确定1名县级领导作为指导监督员，全面落实指导和监管责任。13个乡镇已成立产业办公室，由乡长或镇长担任办公室主任，对产业扶贫项目申报审批、建设实施、资金拨付、经营管理、档案资料、公示公告、后期运行管护、贫困群众利益联结等全过程、全方面负责，并指定专人做好项目档案资料收集和日常业务。

（六）加强督导督查

围绕项目落地开工、投产见效目标，采取实地走访、资料梳理等多种形式，统筹指挥部综合查、乡镇交叉查、部门专题查等多种手段，形成产业扶贫项目常态化、制度化督导督查机制。县产业脱贫组经常性深入项目点开展产业扶贫专项调研、督导督查、项目验收、效益分红、资金评审等，通过督导督查，发现问题，及时处理，消除项目实施过程中的“肠梗阻”现象，对积极作为的干部强化激励表扬，对消极怠工的干部严查问责，以强化督导问责倒逼工作责任落实。

（七）加强产业扶贫项目管理

察雅县严格按照自治区、昌都市产业精准脱贫项目管理办法开展产业扶贫工作，结合自身产业发展实际，制定《察雅县产业扶贫项目管理办法（暂行）》《关于进一步完善产业扶贫项目利益联结机制的指导意见》《察雅县产业扶贫项目相关资料归档目录》《察雅县脱贫攻坚项目库建设管理办法》等，对产业扶贫项目库建设、项目实施、资料归档、经营管理、利益联结机制等进行细化要求，提高产业扶贫项目的可行性、科学性以及经营管理水平。

（八）强化利益机制联结

为确保产业扶贫项目带动贫困群众增收，根据自治区《关于进一步加强产业精准扶贫 提高贫困群众产业精准受益的通知》、《昌都市关于规范产业扶贫项目利益联结机制的实施意见（试行）》以及察雅县《关于进一步完善产业扶贫项目利益联结机制的指导意见》要求，严格执行规划定项目、项目定人员、产业定收入、收入定增福、增幅定目标，项目公示牌和贫困群众明白卡、信息档案之间内容相统一的“五定三统一”机制，不断完善贫困群众利益联结机制。截至 2019 年底，已为贫困群众发放土地流转费、务工工资、效益分红等扶贫收益达 2440.40 万元，贫困群众增收效果明显。

（九）加强项目评审及资产管理

为加强产业扶贫项目监管，提高产业扶贫资金效益，准确反映项目实际建设成本，确保产业扶贫资金规范、安全、有效运营，根据《财政投资评审管理规定》等法律法规规定，察雅县紧抓产业扶贫项目财政投资资金决算评审评估，截至 2019 年低，已有 32 个项目完成评审，评审率 33.68%。根据《昌都市关于加强扶贫产业扶贫项目资产管理工作的意见（试行）》，不断加强产业扶贫项目资产管理，明确项目经营权、所有权、使用权、监督权。

第三节　因地制宜　易地搬迁脱贫一批

察雅县委、县政府针对察雅山高沟深，“一方水土养活不了一方人”，地方病多发，生态环境保护要求等情况，按规划、分年度、有计划地组织实施了易地搬迁工作，同时科学规划，让搬迁人口能够搬得出、稳得住、能致富，确保搬迁人口能够安居乐业，实现可持续发展。

一　察雅县易地搬迁成就

脱贫攻坚工作开展以来，察雅县投入财政资金7.8亿元，建设易地扶贫搬迁安置点26个，对自然条件恶劣、资源匮乏、“一方水土养活不了一方人”、不宜人居地区的建档立卡群众实施易地搬迁。按照人均6万元、面积不超过25平方米的建设标准，实施搬迁建档立卡群众2406户12751人，截至2019年9月完成所有搬迁点建设和入住，建设扶贫搬迁安置住房25.5万平方米。投资16099.59万元，为26个易地扶贫搬迁点实施“十项提升”工程建设。修建安置区道路63.75公里，铺设饮水管网70.13公里（含机井23个）、电网57.39公里，其他附属设施6.4万平方米。修建学校及幼儿园1.6万平方米、卫生院所0.7万平方米，其他村级服务设施1.15万平方米。教育配套实现所在地适龄儿童入学全覆盖，确保公共服务水平达标。投入资金3980万元，按照户均29970元标准和“科学规划、统筹发展，政府引导、群众自愿，经济适用、确保公正”原则，结合农牧区特点，实施“六改”措施，保证困难群众住房安全。

二　察雅县易地搬迁的创新做法

处理好扶贫搬迁向城镇聚集和向生产资料富裕、基础设施相对完善地区聚集的关系，就是要让搬迁群众“搬得出、留得住、能致富”。察雅县结合自身实际，围绕发展、稳定、生态三件大事，聚焦地方病高发区、深山峡谷区、灾害频发区、高寒纯牧区、资源紧缺特殊区等“一方水土养活不了一方人”的五块硬骨头，统筹考虑，合理布局，有序推动。针对察雅县地处康巴腹地，地域广阔，群众居住分散，地形多样，自然灾害频发，经济社会发展水平低，反分裂斗争任务艰巨等特点，坚持易地扶贫搬迁、扶贫开发与守土有责、新型城镇化、美丽新村建设、产业发展、防灾避灾、反分裂斗争相结合。察雅县主攻巴日乡、阿孜乡、宗沙乡等边远贫困乡镇，抓住易地扶贫搬迁的“牛头”，统筹解决产业配套的牛鼻子，做到“三个解决好”，坚持以“六对”为抓手，积极有序开展易地扶贫搬迁。

（一）解决好易地扶贫搬迁“是什么”的问题

根据自身资源和乡镇条件、区位优势，把吉塘镇以东、荣周乡以西作为大扶贫开发区，针对吉塘镇、烟多镇、香堆镇、荣周乡四个扶贫开发区进行专项规划，以易地扶贫搬迁为重点，以小城镇建设或城镇化建设为核心，对“一方水土养活不了一方人”的资源匮乏贫困户进行搬迁安置。将易地扶贫搬迁和扶贫开发相结合，利用各开发区优势资源。坚持把增加贫困农牧民收入放到首要位置，扩宽增收渠道，深挖增收潜力，坚持以业育人，就业安人，服务管人，增收富人工程，落实“培训一人，就业一人，致富一户”，实现贫困群众稳就业、喜创业、促增收。

（二）解决好易地扶贫搬迁“为什么”的问题

严格遵循“六靠、五方便、两避让”的基本原则，充分尊重群众意愿，站在四个扶贫开发点上看察雅县，以易地扶贫搬迁为重点，带动察雅县脱贫攻坚，拓宽思路，解放思想。全面理解、吃透国家、自治区扶贫、易地扶贫搬迁和扶贫开发区相关政策，将易地扶贫搬迁、各扶贫开发区资源优势和精准扶贫深度融合，通过扶贫开发，带动搬迁贫困户参与城镇建设和产业发展，实现脱贫致富，推动易地扶贫搬迁、社会经济和扶贫开发三赢。在实施易地扶贫搬迁中，坚持将易地扶贫搬迁与扶贫开发区、城镇化建设、产业园区、交通沿线、旅游景区建设等相结合，加快项目建设进度，着力强化基础设施、公共服务和产业配套，切实加大“水电路讯网、科教文卫保”十项提升工程，让搬迁群众安心入住。

（三）解决好易地扶贫搬迁“怎么办”的问题

易地扶贫搬迁点规划，具有“干道、重镇”优势，自然资源和社会资源丰富，发展条件和发展基础好。切合实际，分期规划，分步实施，逐步配套，将产业配套建设和易地扶贫搬迁紧密结合，完善扶贫开发区水利、道路、供电、通信等基础设施，保证基础建设和产业建设同步，形成有利生产、方便生活的良好环境。在谋划产业扶贫路径的基础上，利用“5+N”工作措施、“1+20”脱贫攻坚实施意见和行业扶贫方案，对准基础设施、产业、教育、医疗卫生、社会兜底保障、转移就业、文化宣传、组织建设等行业，形成各部门统一步调、统一动作、通力合作、各负其责的脱贫攻坚格局。紧扣“开放、搞活”主题，进行招商引资，引导企业入驻和带动致富带头人，使其成为扶贫开发主力军。利用各项优惠政策，调动企业和致富带头人的积极性、主动性，开发利用资源，吸收劳动力就业，以点成线，连线成面，增强扶贫开发区带动作用。

在易地搬迁实践中，对于乡镇搬迁安置，察雅县选择基础条件、发展空间相对较好的地方，集中建点，打破村域界线，跨村搬迁安置，把扶贫搬迁和新农村建设、特色小城镇建设和扶贫开发结合起来，统筹规划，充分考虑和预留未来发展基础设施用地，确保搬迁点选址和使用既符合政策，又满足群众意愿，更适合长远发展。如吉塘镇安置点就依托吉塘特色小城镇建设及靠近国道线优势，将 130 个贫困户集中安置在紧邻特色小城镇、紧依国道 214 线的乡镇产业园区内，改善群众生产生活条件，为群众今后脱贫增收奠定基础。对于城镇搬迁安置，在县城内集中建点，利用县城完善基础设施和公共设施，积极解决配套设施建设。如察雅县唐琼孜安置点，建设安置房 1092 套，容纳 1018 户 5145 人，通过整合各部门统筹调剂就业岗位。多数易地扶贫搬迁贫困户被安排进环卫、公路养护等单位，实现劳务增收。大力发展配套产业，在安置点周边建设产业项目，如唐琼孜集中安置点紧邻察雅县扶贫产业园。人社部门结合产业园入驻企业用工需求，提前开展有针对性的技能培训，让群众乔迁新居就能稳定就业，为有事做、有收入、有盼头提供坚强保障，真正实现“搬得下、留得住、能发展”的脱贫目标。

（四）察雅县以“六对”为抓手，确保易地扶贫搬迁科学推进

一是解决好“对路”问题。坚持在政治上、政策上和自治区、昌都市有关精准扶贫政策对路，坚持规划与上级要求相结合，还与昌都市脱贫攻坚指挥部和昌都市级各行业部门沟通衔接，获取更多易地扶贫搬迁相关优惠政策。二是解决好“对业”问题。利用好各自优势和资源，与配套产业相对业。坚持以易地搬迁是手段，以增收致富才为目的，由农林和扶贫等单位结合安置点资源禀赋进行产业规划设计，并与易地搬迁建设同步实施。加强与转移就业相配合，通过劳动技能培训基地，加大搬迁群众劳动力培训力度，提升劳动技能，保障搬迁群众入住后有事做、有收入、有盼头，让搬迁群众没有后顾之忧，真正实现“搬得下、留得住、能致富”的脱贫目标。三是解决好“对称”问题。处理好集中搬迁安置与插花式搬迁安置关系，不顾此失彼，不一哄而上，统筹考虑集中安置点和插花式安置点的对称问题。为确保“稳得住”，在集中安置时，充分尊重搬迁群众意愿，实行自愿搬迁，消除搬迁群众“故土难离”的乡土情结。四是解决好“对号”问题。突出抓好“一点”

（以易地扶贫搬迁安置点为中心）、“两园”（扶贫产业园和双创园）、“三配套”（做好相应的产业配套、公共服务体系配套和基层设施配套）、“四核心”（将吉塘镇、烟多镇、荣周乡、香堆镇扶贫开发区四个核心辐射区带动功能发挥好）、“五保障”（将组织保障、资金保障、人才保障、市场保障、科技保障作为强大基础）。五是解决好“对位”问题。准确定位，科学编制。搬迁布局上主要围绕“一圈、两线、多块、点面结合”的模式实施。“一圈”即以县城为中心，把易地搬迁与新农村建设、城镇化建设、扶贫开发结合起来，实现扶贫大发展格局。“两线”即公路沿线和沿江沿河线，方便群众出行和生产生活。“多块”即以香堆镇、吉塘镇、荣周乡等乡镇所在地基础设施建设为契机，实现城镇化建设、扶贫开发和易地扶贫搬迁统筹发展。“点面结合”即以乡镇搬迁和城镇搬迁相结合的安置方式实施易地搬迁。充分考虑和预留未来发展的基础设施用地，如警务站、小超市、幼儿园、村级卫生室、客车停靠点等用地。坚持整体统筹推进的原则，统一规划、统一配套、错落有致，拒绝“兵营式和毗邻式”布局。六是解决好“对味”问题。尊重民俗，体现特色，让搬迁群众望得见山、看得见水、留得住乡愁。察雅房屋建筑具有浓厚地域特色。在建筑风格上，在保障人均建筑面积不超过 25 平方米的前提下，汇编察雅县建筑风格图集，充分凸显察雅县藏东特色建筑风格和风貌，充分考虑大客厅、落地窗和烟道细节。放大房建基础，为建档立卡群众在后期新建二层楼做好准备。另外，根据察雅县农村生产生活特点、民风民俗和不同搬迁群众的家庭条件，在每个安置区设计多种户型供群众选择，满足群众的多样化需求。在空间布局上，采取藏式与现代建筑风格相结合、独家独院与公寓式相结合格局，改变人畜混居的历史。

第四节　惠及民生　生态补偿脱贫一批

察雅县生态环境脆弱，澜沧江、金河、麦曲河等流经此地。保护生态环境，加大生态环境修复力度，增加重点生态功能区转移支付，是察雅县践行“生态补偿脱贫一批”的重要举措。

一　察雅县生态补偿成就

2016 年，察雅县对有劳动能力的贫困人口进行摸底调查，按照统计结果向昌都市争取生态补偿脱贫购买服务转移就业岗位。2016 年完成生态岗位招收 14414 人，2017 年、2018 年将岗位人数分别增加到 17665 人和 21765 人。其中，2018 年护林员岗位 5131 人、野生动物疫病监测岗位 2165 人、湿地生态保护管护岗位 1719 人、草原生态保护补助奖励机制岗位 4589 人、水生态保护和村级水管员岗位 5496 人、农村公路养护岗位 790 人、旅游厕所保洁员岗位 630 人、城镇保洁员和村级环境监督员岗位 735 人、地质灾害群防群测员岗位 510 人。对已经稳定实现脱贫的生态岗位人员安排 3 年过渡期，过渡期后，计划将腾出岗位安排给符合条件的其他农村贫困人口（低保人口）。

二　察雅县生态补偿做法

（一）退耕还林，增加生态岗位

退耕还林工程是察雅县生态建设历史上投资最大、涉及面最广、政策性最强、群众参与程度最高、群众直接受益最多的一项工程。2018 年，察雅县实施新一轮退耕还林 2767.69 亩分布在烟多镇、香堆镇、巴日乡、吉塘镇、扩达乡、王卡乡等乡镇，所涉及耕地类型为严重沙化耕地及 25 度以上坡耕地。按照国家相关政策，这一退耕还林工程给察雅县的群众带来补助约 332 万元，有效提高贫困人口收入水平。

（二）增加护林员岗位

防护林体系建设总投资 100 万元，面积 286.2 亩，建设内容为营造生态林 286.2 亩，管护 6 年。建设地分布在烟多镇中铝新村、给如村，2019 年造林已结束，开始进行管护。

（三）发展经济林产业，带动农牧民致富

基于察雅县自身特色优势产业发展状况，以发展特色优势产业来打开脱贫致富门路，利用地理环境、自然条件、区位优势，大力发展经济林产业，打造察雅经济林产业项目。

第八章　补齐短板　推进“十项提升”夯基础

“水电路讯网”“科教文卫保”关系到人民群众的日常生活，特别是对贫困地区而言，这十项工程更是涉及能否实现精准脱贫一大关键领域。察雅县优先实施贫困地区道路通达工程和贫困乡村公路安全防护设施建设，优先实施贫困地区饮水安全巩固提升工程，优先解决贫困地区灌溉和用水问题。加快推进贫困地区农网升级改造，提升农网供电能力和供电质量。移动网络建设项目优先向贫困地区倾斜，实现贫困地区自然村移动网络全覆盖。通过不断努力，人民群众真切感受到“水电路讯网”“科教文卫保”带来的好处，人民幸福感大大增强。

第一节　夯实基础　大力加强基础设施工程建设

察雅县开展扶贫攻坚以来，通过不懈努力，交通道路初步呈现网格化，饮水基础设施水平全面提升，百姓安全饮水问题全部解决，农村电网全面覆盖，现代化的通信网络惠及每一个察雅家庭，人民群众生产生活条件得到全面提升。

一　交通条件不断完善

从交通建设投资情况看，察雅县 2016 年投资 5457.96 万元专项农村公路建设资金，修建 11 条农村公路，建设里程 39.05 公里。2017 年察雅县完成一般项目 16 个，投资 2862.6 万元，建设里程 93.86 公里；完成建设项目 55 个，总投资 85794.58 万元，总建设里程 392.148 公里，实现 1 个乡镇、40 个行政村、5 个安置区和 1 个自然村通畅，搭建 10 个村出行桥梁。2018 年共计建设项目 52 个，总投资 62131.16 万元，总建设里程为 325.218 公里，实现 10 个行政村和 12 个安置区通畅、16 个自然村通达、4 个村建设出行桥梁。2019 年扶贫整合资金项目 47 个，投资 15294.65 万元，建设里程 245.026 公里。

2016 年以来，交通建设项目覆盖全部 13 个乡镇，道路通达率显著提高，大大改善了人民群众的出行条件，到 2020 年察雅县通车里程达到 1942.885 公里，交通网络呈现网格化。13 个乡镇全部通车，通畅率达到 100%；138 个行政村中已通畅的有 47 个、正在实施的通畅项目有 61 个，建成后通畅率达 78%。78 座依法登记寺庙公路通达率 100%。512 个自然村中 446 个通达，通达率 87%。

这些成绩与察雅县采取的如下有力措施密不可分。一是大力建设交通基础设施，积极向上级部门及本级政府申报资金用于农村公路项目。二是创造就业岗位，成立察雅县雅达交通建设投资有限责任公司，用于开展县出租车及农村客运班线业务，2019 年投资 290.7 万元购买 15 辆出租车，从搬迁到唐琼孜安置区建档立卡贫困户中选取 30 名符合要求的驾驶员从事出租车驾驶工作，为其解决就业问题。三是发展农村客运，修建完成宗沙乡、荣周乡及肯通乡农村客运站。

二 饮水基础全面提升

由于地理条件限制，察雅县部分农牧区水资源匮乏。为解决人民生产生活用水问题，察雅县2016～2018年投资6592万元，建设农村人口安全饮水点75个，解决8730户55465人（其中建档立卡户3506户19029人）喝水困难问题。2019年投资5991.42万元，对剩余306个自然村的290个饮水点采取新建、改造、升级、配套等措施。2020年，投资1760.77万元用于农村安全饮水巩固提升（冬季保通）工程，实现安全饮水全覆盖。

以上成绩是察雅县在"精准"上下功夫的体现。按照"水利工程补短板、水利行业强监管"的总基调，按照"挂图作战、动态管理，多元投入、统筹推进，建立机制、规范管理，突出重点、狠抓整改，强化监管、加强帮扶"的原则，全面推进农村饮水安全工作。察雅县全面解决群众饮水安全问题，达到"小康路上，饮水安全，一户都不会落下"的要求。农村饮水安全建设更加规范。通过县人民政府统筹农村饮水安全组织领导、制度保障，管理机构、人员和工程建设及运行管理经费落实，再由水利部门抓好农村饮水工程规划、项目实施方案等前期工作和组织实施，指导、监管农村饮水工程建设和运行管理，通过群众参与水源地选择、水质检测等前期工作中来，乡镇村居配合参与建设过程中的工程质量监督环节和建后管护培训，察雅县农村安全饮水建设更加规范，得到群众一致认可。

三　农村电网全面覆盖

2018年，实施川藏联网工程前，察雅县13个乡镇仅靠县级麦曲河电站与昌都金河电站供电，超过40%的区域处于电力不稳定或缺电状态，生产生活方式落后，对外界信息接收少，各项建设极为不便。

2018年，察雅县投资4.3亿元，实施农村电网改造升级工程。巴日35千伏输变电工程，吉塘110千伏输变电工程，吉塘110千伏变电站35千伏送出工程、10千伏及以下中低压配电工程进行建设，项目总投资15644.28万元，农村电网升级改造成效显著；建设王卡、香堆、卡贡三个乡镇35千伏变电站工程，总投资2952万元。实施农村电网改造升级工程，主电网已覆盖12个乡镇，覆盖率92.3%。

四　通信网络惠及察雅县

通信基础设施建设进一步加强，光缆网扩展到各行政村。截至2018年，察雅县已建立农村综合信息服务站60个，接入光纤50个，正常使用8个。察雅县共有138个行政村，电信手机网络信号覆盖116个行政村，宽带覆盖103个行政村；移动手机网络信号全覆盖，宽带覆盖36个行政村。建立电信基站16座，行政村电线宽带覆盖96个。移动2G/3G/4G基站数量共计156个，其中GSM基站63个、TD基站65个、LTE基站28个，行政村无线网络覆盖已达77个，网络覆盖率接近56%。2018年投资8260万元，完成101个行政村的电信普遍服务试点项目。2019年投资60万元，完成1个行政村的电信普遍服务试点项目。

第二节　提升服务　大力实施保障提升工程

科技、教育、卫生医疗关系每一个家庭，也是察雅县精准扶贫工作的一大重点工作。察雅县积极发挥现代科技在扶贫中的作用，成效显著。教育文化事业的全面提升，为察雅县经济社会发展打下了坚持基础。“三个一批”工程的实施大幅改善了察雅人民的医疗卫生条件。

一　科技重要性进一步凸显

察雅县一方面加强科技特派员管理和培训工作。引导科技特派员服务乡村兽防体系建设、生态安全屏障项目以及果树栽植、蔬菜种植特色产业等项目，做到农牧业生产建设项目与农牧科技服务工作相结合，充分发挥科技特派员科技推广、科技普及等作用，适时安排县专业技术人员下乡，到田间地头开展培训工作。另一方面，加快培育新型职业农牧民。健全职业农牧民制度及配套政策，拓宽培训对象来源，对种养大户、家庭农牧场主、农牧民合作社带头人和骨干社员、农牧业企业骨干规模经营农牧户、返乡创业农牧民工、贫困户、退役军人和农牧区新生劳动力等重点培训。加强农牧业适用技术培训，扩大培训覆盖面，提升培训质量。另外，提升农牧民综合素质。以县专业技术人员为核心，辐射带动 138 个村居 276 名科技特派员，引领科技兴农，带动农牧民群众向新型职业农牧民转变，促进科技全覆盖。

二　教育文化事业全面提升

一方面，义务教育硬软件快速提升。察雅县上下联动开展控辍保学工作，推行制度控辍、条件控辍，实施“县、乡、村、户”“局、校、班、户”双线控辍责任制，落实控辍保学“四书制”。察雅县落实教育“三包”政策，拨付学生“三包”经费和学生营养改善经费。2016 年以来，察雅县大力实施义务教育学校标准化建设，共投资 21989.48 万元，新建察雅县第二小学、第二幼儿园，改造提升原有 18 所学校，县城和乡镇中心小学教育城域网基本覆盖，中学理化生实验室及各学校科学实验室、音体美卫设备配备到位，满足教育教学需要。2019 年乡镇小学双语幼儿园覆盖率 100%，学龄前儿童入学率达 75%，适龄儿童入学率达 99.38%，适龄儿童巩固率达 99.16%。另一方面，乡村文化站和广播电视等公共文化基础设施建设不断完善，村民接受新事物的方式走向现代化，思想观念紧跟社会步伐。

三　医疗卫生条件改善

察雅县认真实施“三个一批”工程（大病集中救治一批、慢病签约服务管理一批、重病兜底保障一批），建立“基本医保+大病保险+医疗救助”三重医疗保障防线。“十三五”期间共投入财政资金 1.4 亿元，完成对新卡、察拉、宗沙等 7 个乡镇卫生院基础能力的提升，新建县人民医院，藏医院，疾控中心，吉塘镇、巴日乡、香堆镇、阿孜乡卫生院等工程。经过近年来的努力，察雅县全境群众就医、看病、体检情况明显改善，医疗卫生覆盖率 100%，新农合参保率 100%，村卫生室实现全覆盖，农牧民群众 30 分钟健康服务圈基本形成。

通过扶贫攻坚，察雅县建立健全医疗卫生、社会保障体系，具体表现如下。

（一）建立起贫困群众就医“制度保障”

察雅县建档立卡贫困人口58404人全部享受基本医疗、大病保险、医疗救助三重保障，保障覆盖率100%。结合全民参保推进计划，加强与公安、扶贫、民政、统计等部门的协调配合，全面开展信息对比，做好农牧区建档立卡贫困人口参保缴费工作，核准有效身份信息的农牧区建档立卡贫困人口全部参保，对确定信息的贫困人口，由医疗救助资金资助参保，实现贫困人口基本医疗100%全覆盖。核准有效身份信息农牧区建档立卡贫困人口，由自治区财政全额出资，统一购买大病保险险种，实现贫困人口大病保险100%全覆盖。对扶贫部门认定的建档立卡贫困人员全部纳入医疗救助保障范围，建立与扶贫部门之间数据共享机制，保障贫困人口人人享有医疗救助权益，实现贫困人口医疗救助100%全覆盖。

（二）实施基层医疗卫生机构能力提升，贫困群众就医有地方、有医生

察雅县医院近年来快速发展，建筑面积17359.88平方米，编制床位45张，开放病床90张，一级学科已建设完成，职能部门13个，专技医疗人才130余人，援藏省市拥有GE16排螺旋CT、DRF-2胃肠透视机、奥林巴斯腹腔镜手术仪等设施设备200余台件，为实施新技术新项目提供可靠保障。能完成胆囊切除术、剖宫产、阑尾切除术等常见手术和胃肠镜、微生物等特殊检查，具备县内常见病、多发病和疑难危重病救治能力。13个乡镇均建有1家政府办卫生院及藏医馆，乡镇卫生院各项功能用房及设施设备基本齐全。13个乡镇卫生院采购补充设施设备，提高乡镇卫生院承担常见病多发病诊治、急危重症病人初步现场急救和转诊职责。138个行政村居基本医疗保障全覆盖，其中，126个村居设立村卫生室，其余12个村居由乡镇卫生院覆盖管理。配备276名村医，覆

盖 138 个行政村居。村卫生室设施设备配置齐全、配备常备常用药品 15 种左右（含藏药），统一建立规章制度和就医台账。

（三）实施大病和慢性病精准救治，减少群众患病存量。推进大病专项救治

按照《昌都市农牧区贫困人口大病专项救治工作实施方案》，全面落实定临床路径、定定点医院、定单病种费用，加强责任落实、加强质量管理“三定两加强”措施，对大病患者进行集中救治力度。在深入做好儿童先天性心脏病、儿童白血病、食管癌、胃癌、结肠癌、直肠癌、终末期肾病等病种专项救治的基础上，逐步扩大救治病种。2018 年，将妇女两癌（宫颈癌、乳腺癌）、肺癌、耐多药结核病、尘肺病等纳入大病专项救治范围，2018 年底扩大到 20 个病种。2020 年，扩大到 30 个病种，实现贫困人口大病救治规范化。做实做细慢病签约服务管理。按照《昌都市建档立卡贫困人口慢病家庭医生签约服务工作方案》《昌都市家庭医生签约服务手册》，指导开展慢病家庭医生签约服务管理。察雅县已组建 13 个家庭医生服务团队，对农牧区建档立卡贫因人口实现家庭医生签约服务应签尽签，做到签约一人，履约一人，做实一人，重点加强高血压、糖尿病、结核病、严重精神障碍等慢病患者规范化管理与服务。有条件的乡镇，结合实际探索扩大慢性病管理服务范围，鼓励县级医疗机构医务人员加入家庭医生团队，为贫困人口提供有针对性的医疗卫生服务。继续加强健康教育，全面开展健康知识传播和健康生活方式引导，宣传普及健康素养基本知识技能，提升贫困人口健康素养。

（四）实施重点传染病、地方病综合防控控制贫困群众患病增量

实施艾滋病防治攻坚行动。根据《昌都市遏制与防治艾滋病行动计划实施方案（2018～2020 年）》，全面落实艾滋病免费筛查、治疗、母婴阻断措施。组织实施机会性感染集中救治。针对贫困艾滋病感染者，通过家庭医生签约服务提供规范化的抗病毒治疗随访管理，督促艾滋病感染者按时服药，定期检测。将宣传教育融入防控政策措施，多形式、多层次开展宣传教育，不断拓展宣传渠道，扩大宣传教育覆盖面。推进包虫病防治。根据《昌都市包虫病综合防治工作方案（2017~2020年）》，全面筛查，对确诊患者实施药物、手术治疗。将包虫病患者随访管理纳入贫困人口签约服务管理，做好随访管理和药物治疗督导，开展监测健康教育，做好犬传染源控制、牲畜免疫和屠宰管理、饮用水安全保障，从源头预防控制包虫病。全面开展“六病”筛查救治。按照《昌都市结核病等重点疾病筛查防治工作实施方案》和“六病”筛查技术方案，针对察雅县重点防控疾病实际情况，对结核病、肝炎、风湿病（大骨节病等骨关节类疾病）、慢性病（高血压、糖尿病）、慢性阻塞性肺气肿6种疾病进行普查并落实综合干预、治疗等。逐步实现患者筛查、转诊追踪、诊断治疗、随访复查、治疗管理等全流程信息化管理，逐步实现医疗基本公共卫生服务数据共享，及时掌握患者登记、诊断治疗和随访复查等情况。将“六病”疑似患者纳入家庭医生签约服务制度进行管理，将肺结核（包括耐多药肺结核）纳入基本医疗保险门诊特殊病种支付范围。

（五）实施妇幼健康和健康促进，提高贫困群众健康素养

一方面，落实妇幼健康项目。通过实施贫困地区儿童营养改善项目，为6~24月龄婴幼儿免费提供营养包，预防婴幼儿营养不良和贫血，提高贫困地区儿童健康水平，农牧区妇女两癌检查项目，提高两癌早诊早治率，降低两癌死亡率。另一方面，加强出生缺陷综合防治。通过为准备怀孕和孕早期3个月妇女免费增补叶酸，深入开展免费孕前优生健康检查和出生缺陷一级干预，针对贫困家庭出生缺陷患儿实施出生缺陷救助项目，倡导优生优育，利用基层计划生育服务力量，加强出生缺陷综合防治宣传教育。加强健康促进与教育。建立覆盖各级各类医疗卫生机构的健康教育工作网络，针对贫困地区主要健康问题，制订实施健康教育计划。针对重点人群、重点疾病、主要健康问题和健康危险因素开展健康教育，通过健康讲座等多种方式，普及健康知识。对于当地患病率较高的疾病患者，根据疾病特点分类发放健康教育材料，开展健康指导，面向全民普及健康素养基本知识，倡导自身是健康第一责任人理念，引导形成健康生活方式和行为。另外，全面推进“将健康融入所有政策”。统筹推进健康乡村等区域健康促进工作，强化各部门健康职责，开展跨部门健康行动，探索建立健康影响评价制度。大力开展各类场所健康促进工作，建设一批健康促进医院、健康促进学校、健康促进机关、健康促进企业、健康社区、健康村和健康家庭，不断改善贫困地区居民的日常学习、工作和生活环境。

（六）实施深度贫困地区健康扶贫行动

卫生健康领域政策优先供给、项目优先安排、资金优先支持、资源优先提供、社会力量优先对接深度贫困地区，新增卫生健康领域资金、项目、政策主要安排到深度贫困地区。加强深度贫困地区计划生育工作，将脱贫攻坚与落实生育政策紧密结合，降低并稳定适度生育水平，促进人口与经济社会资源环境协调发展。为贫困人口免费提供避孕节育服务，预防和减少非意愿妊娠。

（七）全面实施社会保障

察雅县坚持“以民为本、为民解困”的工作宗旨，充分发挥民政工作“调压减震”的作用，以保障和改善民生为出发点和落脚点，积极推进社会救助工作，认真落实各项社会救助政策，社会救助工作成果显著。多措并举，以最低生活保障为基础，以养老、医疗、临时救助等专项救助为辅助，以其他救助、救济和社会帮扶为补充的社会救助体系。一方面，严格将符合条件的低保纳入建档立卡人员范围。另一方面，将符合条件的建档立卡人员纳入农村低保人员范围。对有劳力的低保对象进行就业技能培训 121 人，产业帮扶 111 人，安排生态岗位 3406 人。另外，对丧失劳动能力扶贫对象采取社会救助，截至 2019 年底，察雅县持证残疾人 2348 人，对重度残疾人、重病患者等完全丧失劳动能力和部分丧失劳动能力且无法依靠产业就业帮扶脱贫的农村贫困人口按照程序纳入低保范围。

第三篇

故事篇

第九章　讲好多元主体实践

强化社会合力，激发扶贫整体推进。察雅县打赢深度贫困地区脱贫攻坚战始终遵循渐进性与阶段性相统一的历史逻辑、创新驱动的理论逻辑、新时代主要矛盾变化的现实逻辑、不断发展的制度逻辑以及全民广泛参与的行动逻辑，充分发挥第一书记、援藏干部、驻村工作队、社会企业、致富带头人等多元主体合力，实现脱贫攻坚多元主体“同频共振”和共建共治共享的治贫新格局。察雅县坚持开发式扶贫方针，把发展作为解决贫困问题的根本途径，充分调动扶贫对象的积极性，发挥主体作用，努力提高扶贫对象的致富能力，使察雅县不仅达到脱贫目的，而且能使精准扶贫成为经济的新增长点。走进多元主体扶贫实践故事，可以看到察雅县委书记任厚明、县长其珠多吉，带领村民种出幸福果的拉珠次仁、兜底扶贫特困人员集中供养中心负责人泽仁永宗在脱贫攻坚工作中的先进事迹，还有助力脱贫企业、社会团体，他们用汗水诠释责任，用实践诠释初心使命。

故事一 察雅县扶贫攻坚的引领者

——全国百名优秀县委书记、昌都市政协副主席、察雅县委书记任厚明

任厚明自2015年起担任察雅县委书记。在他的带领下，察雅县围绕解决“两不愁三保障”突出问题，依托“五个一批”“六个精准”，2016年至2019年4月，累计减贫1695户8466人，54个贫困村居退出。这些数字背后，镌刻着任书记辛勤耕耘、默默奉献的身影。

上任以来，任厚明书记对本职工作如数家珍，对战略决策问题高瞻远瞩；严于律己、宽以待人；工作以身作则、雷厉风行、事无巨细。任厚明书记用实际行动诠释一名共产党人“立党为公、执政为民”的理想信念。在“两学一做”学习教育方面，任厚明书记提出“学、做、改”方针，指出学习是关键，要求察雅县领导干部必须以“学”为中心。通过与内地建立干部双向挂职培养锻炼机制，选派20期33名干部到内地先进县市考察学习、挂职培训；选派152名党员干部参加市级以上教育培训；组织乡镇党委书记、党建副书记、机关党支部书记、党务工作者开展党务工作专项培训3期，参加人数170人；组织换届工作专项培训班2期，参加人数102人；县、乡开展村居“两委”班子教育培训16期，参加人数1928人。通过各级教育培训，党员干部开阔了视野，活跃了思想，工作水平得到了进一步提升。在党风廉政建设方面，成立察雅县党风廉政建设责任制领导小组，制定出台相关规则和准则，明确党风廉政建设责任制，党委负主体责任、纪委负监督责任的责任划分，并通过集体约谈、落实党风廉

政建设主体等措施，加强上下对思想建设、组织建设、作风建设、反腐倡廉建设和制度建设的重视。在实际工作中，任书记提出“一把手”不分管人事、财务、项目，不插手工程招投标制度。通过不断完善制度，实现靠制度管人、用制度理财、按制度办事的良性状况，有利于察雅县党建工作的健康发展。在夯实基础设施建设方面，任书记强调修路是察雅县踢走绊脚石的“第一步”。由于历史、地理等客观因素，察雅县交通条件一直较差，给当地经济社会发展和百姓生活带来极大的不便。为破解难题，在任书记的带领下，察雅县不断加大交通基础设施建设投入，大力推进通乡路、通村路建设。察雅县通车里程 1381 公里，其中县道 29 公里、乡道 425 公里、村道 752 公里、寺庙公路 175 公里。13 个乡镇全部通车，138 个行政村、78 座寺庙公路通达工程全部完成。在通乡油路工程方面，随着烟多镇、吉塘镇、卡贡乡、扩达乡等 7 个乡镇相继完成油路铺设，乡镇公路通畅水平得到巨大提升；察香公路不仅辐射察东五乡镇，作为察雅县到芒康公路重要枢纽，更是昌都出藏入川、进滇的重要通道，察雅县“死胡同”的交通现状被彻底打破。在水利基础设施建设方面，任书记提出“靠水吃水”战略。“十三五”期间，察雅县共规划水利项目 8 大项 22 个子项，规划总投资 47068. 57 万元。其中，卡贡邓学灌区、瓦西灌区工程、水生态保护补助奖励机制试点县三个项目已全部完成；荣周灌区工程前置审批完成；香堆镇防洪堤、扩达乡防洪堤、肯通乡防洪堤三个项目完成前期调研；农村安全饮水提质增效工程顺利完工。一系列水利项目的实施带来了更加丰厚的经济回报。依托完备的水利设施，察雅县开创河谷经济新局面，一批批蔬菜、水果、花卉等特色产业基地拔地而起，一片片优质青稞、荞麦、油菜种植基地增产创收，一户户群众喝上更加安全、卫生、便捷的自来水，大家的日子过得更有盼头。在文化事业建设方面，任书记主推察雅澜沧江文化艺术节。文化论坛、民族舞蹈专场演出、自行车速度赛以及书画、奇石展等活动，丰富了群众的文化生活，扩大了察雅县的知名度，为当地文化旅游产业发展搭建新平台。根据察雅县经济社会发展实际，任书记因地制宜地提出着力办好民生10件实事，着力实施12项民生工程，大力发展教育、医疗、文化事业。2015年以来，经过任书记孜孜不倦地努力，察雅县社会事业全面开花。察雅县已完成县特困人员集中供养服务中心项目，有意愿特困人员、孤儿集中供养，收养率均达到100%。农牧区劳动力转移就业36926人，城镇登记失业率控制在2.5%以内，完成并投入使用的教育基础设施建设项目43个。新建和改扩建公共文化设施229个，公共文化设施免费开放，全民健身活动丰富多彩，高原体育事业蓬勃发展。

一分耕耘一分收获。察雅县已为4468户20829名贫困人口建档立卡；上报扶贫产业项目77个，国家投资6040万元；易地扶贫搬迁集中点安置1053户4704人，项目总进度完成90%以上；通过生态效益补偿和就业转移补偿，不少困难群众得到了补偿，更学会了一技之长。察雅县把招商引资作为经济发展的助推器，优化环境、提高效率，助力经济再上一层楼。扩大招商引资是察雅县的核心发展战略之一，截至2019年10月，察雅县招商引资项目9个，包括吉塘镇现代农业科技示范园建设项目、察雅县德西林卡地段开发、察雅县高原生态能源光伏发电园区建设、烟多镇给如村商混站建设等，总投资44700万元，到位资金9360万元，完成建设项目4个。这些项目落地对于察雅县调整产业结构、激发产业发展活力具有重要意义。2016年，察雅县还接待招商引资项目考察企业14

家，涉及农业开发、建材、矿泉水等多个领域，总投资4480万元。

成绩属于过去，未来仍需奋斗。对察雅县来说，赢得开门红不是奋斗的终点，走好每一步，实现“一年更比一年高”才是察雅县人孜孜以求的奋斗目标。地处澜沧江经济带，坐拥天时地利的条件，察雅县将重点从加大科技对农牧业支撑力度、加大投入和产业结构调整力度入手，不断提高农牧业产出率、商品率和收益率。通过补贴补助、技术服务、信息发布、示范带动等政策措施，鼓励引导农牧民群众面向市场需求，发展特色种植、高效养殖、林下经济、设施农业、休闲农业和观光旅游产业。

产业发展方面，察雅县目标明确。任厚明书记提出未来察雅县将加大对特殊资源、区位、气候等方面的宣传力度，大力开展招商引资，引进适合察雅县的成熟产业，丰富产业结构，壮大本地产业。“十三五”期间，全国进入全面脱贫攻坚阶段，察雅县积极做好易地扶贫搬迁群众入住工作，全力推进产业脱贫，切实加大对民族手工业扶持力度，在抓好巩固现有企业规模经营的基础上，加强对民族手工艺传承的扶持。

在此基础上，遵循昌都市提出的“重镇、干道、开放、开发、开阔、搞活、安全”要求，察雅县将以易地扶贫搬迁和产业配套为重点，统筹建设吉塘镇物流和特色农产品产业园、烟多镇优质公共服务和万亩果蔬基地项目区、荣周乡农业综合开发和集中搬迁安置区、香堆镇特色农业与文化旅游开发区四大扶贫特色开发区。

察雅人将抓住融入澜沧江经济带的历史机遇，以时不我待的紧迫感和使命感，以只争朝夕的事业心和责任心，锐意拼搏，开拓进取，努力将察雅县建设成古道重镇上的康巴江南、昌都花园，为实现全面建成小康社会的宏伟目标努力奋斗。

故事二 推动察雅县发展的践行者

——西藏察雅县委副书记、县长其珠多吉

察雅县是唐蕃古道和茶马古道重镇，自古物华天宝，人杰地灵，文化荟萃。悠悠岁月留下文成公主进藏时途经察雅县的诸多美丽传说；沧海桑田造就仁达摩崖石刻等文物古迹，千年时光早已让古道的样子模糊，但“会说话的石头”还在传递吐蕃时期藏东艺术的余温。它们是汉、藏等民族艺术交流的典范。“岭高悬月小，涧窄受风长。树树留残雪，人人怯早霜。预愁枯宿苦，犹念起行忙。已到乍丫地，何须说里塘。”清代文人黄沛翘在《西藏图考》一书中留下如此诗句。在清时驻藏大臣进藏路线中，察雅县一直是重要的古道驿站。宝贵的文化遗存和文化资源是察雅县发展文化产业、建设文化强县的宝贵财富，也是察雅县构建和谐社会的独特优势。

察雅县近年来在经济和社会发展方面取得了一系列成果，传统地域特色文化也彰显了察雅县的文化软实力，察雅县正朝着新发展、新气象迈步前行。面对新征程，县长其珠多吉认为要沉下心来，撸起袖子加油干，确保全面发力，向目标奋进。主要任务就是要贯彻落实党中央和习近平总书记的重大决策部署，落实西藏自治区、昌都市的工作要求，发布动员令吹响集结号，动员察雅县上下形成高度思想共识，号召察雅县上下咬定目标、咬紧牙关，高质量打赢脱贫攻坚战，担起历史使命，决战脱贫攻坚，决胜脱贫摘帽，努力创造出无愧于党、无愧于人民、无愧于新时代的脱贫攻坚光辉业绩。

一　雄关漫道真如铁，而今迈步从头越

回首过去，察雅县经济社会发生了巨大变化，经济总量不断增长，水电、医院、学校等公共设施逐步完善，孕妇和新生儿死亡率大幅下降，免费义务教育普遍推广，农牧民生活水平节节看涨，幸福指数不断提升。这一切都得益于以习近平同志为核心的党中央的决策部署，得益于自治区的深情厚爱和广东省、重庆市及中国铝业股份有限公司的无私援助和大力支持。

审视现在，坚决打赢脱贫攻坚战是党中央立足“四个全面”战略布局做出的一项重大决策部署，是实现中华民族伟大复兴中国梦的重要基础和全面建成小康社会的关键之举。脱贫攻坚工作开展以来，面对新形势、新任务，察雅县又站在一个历史发展新起点上。其珠多吉介绍，察雅县农牧区贫困面大、贫困人口多、贫困程度深，有4688户20829名贫困人口，占县总人口的33%。生存条件恶劣、基础设施薄弱、自然灾害频发、经济社会发展相对滞后，扶贫攻坚难度和挑战比以往更大。扶贫攻坚对察雅县来说，是机遇，更是挑战，如何攻克这块难啃的“硬骨头”，是摆在广大干部群众面前重大而现实的问题，是察雅县必须完成的重大历史使命。

其珠多吉认为，面对新时期、新形势、新任务，察雅县脱贫攻坚呈现出新特点，由“大水漫灌”转向“精准滴灌”，由“单兵突击”转向“全面推进”，由“普惠扶贫”转向“超常施策”。脱贫攻坚存在“三高”（物流成本高、建设造价高、发展代价高）、“三低”（人均受教育程度低、产业化程度低、财政自给率低）、“三重”（维稳任务重、生态保护任务重、全面建成小康任务重），困难异常严峻。察雅县精准扶贫攻坚总目标是：到2020年实现贫困人口整体脱贫，贫困县“摘帽”；实现贫困人口“两不愁（不愁

吃、不愁穿）三保障（义务教育、基本医疗、住房安全有保障）”、“一增长”（贫困人口人均可支配收入增速高于全市平均水平、年均增长16%以上）、“两确保”（确保贫困人口全部脱贫、确保脱贫摘帽）目标，与全国、全自治区一道全面建成小康社会；实现察雅县农牧区有富民产业、文化设施、标准卫生室、便民服务场所、安全饮用水，水、电、路、住房、文化、环境等条件明显改善。在总目标下，根据自身特点、贫困程度，制定更为具体的目标，以实事求是的态度，积极主动作为，稳妥推进各项工作。

二 精准牵住扶贫牛鼻子

在察雅县13个乡镇、138个村居，贫困群众数量众多、居住分散。由于地域、文化背景、发展状况不同，他们对扶贫工作的主观认知存在差异。他们不仅对自身状态感知和扶贫政策理解存在差异，而且对脱贫致富需求存在差异。这些差异会影响扶贫政策落实及其效果。因此，其珠多吉认为在精准扶贫中除充分考虑收入水平、自然环境等客观因素，还要考虑贫困群众的主观认知和需求，并将二者有机结合起来。这样既能提高扶贫资源的利用率，又能提升贫困群众的幸福感。在他的感染和带动下，察雅县干部职工“动真情、动真格”，“真扶贫、扶真贫”，真抓实干、埋头苦干，确立扶贫开发工作思路，找准致贫原因和制约农村经济发展的主要矛盾。

其珠多吉认为，察雅县要打好这场脱贫攻坚战，就要抓住“牛头”和牛鼻子。对察雅县的脱贫攻坚工作来说，四个扶贫开发区建设就是“牛头”，发展特色产业就是牛鼻子。

（一）易地搬迁“挪穷窝”

在扶贫开发区建设过程中，要实现“输血式”扶贫向“造血式”扶贫转变，就要以易地扶贫搬迁和产业配套为重点，扩宽思路，解放思想，从根本上改变扶贫开发区“造血”功能。在充分调研、论证的基础上，一盘扶贫开发大棋局开始谋划。将吉塘镇以东、荣周乡以西作为一个大的扶贫开发区进行总体规划，针对吉塘镇、烟多镇、香堆镇、荣周乡四个扶贫开发区进行专项规划设计。以问题为导向，在大扶贫开发设计中，其珠多吉提出要解决好以下几个问题。首先，解决好扶贫开发区“是什么”的问题。其珠多吉认为扶贫开发区是一个平台、一个窗口，是改变察雅县扶贫开发区“造血”功能的试验、试探窗口。要利用各开发区优势资源，对扶贫开发区配套产业发展规划、布局和功能划分进行准确定位。其次，解决好设立扶贫开发区“为什么”的问题。察雅县贫困人口 4468 户 20829 人，占察雅县人口的 33%。到 2020 年，面临“脱贫致富”和“全面小康”双重考验，时间紧、任务重、压力大。其珠多吉总结出新时期扶贫攻坚工作要突出“精准”，精准到户，精准到人。打赢这场扶贫攻坚战，设立扶贫开发区，以易地扶贫搬迁为重点，试探、示范、带动察雅县脱贫攻坚，站在四个扶贫开发点上看察雅县，拓宽思路、解放思想。全面掌握、吃透国家扶贫政策和扶贫开发的区优惠政策，在财税、信贷保险、用地用电、项目支持等方面支持招商引资和引进企业参与扶贫开发。将各扶贫开发区的资源优势与精准扶贫深度融合，通过扶贫开发，带动贫困户参与城镇建设和产业发展，实现脱贫致富，推动扶贫开发区的社会经济和扶贫开发双赢。最后，解决好扶贫开发区“怎么办”的问题。四个扶贫开发区具有“干道、重镇”优势，自然资源和社会资源丰富，发展条件和发展基础好。察雅县结合实际，分期规划，分步实施，逐步配套，将产业配套建设与易地扶贫搬迁紧密结合，对扶贫开发区水利、道路、供电、通信等基础设施进行科学规划，分步实施，保证基础建设和产业建设同步发展，形成有利生产、方便生活的良好环境。在谋划产业扶贫路径的基础上，利用“5+N”工作措施和察雅县“1+20”脱贫攻坚实施意见和行业扶贫方案，对准基础设施、产业、教育、医疗卫生、社会兜底保障、转移就业、财政金融、文化、宣传、组织建设等，形成各部门统一步调、统一动作、通力合作、各负其责的脱贫攻坚格局。紧扣“开放、搞活”的主题，进行招商引资，引导企业入驻和带动致富带头人，使其成为扶贫开发的主力军。利用各项优惠政策，调动企业和致富带头人的积极性、主动性，开发利用当地资源，吸收当地劳动力就业，以点成线，连线成面，增强扶贫开发区的辐射带动作用。

察雅县贫困面广、致贫原因深，贫困人口大多居住在“一方水土养活不了一方人”的大骨节病等地方病高发区、深山峡谷区、灾害频发区、高寒纯牧区、资源紧缺特殊区。其珠多吉看在眼里，愁在心里，在充分调研和反复论证的基础上，“决策十月，一朝分娩”。搬，实施易地扶贫搬迁，解决居住条件恶劣的贫困群众的脱贫问题。

为破解搬迁移民成本高、投入大，贫困户经济基础差，迁入地宅基难选，土地、山林调配难进行，后续产业难发展等烦琐复杂的问题，以及干部群众对搬迁移民缺乏信心等难题，其珠多吉因势利导，带领干部在观念上实现“两个转变”，即消除干部消极思想，由被动工作变为主动服务；消除搬迁户“等靠要”和畏难思想，由“要我搬”变为“我要搬”。在工作思路上，坚持“政府引导，群众自愿，部门支持，因地制宜，集中安置与插花安置相结合”的原则，跳出搬迁“谋”搬迁。察雅县唐琼、孜卡易地扶贫搬迁点可安置1000余户5000余人。其珠多吉以易地扶贫为平台，整合政策资源，捆绑项目资金，加大搬迁投入，促进贫困地区群众改善生产生活环境，促进新农村建设，促进城乡一体化，利用县城现有基础设施和公共服务设施，降低搬迁成本，提高扶贫资金效益。

2016 年 5 月 8 日，察雅县启动吉塘镇易地扶贫搬迁项目，并与吉塘特色小城镇建设、扶贫开发及新农村建设相结合，创新拆迁安置模式，力求把吉塘镇建成以康巴特色文化为主，集生态农林业观光、温泉度假休闲及康巴民族文化展示体验为一体的综合性特色小城镇。紧密围绕“自然、人文、宜居、发展”四大核心理念，充分挖掘康巴民族特色文化，突出康巴民族特色风情，并满足搬迁农牧民群众安置的生活、宜居和发展需求，着力打造“茶马古道重镇，康巴民族风情”康巴国际旅游小镇。该项目的实施是加快新农村建设、实施城镇化战略、推动吉唐镇经济和社会发展的重大举措。扩大该镇规模、完善集镇功能、提高人口城镇化率对搞活地方经济有深远意义。整个项目资金来自政府、援藏资金和群众，减轻了群众房屋建设负担。该项目建成后将使察雅县新卡乡、卡贡乡 485 户 2300 余建档立卡户受益。

（二）产业扶贫“斩穷根”

无论是开发式扶贫还是其他扶贫方式，在很大程度上都要依赖产业发展，产业这个牛鼻子要抓好。通过产业发展实现就业增收就成为摆在其珠多吉面前的又一个难题。其珠多吉认为发展产业不能“栽盆景”，要“种大田”，要稳基础、利长远，不能光考虑未来五年。通过产业扶贫实现贫困人口增收，对他来说具有非常大的挑战。他认为察雅县要立足本地资源禀赋和产业基础，重点发展特色农牧业，大力发展农牧产品加工业，重视发展劳务经济，加快发展现代服务业，积极发展新型经营主体等富民产业等，做到宜工则工、宜农则农、宜商则商、宜牧则牧。带领群众以“公司+支部+农户”“基地+贫困户”“旅游娱乐+贫困户”“合作社+贫困户”等形式，因地制宜发展特色牲畜养殖、蔬菜种植、经济林木种植等产业。创新工作方法，以贫困户入股形式发展产业，形成“一乡一品”格局。吉塘镇莫东村食用菌种植基地，以贫困户土地租金入股、引进公司管理与技术入股、政府资金入股的形式，共建基地，明确产权和利润分配，吸纳有劳动力的贫困户就业。推行土地承包租赁得“租金”，建立合作组织实施订单经营得“酬金”，将财政扶贫资金折股到户稳定分红得“股金”，贫困群众就地就业务工得“薪金”；坚持以业育人，就业安人，服务管人，增收富人工程，落实培训一人、就业一人、致富一户的办法，实现贫困群众稳就业、喜创业、促增收。

察雅县致贫原因多样，主要是群众大多依靠传统农业，一直没有摆脱贫困，纯粹救济式扶贫非长久之计，因此只有产业提升式扶贫，可以促成“输血式”扶贫向“造血式”扶贫转变。从实践上看，脱贫攻坚每年都有硬任务、硬指标，因此“短平快”种养殖等项目必须要有。但是关键之举还在于要把这些“短平快”的措施统筹纳入发展察雅县特色产业的大盘子考虑，要在供给侧结构性改革要求下考虑察雅县特色种养殖业发展，并配套资金、技术和市场渠道，扩大再生产、延长产业链、齐心闯市场，把一家一户农牧民通过合作社、企业示范带动和利益联结作用，培育成有一技之长的“明白人”，把种下的特色农产品培育成质量过硬的名牌产品，为贫困群众找到适合察雅县、适合自身的“金饭碗”。如给村和莫东村蔬菜种植、扩达乡牦牛养殖、阿孜乡阿旺绵羊养殖，吉塘镇雪通村经济林等，就是在脱贫攻坚过程中与供给侧结构性改革有机融为一体的产业脱贫项目，这些产业脱贫见效有快有慢，但根基稳、保长远是行之有效的根本手段和必由之路。

在去昌都的路上，澜沧江畔，一栋栋白墙、黑窗、红檐等色彩鲜明的传统康巴特色民居会映入眼帘。宽阔的水泥路直通村户，整齐的太阳能路灯排列在路两边。村卫生室、农家书屋、活动广场、健身器材等设施一应俱全，这是如给村“穷山窝”变“幸福村”的新景象。

在脱贫攻坚工作中，如给村是块难啃的“硬骨头”，虽与国道一江之隔，但出行困难，自身优势难以发挥。全村 65 户 292 人，劳动力不足；土地 555 亩，群众全部精力投入门前这一亩三分地，但产出甚低，入不敷出；牲畜 412 头（只、匹），山高谷深，农牧业无从谈起……而今，道路进村入户，宽敞平坦，院落窗明几净，水龙头里汩汩流出的自来水清澈甘甜……随着脱贫攻坚工作的深入推进，一幅美丽的乡村画卷正在察雅县如给村这方民风淳朴的土地上徐徐展开。

为如给村群众描绘画卷的过程，并非一帆风顺。群众也有不少疑虑，并非穷家难舍，而是因为经济来源渠道单一，群众担心从“鸡窝”挪进“鸭窝”，搬进新家，不断旧根。

有句俗话，“留得青山在，不怕没柴烧”。西藏生态环境脆弱，如给村也不例外，这句俗话，在如给村说不得，也做不得。老百姓为增加收入，要么外出打工，要么进山伐木，靠卖柴维持生计。这种无序、无休止的伐木，对本已脆弱的生态环境来说更是雪上加霜，如此下去，如给村后续发展将难以为继。

如何通过产业扶贫实现如给村群众增收和自身发展，对县长其珠多吉来说是一个挑战。如给村海拔低，气候温润，日照时间长，昼夜温差大，是大力发展蔬菜种植的好地方。据此，他提出要立足本村资源禀赋和得天独厚的地理优势和气候优势，发展特色农牧业，积极发展新型经营主体富民产业，做到宜农则农、宜商则商、农商结合。以“政府+合作社+农户”的发展模式，因地制宜发展蔬菜种植。将蔬菜产业发展与扶贫攻坚相结合，长期坚持。务实，不标新立异；实干，不花拳绣腿。努力走出察雅县蔬菜种植特色之路、产业富民之路。

如今，如给村大棚内各种蔬菜长势喜人。村民建起20座温室，占地40亩，20户群众参与其中。除种植黄瓜、白菜、西红柿等常规蔬菜外，还种植了辣椒等时令鲜菜和部分水果。现在温室蔬菜亩产纯效益达1万多元。蔬菜种植已成为如给村村民增收致富的主要途径。尝到致富甜头的村民发展棚室蔬菜经济的劲头和信心日益高涨。现在，村民每天一早就在温室里忙活。

2016年，如给村新建27个共21000平方米冬暖日光温室蔬菜生产基地。其珠多吉倡导群众坚持提高土地资源使用率、节能、节水、高效实用的原则，不破坏土层，节约用地。在温室结构用材及设备选购方面坚持先进、可靠、适用原则，采用土层薄、地势洼、昼夜温差大、抗风、防强紫外线的新型日光温室，为蔬菜周年生长提供良好环境。立足于察雅县市场，在如给村大力发展设施蔬菜种植，逐步扩大生产规模，发展基地规模化、栽培设施化、生产科技化、品种特色化的如给村蔬菜种植之路，不断提高如给村蔬菜产品的品质，把如给村打造成察雅县的蔬菜基地。如给村村支书益嘎是村民们口中的致富“领路人”“当家人”。他表示，走上这条“蔬菜兴村”道路后，如给村村民有了三重身份——农民、农工、农商。在蔬菜种植产业的带动下，村子里“人人有事做，家家有钱赚”，村民们的幸福指数不断提高。

（三）教育扶贫“促成长”

其珠多吉始终认为，在脱贫攻坚工作中，想摆脱贫困，根本要靠教育。不抓教育察雅县没有希望，不抓质量察雅县教育没有希望。教育脱贫具有基础性和先导性。抓教育产生倍增效益远远大于扶贫本身投入。教育是最有效、最直接的精准扶贫，也是拔掉穷根、阻断贫困代际传递最重要的途径。一般来说，贫困当然首先是指贫困人口的物质贫穷和匮乏，但现实情况是，这样的贫困人口往往也在知识获取上处于全社会最底层。从某种意义上讲，这种情况是察雅县“双重短板”或者“短板中的短板”。因贫失学阻断的不仅是知识传播，实际上更是摆脱贫困、个人和家庭向上流动的最主要路径。应该让贫困群众有向上的希望，结束义务教育后，能接受职业教育，获得一技之长；还能进入高中，考上大学。让孩子们可以通过掌握知识来改变命运，从而造福家庭。对此，其珠多吉态度非常鲜明：“这是政府必须管，也必须管好的领域。”

三　路漫漫其修远兮，吾将上下而求索

审视未来，察雅县发展充满机遇和挑战。其珠多吉坚信察雅县还有一个“法宝”，那就是察雅人不畏困难，不惧风雨，勇担重任。

一个县的发展不仅要靠物质力量，而且要靠精神力量，要向更高的目标冲刺，表面上的较量是指标，实际上的较量是意志上的“敢干、能干、创第一”，这是推动察雅县发展的力量源泉。

“敢干、能干、创第一”是察雅县在 2016 年 5 月吉塘镇易地扶贫搬迁过程中创造的一种精神力量。这种精神是无形的，却集中体现察雅人民的精神风貌和整体形象，是推动察雅县发展的不竭动力和力量源泉。

回顾察雅县这两年的发展建设实践，可以明显感受到这种精神力量不仅在广大干部群众身上体现出来，而且已经转化成实际成果。正是依靠这种精神力量，察雅县各项工作都走在全市前面。2016 年，察雅县积极推进易地扶贫搬迁，着力解决“一方水土养

活不了一方人”的问题，根据自身资源优势，大力培育多样富民产业，确保群众“搬得出、留得住、能致富”。2016 年 9 月 28 日，察雅县成功举办首届察雅澜沧江文化艺术节。正在大力实施“发展河谷经济，破解瓶颈制约，扩大招商引资，统筹城乡发展”战略，加快推进“六县六化”建设进程，使察雅县步入发展快车道，这些是“敢干、能干、创第一”的生动展现。

故事三　创新思路　谋特色农业发展的致富带头人

——带领村民“种出”幸福果的拉珠次仁

2016 年脱贫攻坚工作开展以来，察雅县围绕建设“高原特色农畜产品生产基地”“昌都菜园子”的目标，加快调整优化农牧业结构，推动实现农业现代化与工业化、城镇化同步发展，强化农牧产业发展，扎实推进农牧业供给侧结构性改革。

察雅县处于河谷地带，有利的气候条件使该地非常适合发展种植业。察雅县充分利用河谷地带日照充足、干湿分明、气候温和及“净土、净空、净水”的优质自然环境，大力发展种植业特别是蔬菜产业，并将其作为推进农牧业供给侧结构性改革的有力抓手和帮助贫困群众脱“穷帽”的重要渠道。在新卡乡乃帕村，“致富带头人”拉珠次仁成立江琼果蔬种植农民专业合作社，占地面积 42 亩，靠近 214 国道，交通极为便利，地缘优势独特。

“点亮一盏灯，照亮一大片。”致富带头人的作用，集中体现在“带”字上，也就是在带领更多乡邻走上共同富裕之路的辐射推广效应上。培育贫困村创业致富带头人，是实现建档立卡贫困户和边缘户稳定增收的重要举措，也是推进脱贫攻坚和乡村振兴的重要抓手。目睹拉珠次仁带领村民共同致富的喜人局面，可以预见未来农牧区致富带头人将再接再厉，不断引领广大农牧民群众增收致富，为全面建成小康社会做出更大贡献。

一　把打造特色农业经营模式作为目标

拉珠次仁出生在农村，从小就生活在肥沃的黑土地上，他深知土地是农民的生存之本，但土地产出效益不高是阻碍农民增收致富的“拦路索”。农业已经进入提质增效期，为蹚出一条特色化路子，他决心在设施农业、棚室经济上寻求出路。拉珠次仁于2016年成立江琼果蔬种植农民专业合作社，2016年初流转20户土地42亩，当年建设温室大棚20座。一个崭新的果蔬“产业采摘园”展现在人们面前。合作社实现当年投入生产，当年见效益，生产绿色有机蔬菜10多万斤。江琼果蔬种植农民专业合作社诠释了质量型、效益型、特色型产业的内涵，这让拉珠次仁非常惊喜。他已经踏出成功路。

二　把创新特色农业经营机制作为追求

拉珠次仁是一个富有探索精神的人，他将美好的愿望化为现实。为办好特色合作社，2019年，他在温室大棚里种植葡萄、西瓜等水果，还种植了黄瓜、茄子、辣椒、香菜、豆角、白菜等十几种蔬菜。拉珠次仁看到这生机勃勃的一切，内心充满喜悦，他向目标迈进一大步。

三　把利用特色农业参与扶贫作为责任

拉珠次仁认为，产业是发展之本，也是百姓致富之基，发展产业是实现村强民富目标的久远大计。没有产业，想致富等于画饼充饥，尤其是在脱贫攻坚战中更要抢抓机遇，因村制宜注重培育和大力发展产业，根据村情实际实施“一业带多品、一品带多元”，强力推进产业扶贫、产业富民、产业兴村，发挥产业带动致富的作用。拉珠次仁在脱贫攻坚战中主动找到新卡乡领导和驻村工作队，希望他成立的合作社能够在扶贫工作中承担社会责任，由此江琼果蔬种植农民专业合作社成为乃帕村扶贫产业基地之一，合作社与乃帕村形成村社精准扶贫共同体。拉珠次仁带动乃帕村贫困户 11 户。联结方式多维化，根据贫困户家庭实际情况，通过资本收益带动、定价代售分红等不同的联结方式，为乃帕村贫困人口致富开辟路径。为增强贫困户的内生动力，拉珠次仁组织乃帕村 11 户贫困户到合作社参加蔬菜种植培训，让他们在温室大棚内开阔眼界，增强贫困户的致富信心。贫困户边参观边议论道：“村支部书记拉珠次仁是咱的致富带头人，咱得真心感谢人家啊！”

虽然江琼果蔬种植农民专业合作社在规模发展上还要走很长的路，但它已经凸显资源性、地域性、开发性、文化性、扶贫性特色，为建设具有鲜明个性的效益型产业模式奠定了坚实基础。

拉珠次仁在同乡领导交谈中说道：“我有一个宏伟的理想，这只是我追求的起步，伴随日益提高的生活水平，人们开始追求高品位、高品质的生活，合作社必须紧跟时代步伐，秉承现代、创意、绿色理念，着力建设特色园区、观光园区、休闲园区、魅力园区，为生活在新卡乡的人们享受现代生活提供实现方式和基地。”

面对乃帕村自然资源匮乏的现状，要脱贫就不能只靠那一亩三分地，不能只靠温室大棚带动群众增收，还得从其他方面入手解决群众增收问题。为此，拉珠次仁严格按照上级要求，坚持公平、公正、公开原则，结合各家各户实际，认认真真落实好易地搬迁、生态岗位、低保、特困人员供养等各项惠民政策，保证群众利益。拉珠次仁一方面积极协调会驾驶的 18 名群众参与砂石、钢筋、水泥等各类建筑材料运输，协调 45 名有劳动能力的群众参与村内、乡内修路、修桥、建房等各类项目建设，通过积极协调，让全村剩余劳动力得到有效转移，实现增收；另一方面，教育引导本村有劳动能力的群众，不断转变观念，主动到用人企业、单位、工地上务工，通过双手勤劳致富，摆脱“等靠要”思想的束缚。

为落实好政策，抓好劳务输出，拉珠次仁积极与乡党委、驻村工作队协调解决农田灌溉引水渠、蓄水池等各类基础设施建设问题，经常带领群众开展环境清理整治，把全村打造成干净、整洁的新农村。拉珠次仁在加强自身学习的同时，认真向全村群众宣讲精准扶贫的各项惠民政策。全村群众进一步感受到国家对脱贫攻坚工作的重视和关心，时刻知党恩、感党恩、听党话、跟党走，坚决拥戴以习近平为核心的党中央，永做拥戴核心跟党走的优秀群众。

故事四　给予老人们温暖的“亲闺女”

——兜底扶贫特困人员集中供养服务中心负责人泽仁永宗

民政关系民生、连着民心，是社会建设的兜底性、基础性工作。民政、民生、民心，事事关系百姓。党的十八大以来，察雅县认真学习贯彻习近平总书记系列重要讲话精神和关于民政、民生工作的重要指示精神，按照西藏自治区党委书记在区党委第九次党代会上提出的“社会事业全面进步，实现孤儿和有意愿的特困老人集中供养”的要求，牢固树立“民政为民、民政爱民”的工作理念，大力推进民政改革创新，坚持以保障和改善民生为出发点和落脚点，着力加强基层基础，举察雅县之力推进“双集中”，不断提高保障水平和民生水平，在脱贫攻坚中切实担负起社会保障兜底责任。

在党中央、西藏自治区、昌都市、察雅县各级党委、政府的关心下，察雅县特困人员集中供养服务中心于2014年6月投资2278万元开工建设，2015年12月竣工投入使用，设有住宿区、餐厅、医务室、活动室、接待室、公共浴室等。截至2020年5月，中心集中供养特困人员147人，有意愿集中供养率达100%。

泽仁永宗，女，藏族，中共党员，2005年参加工作，2017年任察雅县特困人员集中供养服务中心负责人。任职以来，她始终牢记民政社会保障兜底的职责，立足岗位，助力脱贫攻坚。特困人员集中供养服务中心是个特殊的大家庭，成员都是孤老、残疾人、病人，作为落实社会保障兜底政策的关键载体，泽仁永宗全身心投入服务中心，牢记职责。以心换心，耐心细致带领院护理人员服务老人，把老人当作亲人，用真情感化老人，将察雅县特困人员供养推向标准化。深夜接听突如其来的电话是她工作的一部分，每天服务中心的伙食安排是她的日常，老人感恩教育是她的工作常态，老人业余生活是她生活的一部分。而每个节日泽仁永宗与家人一起团聚则成为家人的奢望。就这样日复一日，这个中年女人从“媳妇”熬成“婆”，从与老人交流、接触的门外汉变成行家里手。

一　谋服务

在供养中心服务体系建设方面，抓好基本服务。泽仁永宗积极与县移动通信公司、市工商联商会、昌都市协和医院等社会力量进行衔接，开展形式多样的爱心活动。在老人健康服务方面，积极与烟多镇卫生院联系，申请帮助供养中心建立家庭医生签约服务；积极与昌都市、察雅县两级民政部门协调昌都市协和医院的医生到集中供养中心为老人进行全面身体检查，通过为老人们量血压，测心率、血氧饱和度，抽血检验肝功能、肾功能和血糖指数，拍 X 光片进行胸透检查等项目，帮助特困人员集中供养服务中心建立健全老人健康档案。泽仁永宗多次邀请察雅县藏医专家扎加老师和他的学徒到特困人员集中供养服务中心开展“关爱老人，守护健康”义诊活动。

二　建基地

特困人员集中供养服务中心自 2018 年悬挂“感党恩、听党话、跟党走爱国主义教育基地”的牌匾以来，泽仁永宗先后多次配合司法局开展矫正人员教育，配合公安局法制教育基地帮教人员教育。

三　建制度

为提升特困人员集中供养服务中心的管理和服务水平，泽仁永宗探索建立有效规范的管理模式，带领特困人员集中供养服务中心全体工作人员完善工作纪律、员工考核、财务管理、膳食管理、老人投诉处理、老人出入院、档案管理、安全管理、护理服务等 20 余项制度，明确各岗位工作职责，让服务对象直接参与管理，评定优劣，逐步形成自我管理、自我约束的良性机制。

四　抓护理

生活方面，泽仁永宗认真履行职责，及时督导护理人员，协助老年人洗漱、沐浴，定期更换、清洗、晾晒老人衣物及床上用品，提醒、协助老年人用餐、饮水、服药，帮老年人如厕，清洗便器，使每一个老人能够保持身体清洁、无长指（趾）甲、无长胡须，精神良好，定期组织对走廊、浴室、功能活动区及设施设备进行清洁消毒，保持公共服务区域整洁卫生、无异味。泽仁永宗无时无刻不在践行“一不怕苦、二不怕累、三不怕脏、四不怕烦”的养老服务精神。餐饮方面，泽仁永宗每周通过会商调整一次餐饮食谱，做到荤素搭配、营养丰富，对食品采购、处理、储存、烹饪、供应过程进行全程监督管理，对餐（饮）具进行清洗消毒，餐厨垃圾每日处理，对生与熟、成品与半成品分区存储；每周至少检查1次老人房间，提醒老人处理过期食品，切实保障老人健康安全。心理关爱方面，泽仁永宗不断完善危机预警报告制度，力争对老人可能出现的情绪危机或心理危机做到及时发现、及时预警、及时干预，并提供相应服务。

五　抓思想

一是做好宣讲。近年来，泽仁永宗协调县里的老工作人员、老党员组织宣讲活动10余场，通过他们讲述的察雅县的巨变，从没有田地、食不果腹、衣不遮体，到民主改革后人们过上幸福生活的实例让老人们体会党和政府的正确领导。二是亲自带队，带领老人们参观昌都市博物馆。通过新旧西藏对比图，切实让老人们感受到这来之不易的幸福生活，使他们从心底牢记党的恩情，不忘党、感党恩。三是抓好思想导向。通过组织老人集中观看《走向光明：纪念西藏民主改革60周年》纪录片，通过“忆苦思甜”，让中心老人们更加清醒地认识到“没有中国共产党，就没有今天的幸福美好生活”，了解“惠从何来、恩向谁报”，使他们更加珍惜这来之不易的美好生活。

六　治环境

为加强和改进供养服务中心整体环境，2020年以来中心开展了“抓内、治外”工作。在“抓内”方面，通过建立楼层卫生“流动红旗”周评比机制，激发护理人员的工作责任心，培养老人们爱卫生、讲文明的良好生活习惯。在中心常用物资管理上，标准化设立仓库、台账，确保物资购买、使用、支出有凭有据。在“治外”方面，泽仁永宗积极与林业局联系，申请树苗、网围栏，向农业农村局申请草种子，组织护理人员和有意愿参加劳动的老人对中心周边环境进行整治，改变之前门口乱、秃的景象，呈现出整齐、绿色、干净的景面。

七　防疫情

疫情就是命令，防控就是责任，落实就是力量。自新型冠状病毒感染肺炎疫情发生以来，泽仁永宗始终从增强“四个意识”、坚定“四个自信”、做到“两个维护”出发，坚定地站在疫情防控第一线，尽职尽责做好本职工作，加强供养服务中心管理和服务，建立疫情防控应急预案、防控工作方案，强力推动特困人员集中供养服务中心“封、防、消、测、导”等防控措施落实。在疫情防控这个没有硝烟的战场上，泽仁永宗把初心写在行动上，把使命落在岗位上，为做好特殊时期疫情防控工作和服务工作做出自己的努力和奉献，确保特困人员集中供养服务中心一切状况良好，供养对象生活一切正常，切实用实际行动践行一名共产党员的责任和担当。

八　促规划

泽仁永宗始终本着“以人为本、文明办院、尊老爱幼”的供养服务理念，坚持花园式建设，推进人性化管理。近两年来，泽仁永宗积极申报特困人员集中供养服务中心基础设施设备提升改造项目，规划布局生活区、办公区、娱乐区、种植区四个区域，设置保健室、活动室、医疗室、值班室、棋牌室、多功能餐厅等一系列配套设施，配备衣柜、电视、座椅、取暖器等生活设施，服务质量不断提高，为集中供养人员营造了良好的生活环境。

特困人员集中供养服务中心使老人可以真正实现“老有所养、老有所为、老有所依、老有所乐、老有所学”。泽仁永宗全心全意积极投入工作，让老人们切实感受到“虽非骨肉亲，胜似儿女情”的深情厚谊。老人们的健康、快乐、幸福，是泽仁永宗最大的心愿。

卓玛老奶奶拉着泽仁永宗的手亲切地说道：“感谢你，感谢党的好政策，没有中国共产党就没有我现在的幸福生活。以前我一个人在家里，没有人照顾，每天拖着病体，过着朝不保夕的生活。自从来到特困人员集中供养服务中心，我再也没有这种担忧了。在这里吃得好，住得舒服，可以看病，还有你们的细心照顾。我这一生穷苦，但是晚年赶上了好时代，党的光辉温暖着我，我一生无憾。”

在平凡的工作岗位上，泽仁永宗将责任心、爱心倾注在老人们身上。她用最平凡、最实际的点滴行动，诠释着一位共产党员最朴实的情怀。为了老人们的幸福，她依旧在默默奉献着。

故事五　中国铝业积极承担社会责任，真情帮扶助力脱贫

——中国铝业助力察雅县高质量脱贫

中央企业是国家经济建设的顶梁柱和主力军，是中国特色社会主义的重要物质基础和政治基础，也是党执政兴国的重要支柱

和依靠力量，为中国经济社会发展、科技进步、国防建设、民生改善做出历史性贡献。中央第四次西藏工作座谈会后，中央企业讲政治、顾大局，积极参与援藏工作，对口支援西藏，开创优势互补、长期合作、聚焦扶贫、实现共赢的良好局面。中央企业对西藏大力支持、无私援助，彰显社会主义制度的优越性，彰显祖国大家庭的温暖，体现国务院国有资产监督管理委员会和中央企业对西藏各族人民的深情厚谊。

中国铝业响应党中央号召，充分发挥企业的资金优势、产业优势、人才优势、渠道优势，围绕就业扶贫、教育扶贫重点，积极创新扶贫方式。“让藏区人民过得更好”是中国铝业公司24万员工的共同心愿。2004年，中国铝业第一批援藏干部来到察雅县。截至2015年，6批援藏干部前赴后继，告别故乡和亲友，把青春和汗水奉献给他们原本并不熟悉的雪域高原；77个援藏项目全部获评百姓满意工程、民族团结工程，为察雅县经济社会发展插上腾飞翅膀；1.48亿元资金，倾情投入，只为让生长在这片土地上的每一位农牧民都能拥有幸福生活。12年来一份剪不断的兄弟情义将中国铝业股份有限公司和“高原河谷”察雅县紧紧联系在一起。

一　项目落地，援藏有力抓手

中国铝业股份有限公司秉持“责任、诚信、开放、卓越”的核心价值观和“点石成金、造福人类”的社会责任感，以贯彻落实中央历次西藏工作座谈会精神为己任，以“支持察雅县经济发展、改善农牧区农牧民的生产生活环境、提高农牧区人民的生活质量”为理念，从改善察雅县基础条件入手，全方位开展援藏工作，倾力打造“造血源”，铺设“发展路”，为察雅县社会经济发展注入强大动力。中国铝业的援藏干部们从来到察雅县的第一天起，就沉下心思、认真履职，切切实实办实事、做好事、解难事，有力促进察雅县经济持续健康发展和社会和谐稳定。

项目建设是援藏事业紧抓不放的抓手。中国铝业坚持把改善民生作为援藏的出发点和落脚点，立足解决制约农牧区发展的突出问题，累计在察雅县启动各项援藏项目77个，涉及交通、基础设施建设等方面。

面对察雅县居住条件有限的现实，中国铝业以改善察雅县广大干部职工和农牧区困难群众居住条件为抓手，大力推进各类安居工程——2004年，公司投资285万元建设职工周转房56套，解决120名干部职工的住房难题；2006年，公司再次出资500万元，实施农牧区美丽乡村建设项目，让如给村19户农牧民群众住上安全舒适的新房。

近年来，中国铝业还修建察雅县敬老院和五保老人供养中心，为170名孤寡老人提供安全、舒适的居住养老条件；为正在建设中的若格村投资954万元，让当地居民住有所居，居有所乐。

中国铝业将基础设施建设与公益事业发展相结合，援藏项目涉及当地农牧民的生活、教育、医疗、卫生、养老、交通等。从投资1100万元建设县自来水（含改造）工程，到修建县广播电视中心；从修建县老干部活动中心，到投资692万元为察雅县中学修建塑胶操场；从建成察雅县入城道路，拓宽硬化道路、安装路灯和护栏，到为宗沙乡察姆、拉松两个村修建水泥桥三座……每一个援藏项目都体现中国铝业人对这片土地的深情厚谊。

如今，中国铝业修建的集培训、阅览、会议、剧院于一体的县科技培训中心，可同时为400位农牧民群众提供培训，成为察雅县的标志性建筑和重大活动的首选场所；斥资330万元修建的中铝广场，成为察雅县百姓的休闲、娱乐场所。

二　教育援藏，拔掉穷根的根本

改善农牧民生活条件只是中国铝业援藏的第一步。以建设教学点为突破口，着力解决制约察雅县教育事业发展的瓶颈，才是中国铝业的“远虑”。

授人以鱼不如授人以渔。在中国铝业公司援藏干部看来，要想改变察雅县现状，必须努力提高察雅人的文化教育水平，转变发展方式。而这一切都要从做好教育开始。

为改善察雅县教育环境，2007 年，中国铝业投资上千万元建成村级小学、教学点及县幼儿园 7 所，为实现“普九”（普及九年制义务教育）和巩固“两基”（基本实现九年义务教育和基本扫除青壮年文盲）攻坚成果做出重大贡献。为解决部分学校基础设施薄弱的问题，中国铝业对宗沙乡拉松村小学、荣周乡麦堆小学功能餐厅、宿舍和教室屋顶、操场等进行全面维修。实施荣周乡小学周转房援藏项目，修建周转房 18 套，有效解决了教师住房难的问题，得到了教师和当地群众的广泛好评。

自 2009 年起，中国铝业还发起成立中铝·格桑花教育助学基金，每年投入 100 万元专项资金用于资助贫困学生、奖励优秀学生及为察雅县教育做出突出贡献的单位和个人。如今，中铝·格桑花教育助学基金已成功资助 1063 名家庭贫困学生和 40 名家庭困难教师。

为大力改善察雅县教育条件，中国铝业积极开展人才援藏和智力援藏。历届援藏干部特别注重将企业先进管理经验与当地实际相结合，通过言传身教，使察雅县干部群众更快接受和掌握新思想观念和管理理念，为提高管理效能发挥积极作用。中铝援藏干部定期组织察雅县干部赴内地考察交流，组织培训，切实提高察雅县干部职工的素质。

三　精准扶贫，“对症下药”疗效好

大力做好教育扶贫。中国铝业还围绕“精准扶贫”大力发展特色产业，促进农牧民牧业经济结构调整，帮扶农牧民早日脱贫。

2007年，中国铝业在吉塘镇投资150万元建成立体农业园区，取得以果业为核心的立体农牧业产业化建设新突破。2009年，中国铝业投资100万元建成烟多镇反季节蔬菜基地，不但解决了察雅县群众吃菜难的问题，而且为近300名农牧民提供了就业机会和长期、稳定可靠的收入来源。2011年，中国铝业投入600万元，为吉塘镇和香堆镇修建现代农业示范园，在不改变土地用途的前提下，利用优惠政策实施农田改造，通过更新理念，学习先进耕作技术，增强市场意识。通过多年实地调研，中国铝业为察雅县奉献多个产业发展新思路——开发旅游资源，对察雅县旅游资源按照人文景点、自然景观、产业旅游资源三大类型进行梳理，确定察芒路沿线的宗教历史文化旅游线、214国道沿线的生态观光休闲旅游线两条发展主线；充分发挥察雅县的苹果品牌优势，筹备察雅县首届康巴苹果文化节，使察雅县的苹果获得生态原产地地理标志保护及有机产品认证。察雅县以此作为实现精准脱贫的切入点之一。

四　继往开来，为察雅县勾勒蓝图

多年辛勤耕耘，换来硕果累累。中国铝业援藏以来，察雅县经济社会得到飞速发展。2015 年，察雅县的生产总值是 2004 年的 6.3 倍；地方财政一般预算收入增长 14.22 倍；农牧民人均纯收入增长 5667 元，增长 4.29 倍。

虽然察雅县经济社会取得长足发展，但仍面临很多问题，如贫困面大、程度深，发展能力弱；产业支撑能力弱，产业总产量、规模小；公共服务滞后，发展不够均衡；受教育程度低，脱贫意识低，缺乏谋生技能。中国铝业一如既往地关心察雅县社会经济建设，并结合西藏自治区、昌都市“十三五”建设规划和察雅县“十三五”建设计划，大力实施精准扶贫、改善民生，加大投入力度，推动察雅县经济社会更快、更好发展。

援藏岁月里，中国铝业和察雅县早已水乳交融，亲如一家。中国铝业始终将援藏作为公司的工作，公司领导亲力亲为，公司上下全力支持，共同推进援藏项目顺利进行。未来，中国铝业将一如既往地做好援藏工作，为察雅县的美好明天做出应有贡献。

故事六　村有主导产业户，筑牢脱贫根基

——吉塘镇康巴民族服装厂，传统藏装里的致富经

西藏服饰历史可追溯到昌都卡若遗址出土的骨角锥、骨针与兽皮衣服、陶纺轮。专家从这些器物推断，4000~5000 年前，生活在卡若的先民们可能已经开始缝制衣服。受地理环境和生产生活方式影响，西藏服饰以袍状为主，而其中又分为牧区服饰和农区服饰。牧区服饰就地取材，大部分面料是羊皮，间有织锦、水獭皮、豹皮等，或配蜜蜡、绿松石等作点缀，雍容华贵；而农区

则以氆氇为主，装饰图案简洁流畅，朴素大方。早在2008年，藏族服饰就被列入国家第二批非物质文化遗产名录。近年来，藏族民族服饰产业发展迅速，在保留传统技艺的基础上不断吸纳现代时尚元素，设计生产出来的产品备受市场青睐。藏族服饰在传承中不断创新，贴近藏族甚至更多非高原地区年轻人审美，国内、国际市场随之不断拓展。藏族民族服饰产业也在脱贫攻坚与精准扶贫中发挥重要作用。

扶持传统民族手工业也是吉塘镇的新举措之一。当地手工艺人向巴丹增在政府帮助下，成立康巴民族服装厂，并通过组织当地群众学习民族手工制品技术、提供就业机会等方式直接带动群众增收。

一　重新起航的察雅县吉塘镇康巴民族服装厂

察雅县吉塘镇康巴民族服装厂位于西藏察雅县吉塘镇社区居委会，属于个人独资企业。向巴次成1978年开始跟随父亲学习制作藏靴技艺，2002年开始独立制作藏靴，建有小型私人手工藏靴加工作坊，主营手工藏靴，但是产值小、规模小，无规范化厂房等问题一直是发展的主要困难。后因向巴次成年纪较大，2014年10月将法人变更成其女婿，也就是现在的传承人向巴旦增，经营范围是生产藏靴、卡垫、布袋、牛皮袋等民族特色手工制品。2016年企业得到察雅县扶持，进行重组，变更名称为察雅县吉塘镇康巴民族服装厂，同时变更企业经营范围，在原有产品的基础上增加了藏装和民族手工艺品加工。察雅县吉塘镇人民政府积极协调帮助新建厂房，招收手工艺人，康巴民族服装厂的生产规模扩大了。

二　产品简介

吉塘镇藏靴以牦牛皮和上等羊皮为原料，经过手工加工生熟、糅制、上色、裁剪、缝纫、定型、装饰等工艺完成，有独特的民族风格和地方特色。藏靴造型美观，形式多样，防潮保暖，防水耐磨，久穿不变形。它与选料考究、加工精细的传统工艺分不开。一张生牛皮经过熟皮、染色，变成手感柔软、不干裂、无皱纹和色泽透亮的缝靴革，然后手工艺人按图形分片裁剪，用定形木植头依型缝制，用5~7层牛皮缝制靴底，纳靴底不仅要求针码均匀、前后端正，而且每只靴底针码不能少于57针。此外，吉塘镇藏靴的靴筒高，一直套到膝盖，能起半条裤子的作用。若将裤腿套于靴筒内，不但防潮保暖，而且防蚊虫叮咬。每只靴筒后面都有一道20厘米长的开口，不但穿起来方便，天热时亦可将靴筒挽下。

近年来，伴随藏区旅游业的发展，康巴民族服装厂抓住机遇，坚持创新，在制作满足当地农牧民群众日常生活必需品外，还大力开发民族旅游手工艺品，将民族产业与旅游产业结合，逐渐加入色彩更多的皮料，制作出具有本地特色的旅游纪念品，产品逐渐丰富化、品牌化。

三　授徒传艺情况

以前藏区人民几乎都着传统藏装，对藏装有独特情感的阿旺向巴家族的祖辈就制造藏靴，阿旺向巴一直以发扬和传承藏靴制造技艺为己任，其子向巴次成也对藏靴制造技艺情有独钟，一直专心致志地研究和制造藏族传统民族服饰。

为增加经济效益，更好地传承工艺，向巴旦增于2016年开始在原有产品的基础上生产藏装和特色民族手工制品，扩大生产。察雅县吉塘镇康巴民族服装厂的主要产品为藏靴，已传承5代（可追溯），有100多年历史，现有学徒27人。招收学员开展工艺培训，共培训5次，受益50人次。

四　带动脱贫就业情况

察雅县吉塘镇康巴民族服装厂创业初期有员工8人，都来自当地贫困家庭。2016年扩大生产规模和经营范围后，员工人数增加到21人，其中13人是吉塘镇精准扶贫对象。康巴民族服装厂响应国家号召，参与脱贫攻坚，展现了一个企业应有的使命感。企业还参加昌都市首届青年创业大赛并入围，为更多青年走上创业之路起到引领作用，大大增加就业率。

2018年，康巴民族服装厂实现收入150万元，盈余72.25万元，其中向社员返还可分配盈余47.25万元，约占可分配盈余的65.4%。社员人均月收入1800元。2019年，带动社员收入提升效果显著，13名员工在8个月（去除挖虫草、过年的4个月）内工资总收入为374400元，日均工资为120元。一年间昌都市察雅县吉塘镇康巴民族服装厂生产出藏靴（男女共产：300双）、门帘（男女共产：250件）、藏装春秋款（男女共产：150件）、藏装冬季款（男女共产：300件）、藏式民族风衬衣（男女共产：150件）、民族真牛皮包、纯棉线包（工艺品共产：600双，现实使用款共产：50双）、藏垫（共产：150双）等各类藏式手工产品2000件、双，累计实现收入70万元，取得了较好经济效益。服装厂为察雅县扶贫产业项目（已带动吉塘镇13户建档立卡困难群众实现脱贫），拥有缝纫机13台（代加工缝纫机30台）。

故事七　发挥群团组带作用，增进党与群众鱼水之情

——察雅县群团组织助力脱贫攻坚

工会、共青团、妇联等群团组织（群众性团体组织）是党开展群众工作的重要力量，是党联系群众的纽带。加强党的执政能力建设，必须充分发挥群团组织作用，通过群团组织的有效工作及群团组织的作用，提高党领导的民主政治建设能力、驾驭市场经济能力、推进先进文化建设能力和构建社会主义和谐社会能力。习近平总书记强调“群团改革是全面深化改革的重要任务”。近年来，察雅县群团组织紧紧围绕察雅县的中心工作，不断创新，扎实推进各项工作。各级群团组织积极投身脱贫攻坚工作，持续实施贫困青年助学帮扶行动、青年创业就业行动、扶贫关爱行动、金秋助学、单亲母亲帮扶等，创新工作思路、工作举措、工作载体，提升号召力、战斗力、凝聚力，形成力量足、作用强、影响深的群团组织新格局。

一　发挥群团组织号召力，创新扶贫思路

察雅县群团组织进行制度创新，通过新、活、好制度，促进内容从虚到实转变，促进目标从软指标到硬任务转变。群团组织自我加压、量化考核，提高节奏和效率，促进群团组织人员办实事、求实效，扑下身子、真抓实干；加强思想教育，凝聚脱贫攻坚共识。坚持党建带工会、共青团、妇联的思想建设，结合“两学一做”学习教育，以专题讲座形式向工会、共青团、妇联组织干部讲解习近平总书记关于扶贫工作系列重要讲话及中央扶贫工作精神，统一

广大职工、青年、妇女思想，把察雅县工会、共青团、妇联组织建设成政治坚定、组织巩固、充满活力的助推脱贫攻坚的生力军和突击队。

二 发挥工会特色，创新扶贫形式

察雅县总工会深入推进职工技能素质提升，积极营造创新创业氛围，针对务工农牧民群众，开展农牧民群众“订单式”技能培训，扎实推进就业创业服务体系建设；切实加强工会组织规范化，更好地发挥工会在推进城乡统筹基层工会建设中的领导作用。察雅县总工会开展“金秋助学”活动，2019 年以来资助 28 名贫困学子，发放助学金 210560 元；开展送温暖、困难职工帮扶救助活动，为 49 名困难职工发放慰问金 160892 元；为 78 名困难农民工和劳模发放慰问金 39000 元。察雅县总工会结合每年工会会员慰问活动，自 2018 年以来，创新工作机制，整合工会会员慰问费 324.1 万元，结合察雅县扶贫产业，将察拉乡菜籽油、羊毛被、建档立卡技能培训中心手工制品等列入慰问品，带动 12 个产业协会、扶贫企业销售产品 27419 件，带动建档立卡户 240 余人。

三 发挥共青团优势，创新扶贫就业平台

察雅县团委以“党团共建创先争优”活动为统揽，推动组织青年、引导青年、服务青年、维护青少年合法权益等工作；紧扣“七城同创”创建文明城市、服务民生工作、普及法律法规、营造文化氛围主题，依托现有资源，深入开展各类志愿服务活动，做到事前有策划，事中有效果，事后有反响，确保各级团组织各项工作务实高效。坚持扶贫农牧民青年创业就业，一是把实现自主发展作为扶贫目标。探索拓展就业、见习、培训服务平台，加大就业培训

力度，强化人才队伍建设和跟踪服务，切实提高农牧民青年自主脱贫意识和能力。2019 年以来开展青年农牧民培训班 7 次，培训贫困青年农牧民 425 名，指引就业 200 名，建立见习基地 3 处，选送 10 名青年农牧民到区内外学习，打造建成青年创业实体店 1 间，积极帮助青年致富带头人发展出谋划策，转变观念，增强内生动力。二是积极探索帮扶新方式、新方法，主动与外地学校、对口支援团系统联系，与友好省市团青联系，通过开展“青春暖冬行”“微心愿”“志愿辅导班”“各民族手拉手”等活动，及时掌握贫困青少年信息，建成图书室 1 所（10000 余册图书）、2 个音乐教室，聚焦贫困青少年缺衣等问题，向 38 所中小学贫困生发放价值 50 万元的爱心衣物，惠及 1000 余名学子，努力实现帮扶效果最大化；深入开展圆梦助学行动。瞄准因学致贫家庭，坚持向上争取和社会筹集两个方向，广泛整合资源，开展“国酒茅台 · 国之栋梁”“金惠助学”“渝昌助学”“平安希望助学”等助学活动，2018 年为 117 名困难学生发放助学金 30.8 万元，为 90 名困难留守儿童捐赠助学金 1.8 万元；2019 年为 77 名困难学生申报助学金 27.4 万元。

四　发挥妇联独特作用，创新“巾帼脱贫”理念

县妇联积极组织创新载体、服务妇女，深化家庭文明建设行动，努力营造文明和谐的社会氛围；响应号召开展巾帼志愿者行动和妇女儿童关爱行动，切实关爱单亲妈妈等困难妇女家庭，充分发挥妇联参与社会管理的协同作用。妇联通过如下措施发挥独特作用。一是凝聚爱心，温暖贫困弱势群体，积极开展“国奶扶贫工程”，与北京联慈健康扶贫基金会协调“国奶扶贫工程”，签订资助协议书并接受奶粉捐赠及儿童福利津贴 794 万元；通过“巾帼

心向党·建功新时代”下基层送温暖活动，察雅县妇联为公益性岗位贫困妇女30人、学校贫困儿童40人、13个乡镇的148名建档贫困妇女送上慰问品，价值44400元。二是组织培训，提高妇女思想认识水平。县妇联深入贯彻落实党的十九大精神，积极配合卫健委“两降一升”工作，开展“喜庆党的十九大·感受昌都新风貌”专题培训，组织50名农牧区妇女进行为期4天的专题培训，参观昌都市博物馆等，使农牧区妇女感受到昌都市、察雅县翻天覆地的变化、人民群众生活质量飞跃发展带来幸福感和妇女群众思想的转变。三是依托项目，实现关爱扶贫。积极组织单亲家庭妇女参加2018年察雅县“春风行动”就业服务活动招聘会，促进内生动力；成立察雅县妇联手工艺品巾帼创业岗精准扶贫短平快项目，组织单亲家庭妇女制作灯芯、刺绣、串珠、藏式特色腰带、甩带（挂饰）、毛衣、衣帽等手工艺品，设立“巾帼创业岗”销售手工艺品。直接带动60名单亲家庭妇女就业创收，人均月增收3000元。引领帮助农村贫困妇女脱贫致富。

故事八　牢记驻村使命，责任浇出幸福村

——乃帕村驻村工作队“驻”进民心，
“帮”到心坎

乃帕村位于新卡乡东南部，紧邻澜沧江和214国道。驻村工作队3人，乡村振兴专干1人，村“两委”班子5人，党员24人。全村68户221人，其中建档立卡贫困户11户、贫困人口29人。自脱贫攻坚工作开展和乃帕村驻村工作队入驻以来，乃帕村干部和群众认真学习落实习近平总书记关于新时期扶贫工作的一系列新思想、新观点和新论断，全面贯彻落实党中央、西藏自治区、昌都

市、察雅县的脱贫攻坚决策部署，紧紧围绕“两不愁三保障”工作目标，牢记职责使命，一心一意抓扶贫，明确2020年驻村扶贫工作的总要求、目标任务、工作职责、工作制度、工作纪律，解决“为什么工作”和“怎样工作”的问题。严格遵守工作纪律，坚守岗位，履职尽责，克服一切困难，俯下身子搞扶贫，切实帮助乃帕村谋划好脱贫路子，着力解决贫困群众就业、生活、上学等难题，切实改善村民的生产生活环境。驻村工作队时刻“战斗”在扶贫攻坚第一线，真正把扶贫工作落到实处。

一 扶贫因户施政，务求实效制定规划

乃帕村驻村工作队广泛征求村干部和村民代表意见，制定《新卡乡乃帕村精准扶贫实施方案》，做到目标明确、任务明确、责任明确、措施明确。为全村11户贫困户建立一对一帮扶对策，做到因户施策、因人施策。为培养村自我“造血”功能，制定《乃帕村产业发展三年规划》《乃帕村集体发展规划》等扶贫措施，与乡党委、乡政府联系，与村干部、村务监督委员协商，为全村群众落实好低保、特困人员帮扶、生态岗位创建、危房改造、易地搬迁等各项惠民政策，帮助全村群众从政策中得到实惠，改善生活条件，巩固扩大精准扶贫成效。

二 扶贫先“扶志”和“扶智”，力求斩断贫困链条

每次走村入户均对贫困户进行政策宣传和思想疏导，让贫困户树立致富的信心和决心。驻村工作队主动学习西藏自治区、昌都市、察雅县扶贫政策，摸透扶贫精髓，抓住扶贫要点，增强对政策的理解和把握。采取入户讲解、召开会议等形式，向群众详细传达各级精准扶贫政策，让大家明白“什么是精准扶贫，为什么要精

准扶贫，怎样开展精准扶贫”，充分调动群众参与精准扶贫的积极性、主动性，形成政府帮扶、群众大干的生动局面。先后发放“精准扶贫、精准脱贫政策”主题宣传单 100 份；制作扶贫政策宣传展板 3 块，悬挂 3 块。

三　积极协调，拓宽致富渠道

多年来，乃帕村驻村工作队秉承“政策脱贫，产业致富”的工作理念，与用人企业、单位、致富带头人协调联系，以实现全村群众劳动力的有效转移，帮助群众掌握生产技能，拓宽群众现金增收和致富渠道。驻村工作队一方面积极协调会驾驶车辆的群众参与砂石、钢筋、水泥等建筑材料运输，协调群众参与村内、乡内修路、修桥、建房、经济林种植等；另一方面经常性地教育引导本村群众，转变观念，参加建筑施工、摩托车维修技术等培训，到用人企业、单位、工地上务工，通过双手勤劳致富，摆脱“等靠要”的思想束缚。

四　结对帮扶用真情，齐心协力谋发展

乃帕村驻村工作队定期与村“两委”班子和贫困户对接，心往一处想，劲儿往一处使，形成帮扶合力。及时将上级精神传达给村“两委”班子，确保精准扶贫政策不跑偏、不走过场。将贫困村的实际情况和扶贫进展报送扶贫部门，使相关部门能准确掌握贫困村基础设施建设、富民产业培育、村容村貌整治、文化扶贫推进及贫困户增收脱贫情况，做到对症下药、精准施策。

五　发挥党员干部作用，推动各项事业发展

乃帕村驻村工作队积极配合村党支部书记举办党员培训班，增

强党性意识、纪律意识、大局意识、责任意识，并帮助村党支部健全会议制度、学习制度、考勤制度等，协助村党委完善党建资料，规范基层党组织建设，增强村“两委”的凝聚力和战斗力。藏历新年期间，驻村工作队购买米、面、油等物品并送到老党员、贫困群众手中。老党员姆姆拉着驻村工作队干部的手说道：“你们过节都没有忘记我们这些老同志，我们也要像你们一样继续多为乃帕村做贡献，发挥余热。”精准扶贫，不落一人。乃帕村驻村工作队成员全身心投入精准扶贫工作中，从走访贫困户到完善档案资料，加班加点早已是家常便饭，永远把贫困户的切身利益放在第一位，大家不顾自己的身体，任劳任怨，有的在生病住院及病重期间仍然放不下扶贫工作，放不下贫困户。

乃帕村驻村工作队全面落实脱贫攻坚工作，保证全村 11 户、29 名建档立卡贫困户如期脱贫。驻村工作队认真地向全村群众宣讲精准扶贫的各项惠民政策，让全村群众更进一步知晓国家对脱贫攻坚工作的重视和关心，并引导贫困户时刻知党恩、感党恩、听党话、跟党走，又积极与乡党委、乡政府协调解决农田灌溉引水渠、蓄水池等各类基础设施建设问题，经常性地带领群众开展环境卫生清理整治，让全村呈现干净、整洁的新面貌。

故事九　小村庄的大幸福

——援察工作

对口援藏是党中央、国务院高瞻远瞩，从党和国家战略全局出发做出的重大决策。近 30 年的实践证明，对口援藏是促进西藏社会和谐稳定、实现长治久安的战略举措，是缩小区域发展差距、全面建成小康社会的重要途径，也是发挥社会主义制度优越性、巩固和发展各民族大团结的重要体现。党的十八大以来，以习近平同志为核心的党中央高度重视西藏工作，深切关怀西藏人民。总书记始终心系西藏、情系西藏，做出了“治边稳藏”的重要论述，亲自主持召开中央第六次西藏工作座谈会并发表重要讲话，做出了“加强民族团结、建设美丽西藏”的重要指示。在以习近平同志为核心的党中央的关怀下，在全国人民的大力支援以及援藏省市的无私帮助下，察雅县不断发展，各项事业取得了新成就。

一 新村新貌展新颜，春风化雨暖人心

从机场下来，沿途雪山草原的景色让人大饱眼福。一个转弯，美丽的风景映入眼帘，一栋栋小楼错落有致，一条条平整的水泥街道纵横相交，这便是吉塘镇广东新村易地搬迁集中安置点的新面貌。傍晚时分，阳光映在红砖白瓦上，老人们围坐一角拉着家常，儿童嬉戏其间，欢声笑语不绝于耳，每当有人问起，搬迁老人扎西总要反复强调：“没有共产党就不会有今天的好日子，盼了多少年的好生活在党的好政策下实现了。”

吉塘镇广东新村位于吉塘镇吉塘居委会，地处吉塘特色小城镇东面，紧靠 G214 国道，交通极其便利。2016 年 4 月，在广东省的大力支持和无私帮助下，总投资 4248.87 万元（其中广东援藏资金 2900 万元）的广东新村开工建设，2016 年 11 月建成投运，当年便有 130 户 568 名建档立卡群众搬离土木危房，住进基础设施完善、公共服务配套齐全的广东新村；此外，广东省投资 2500 万元援建察雅县吉塘镇中心小学、吉塘区域中心卫生院，搬迁群众全部实现民有所居、幼能所学、病者能医。

考虑到搬迁群众的生计问题，县委、县政府投资 4811.53 万元

改扩建吉塘镇康巴民族服装厂、吉塘镇花卉鱼庄生态园等产业项目，搬迁群众基本实现有事做、有收入、有盼头，达到“一户一就业”的标准，真正实现“搬得出、留得住、能致富”的脱贫目标。

二　倾情倾智携手同行，援授两地情谊万年长

滴水见太阳，吉塘镇广东新村作为援察工作的一大亮点受到各级领导的肯定和吉塘镇人民的喜爱，随着重庆新村、綦江新村、中铝新村等民生民心项目建成投运，援察工作已成为中央关怀和民族团结的招牌，在察雅县人民生产生活中留下了浓墨重彩的一笔。

自 2004 年以来，中国铝业等援藏企业和广东省、重庆市等援藏省市确定对口支援察雅县，50 余名干部响应“长期建藏、边疆为家”的号召，满怀对察雅县的深情厚谊，辞别家乡和亲人，奔赴雪域高原，积极投身建设察雅、造福察雅人民的伟大实践中。援藏工作开展以来，各援藏省市共投入援藏资金 5.34 亿元，建设基础设施项目 112 个，有力地推动了察雅县社会经济发展，使察雅县发生了翻天覆地的变化，呈现出一派欣欣向荣的景象。

2004 年以来，中国铝业股份有限公司共选派 7 批 12 名援藏干部赴察雅县，援助资金达 1.79 亿元，实施交通、教育、医疗、卫生等民生项目 80 个，中铝·格桑花教育助学基金累计投入 550 万元资助困难家庭大学生 2000 余人。不断完善察雅县基础设施建设，着力提升干部群众的获得感、幸福感、安全感。该基金举办农牧民电子商务及实用技能培训班，培训人员 60 人，为察雅县在就业、培训、铝产业的应用合作等方面提供更多的平台和渠道。

2016 年以来，广东省对口支援察雅县，先后派遣医疗专业技术人才 14 人，援藏期间共为专业技术人员培训 28 场、980 人；组

织义诊活动 13 次，共帮助 1475 人。广东省共投入计划内资金 1.7302 亿元，实施广东援建察雅县吉塘镇中心小学、人民医院、吉塘区域中心卫生院、卫生服务中心车载流动医院、卫生信息化建设、广东新村 6 个项目，极大地改善了察雅县教育、卫生、民生等基础设施条件。

2016 年以来，重庆市投入援藏资金约 1.83 亿元（计划内 11624 万元、计划外 6627 万元），实施援藏项目 26 个。依托援藏单位优势，察雅县与重庆市互访交流成效明显，就业帮扶、干部交流、招商引资等多领域实现深层次合作，招商引资协议资金到位 6.03 亿元。重庆市安排察雅籍干部、专业技术人员近 500 人赴内地培训学习，组团式援藏取得重大成果，82 名知名医生及教师到察雅县开展短期援助，基础设施、医疗、卫生等短板得到有效缓解，两地人民情谊更加浓厚。重庆市为察雅县经济社会发展和藏汉民族团结贡献了力量。

在各援藏省市和企业的大力支持和无私帮助下，察雅县重庆幼儿园、吉塘镇广东新村等一大批民生项目落地，城乡基础设施建设更加完备，农牧业发展更有活力，产业发展更加均衡，察雅县呈现出社会进步、经济发展、文化繁荣、民族团结、人民安居乐业的喜人景象。

第十章 讲好“六个精准”扶贫故事

切实做到精准扶贫，才能保障扶贫工作事半功倍。决胜脱贫攻坚、全面建成小康社会，不仅需要有攻坚克难的信心和勇气，而且要有正确攻坚克难的方法。察雅县坚持把脱贫攻坚作为头等大事和第一民生工程来抓，由偏重“输血”向注重“造血”转变，由偏重扶“面”向注重扶“点”转变，以“敢教日月换新天”的气概和“不破楼兰终不还”的劲头，切实把“精准”贯穿于脱贫攻坚全过程，倾注真感情、用足“绣花”功，做到“六个精准”，坚持因人因地施策，因贫困类型施策，多措并举，明确主攻方向，创新扶贫方式，为决胜脱贫攻坚提供方法保证。在精准帮扶的征程中，从最美脱贫户到为人民服务的党委书记，从产业扶贫到危房改造，在察雅县涌现出一批催人奋进、发人深思的帮扶事迹和脱贫故事。

故事一 自力更生摘穷帽，精准发力见实效

——新卡乡脱贫户先进事迹

习近平总书记指出，“要解决好‘扶持谁’的问题，确保把真

正的贫困人口弄清楚”。要进行精准扶贫，首先必须以合理有效的方式准确地找到要扶持的贫困家庭和人口。要做到扶持对象精准，不准违背程序、漏评错评。精准识别扶持对象，是精准扶贫取得良好成效的前提。要按照标准严格遵循“四议两公开”的程序原则，不省一个环节、不落一个步骤，保证程序严谨、结果准确。要适时开展精准识别“回头看”，实事求是地动态调整扶持对象，应尽则进，应退则退，杜绝漏评错评。

一 精准识别扶持对象

洛培一家五口人，自被认定为新卡乡乃帕村建档立卡贫困户以来，在党和国家的关心帮扶下，一家人享受生态岗位、定项补助、种粮补贴等惠民政策，夫妻俩在农闲时节到工地上务工，家庭收入明显增加，生活条件也变得越来越好。洛培深深明白知识的重要性，从来没有让三个女儿辍学在家务农的打算，一直坚持让她们到校接受教育，他则和妻子尽力务工维持一家五口的生计，尽量不让女儿们为生活发愁、能够专心学业，可以说是从根本上“拔掉穷根”。洛培憧憬着通过这些年国家的帮助和夫妻俩共同努力，让三个女儿顺利完成学业，找到稳定的工作。等家庭条件一天天变好后，他希望带妻子去布达拉宫和大昭寺看一看，但突如其来的意外让这本不富裕的家庭雪上加霜。

2018 年，洛培的妻子不幸去世，对这个尚未脱贫、家庭收入有限的家庭来说，生活变得更加的困难。洛培难过过、伤心过、绝望过，想着一个人将承担一家四口的生活重担，他很长一段时间不与人交流，十分消沉。渐渐地，看着仍在读书、还不能独立生活的三个女儿，想着妻子临终前交给的任务还未完成，洛培重新燃起生活的希望，压在身上的责任和担子变成前行的动力。在村委会和致富带头人的帮助下，洛培在新卡乡种植合作社找到一份稳定工作，用兢兢业业的劳作获取生活希望。

二　自力更生摘穷帽

洛培自己也在寻找其他致富渠道，他发现周边没有小卖部就把家里规划出一小部分用来进行方便面、可乐、矿泉水等小零食买卖，薄利多销，一年下来收益可观。

亲人的离去，带不走洛培的责任，带不走洛培脱贫的决心，也带不走洛培一家努力过上小康生活的信心。通过党和国家的帮助和自身的努力，洛培一家从2015年的人均年收入低于2300元，到现在人均年收入达到6900元。当干部走访洛培一家时，洛培发自内心地竖起大拇指说道：“感谢党和国家给的好政策，让我的家庭有了新住房，收入增加了，生活变得越来越好，这份恩情，我们永远铭记于心，我们一家一定会努力过好生活，以这样微不足道方式回报党和国家的恩情。”

故事二　扶贫对象精准再精准，系紧系好脱贫攻坚“第一粒纽扣”

——春华秋实见真情，扶贫帮困暖人心

为确保精准扶贫结对帮扶扎实有效开展，察雅县按照“规划到村、帮扶到户、责任到人”的思路，全面落实“六个精准”要求。做好“六个精准”，首先要系紧系好脱贫攻坚“第一粒纽扣”，精准识别扶贫对象，做到“扶”真正困难群众、真正需要帮助的人，在贫困对象识别认定、项目和资金安排使用、脱贫等方面严把纪律关，做到底数准、措施实、脱贫真。

一 真正需要帮扶的特殊困难群体

宾果村有一个哑巴，他的名字估计村中鲜有人知道，也没人在乎他叫什么，大家都叫他“估罢”。2020 年他约 50 岁，与哥哥一起生活，至今未婚，也从未走出过村子，是建档立卡贫困户。不懂事的小孩经常以激怒他为乐，看到他急得比手画脚、吱吱呜呜半天说不出话来，这些小孩甚是高兴。村里人很少与他交流和接触，他也不愿意与其他人交流，总是活在自己的世界里，没人知道他在想什么。

二 扶贫帮困暖人心

哑巴的变化得从宾果村第七批驻村工作队进驻以后说起。那天，宾果村驻村工作队员来到宾果村后，哑巴看到他们，不知为何，无比激动。接送队员的车子刚停到村委会门口，哑巴就跑到车子旁，驻村队员刚下车，哑巴像吃了兴奋剂一样，围着车子跑了两圈，然后又吼又跳，把驻村工作队中的两个姑娘吓得着实不轻。当时没人知道他要表达什么。

驻村工作队中的两个姑娘一直对哑巴当天的行为心有余悸，又很好奇，便找村支书了解情况。经了解才知道，因为宾果村交通闭塞，除驻村工作队外，很少有其他地方的人进入本村，那天哑巴的行为之所以让人不解，是因为他很久没看到陌生面孔了。两个姑娘知道哑巴的情况后，产生要帮助哑巴的想法。

有一天，哑巴从村委会路过，恰好赶上驻村工作队在吃饭，两个姑娘便添一碗饭，递到哑巴手中，当哑巴接过两个姑娘递到他手中的饭时，无比激动，比画一番，嘴里呜里哇啦的，像是感谢两个姑娘。自那以后，两个善良的姑娘经常给哑巴送一些吃的、用的和衣物，也帮他打扫家里的卫生，帮他洗洗衣物、床被，尝试着用手势同哑巴交流，与他做朋友、亲人。其实哑巴内心深处希望与人交流，也非常希望得到其他人的理解和关心。自从哑巴得到两个姑娘的理解和关心后，变得开朗多了，恨不得把他这一辈子知道的事情、受到的委屈、人生的感悟一下子告诉两个姑娘，但他不会说话，只能使尽全身解数，用肢体语言进行表达，尽量让两个姑娘的理解。

哑巴是懂得感恩的，两个姑娘在生活上照顾他，用实际行动理解、支持他，他就把两个姑娘当成亲人，也把村委会当成自己家，经常到村委会帮驻村工作队打扫卫生、劈柴、送柴等，尽他最大努力，帮助驻村工作队做一些他能够做到的事情。现如今，哑巴在两个姑娘身上找到亲人的感觉，与驻村工作队队员相处融洽，整个人精神焕发，心情愉快。

故事三　精准到户定措施，全面脱贫奔小康

——吉塘镇居委会最美脱贫户

扶贫开发贵在精准，重在精准，成败之举在于精准。“六个精准”是我们打赢打好脱贫攻坚战的根本遵循和行动指南。精准识别扶持对象是精准扶贫取得成效的前提。察雅县在落实“精准识别”的过程中，不断提升扶持对象的精准度，通过开展扶持对象精准识别、退出“回头看”，按照“应尽则进、应退则退”的原则，对贫困对象进行动态调整，严把“入口”“出口”等重要关口，严格执行标准程序，消除漏评、错评、错退，进一步夯实基础，扣好精准扶贫第一粒纽扣。

一　精准识别真正有困难的家庭

吉塘镇有一位坚强、独立的女性——拉姆卓嘎，她有向巴曲达和拉巴两个儿子。拉姆卓嘎一家 2015 年被纳入建档立卡户，家庭的主要收入来源是国家补贴和她打工赚来的钱。在政府的批准下，拉姆卓嘎担任吉塘镇环卫工，每月工资 1800 元，2019 年低保收入为 4150 元，集体分红为 3777 元，教育三包（建档立卡大学生免费教育补助资金）为 15000 元。大儿子 2017 年当上公安系统协警，每月工资 3000 元，小儿子在拉萨示范高等专科学校就读，学费已免，生活费由家庭支付。

拉姆卓嘎十几岁失去父母，那时候她还小，还有一个哥哥照顾她，所以她不知道生活的苦。后来她结婚以后才明白生活的艰辛。丈夫一直对她很好，直到 1994 年大儿子出生，她的生活变得一塌糊涂，她的丈夫天天喝酒，喝醉打她。小儿子出生后，她哥哥的身体不好，所以一直劝她离婚。拉姆卓嘎决定离婚，离婚后她哥哥去世了，家里的重担全部落在了她的身上，一个母亲要带两个孩子真的很不容易。

2015 年，国家提出全面脱贫攻坚计划时，村“两委”班子和驻村工作队、全体群众开会后决定把拉姆卓嘎一家纳入国家建档立卡户。拉姆卓嘎对社区居委会各项工作积极配合。从 1998 年开始，作为单亲母亲的她养育两个儿子，一个母亲看护两个孩子并让他们接受学校教育是相对困难的，她知道如果没有党和政府的各项扶持政策，她一个人不可能做到这一切，为此她感到开心与欣慰。拉姆卓嘎心里清楚靠国家不能维持长久的生计，她决定自力更生，打工赚钱，这样能快点摘掉贫困的帽子，不拖国家的后腿。后来，她去果园打工赚钱，在果园打工期间她与同事相处融洽并且积极工作改善家人的生活。

二　“最美脱贫户”感党恩

一个无依无靠的单亲母亲培养出两个大学生是一件多么光荣的事情。她感到党的深切关怀及爱护，坚决拥护党和国家的正确领导和政策。与过去的困难生活相比，现在的生活让她重新燃起希望。拉姆卓嘎拒绝“等靠要”，坚持在党和国家的帮助下自力更生，她会更加努力拼搏，因为她知道在中国共产党的领导下，人民的生活会越来越好。

故事四　因村派人精准发力，带动村民致富奔小康

——新卡乡党委书记普布丁真扶贫先进事迹

农村富不富，关键看支部；支部强不强，全靠领头羊。习近平总书记在指示精准扶贫工作中多次强调，“因村派人要精准”，在西藏自治区察雅县新卡乡，党委书记普布丁真就是这样一位精准调派的干部，他正在努力让这片土地呈现世外桃源般的新面孔。

普布丁真，男，藏族，中共党员，2016 年 4 月任西藏自治区察雅县新卡乡党委书记。参加工作以来，普布丁真多次被上级表彰，先后获得察雅县优秀共产党员、察雅县优秀党务工作者、察雅县安居工程建设先进个人、察雅县精准扶贫先进个人、察雅县民族团结先进模范个人、西藏自治区优秀驻村工作队员等荣誉。

新卡乡地处藏东三江流域澜沧江东岸，平均海拔 3500 米，属于半农半牧乡，面积 199.6 平方公里，辖 5 个行政村（17 个自然村），即乃帕村、达也村、瓦江村、新卡村、克琼村（其中克琼村

为纯牧业村)。新卡乡现有户数339户1322人，其中建档立卡户106户395人，非建档立卡常住户147户689人，非建档立卡户自发搬迁户共计86户238人。2017年脱贫8户43人，2018年脱贫4户21人，2019年脱贫97户334人（其中3户建档立卡户因自然死亡退出建档立卡系统)，达也村、克琼村、乃帕村、瓦江村、新卡村5个行政村整村脱贫。

扶贫工作开展以来，普布丁真长期奋斗在扶贫一线，认真学习落实习近平总书记关于新时期扶贫工作的一系列新思想、新观点和新论断，全面贯彻落实党中央、西藏自治区、昌都市、察雅县脱贫攻坚的决策部署，积极投身脱贫攻坚，多次走村入户走访座谈，访贫问苦，出谋划策，争取项目，为贫困群众做了许多实事好事，得到大家的一致好评。

一　易地搬迁，拔掉贫穷根

“易地搬迁工作是一项重要的民生工程，不能出现丝毫差错。”这是普布丁真常说的一句话。在易地搬迁工作开始前期，为了让群众全面了解搬迁政策，坚定搬迁对象的信心和决心，普布丁真发挥驻村工作队、党组织、党员和双联户作用，深入村组召开群众会议，向搬迁群众宣传政策、讲道理和分析搬迁后将给群众带来哪些红利等。通过多种宣传途径，使易地扶贫搬迁政策家喻户晓，促使搬迁户思想完成从“要我搬”到“我要搬”的转变。在易地搬迁贫困户入住以后，普布丁真多方协调相关单位为搬迁户提供培训和就业机会，充分保障易地扶贫搬迁农户的经济利益，让搬迁农户拥有稳定的生活，在达也、乃帕安置区旁发展配套产业，种植经济林200亩，搭建温室大棚58亩，其中乃帕周边温室大棚42亩，达也安置区周边温室大棚16亩。经济林与温室大棚项目增加了创收渠道，为充分发挥温室大棚的社会带动效益，两村群众以务工、租用土地等方式参与温室大棚蔬菜种植。乃帕村温室大棚带动该村 10 名建档立卡贫困户群众人均增收 5000 余元，达也村温室大棚带动该村 13 名建档立卡贫困户群众人均增收 1500 元。新卡乡真正实现“搬得出，留得住，能致富”。

二　发展教育，阻断贫困代际传递

普布丁真牢固树立“再穷不能穷教育，再苦不能苦孩子”的理念，鼓励支持适龄儿童、青少年入校学习，提高个人素质，实现教育脱贫。其中新卡乡克琼村是纯牧业村，农牧民思想落后，不愿让孩子参加义务教育，觉得上学不如挖虫草和放牧。普布丁真了解到这一点，多次深入克琼村牧民家中，宣讲党和国家的教育法律法规、“五个一批”、“三包”等政策，鼓励群众树立大局意识，从长远出发，强调孩子的教育不是挖虫草和放牧能比的。通过不懈努力，乡中心小学首次从克琼村招收了 25 名适龄儿童入学。全乡 217 名适龄儿童（其中建档立卡户 71 人，非建档立卡户 146 人）全部入学。

三　找准路子，发展特色产业

普布丁真带领全乡干部、驻村工作队，深入开展调研，召开贫困户座谈会，让贫困户自己分析致贫原因，寻找脱贫措施，制订脱贫计划，在充分尊重贫困户意愿的基础上，科学确立温室大棚、扶贫藏餐馆、扶贫摩托车维修店、扶贫手工艺品制作店、优质饲草料种植、经济林种植等项目。扶贫藏餐馆、扶贫摩托车维修店、扶贫手工艺品制作店项目带动 5 户建档立卡户脱贫增收，平均每年增收 3 万元。经济林共计 200 亩，成林后每年预计产生经济价值 40 余万元，带动近20户群众就业，实现增产增收。

四　精神扶贫，重拾生活信心

习近平总书记说：“扶贫先扶志，扶贫必扶智。”脱贫的目的是致富，致富的手段是发展。如何使广大贫困群众转变陈旧观念，增强自身本领，凝心聚力努力打赢脱贫攻坚战呢？普布丁真组织贫困户劳动力开展技能培训，使贫困户提高从事产业发展的技能，并鼓励他们外出务工。全乡每年外出务工200余人，通过一系列“扶志”措施，着力解决贫困群众“当日饭当日吃”的难题，切实增强致富观念，变“输血”为“造血”，变“要我富”为“我要富”，从根本上改变群众“等靠要”思想，为全面推进精准扶贫、精准脱贫工作注入强大持久的原生动力。

五　完善基础设施，助推脱贫攻坚

自脱贫攻坚工作开展以来，普布丁真坚持把基础设施建设作为脱贫攻坚的重要任务，积极协调上级部门陆续实施并实现村村通公路，克琼村道路拓宽，村级活动场所改建，经济林种植，危房改造，达也村蓄水池、引水渠建设，克琼村150米网围草场和2个涵洞建设、乃帕村的110伏变电项目、修桥工程、引水渠和蓄水池建设、乡中心小学宿舍、厕所、食堂等建筑的维修等项目，实现17个自然村通达，群众生产生活条件、教育基础设施得到改善。新卡乡脱贫攻坚工作得到上级党组织和群众的认可。

六　做好疫情防控，巩固脱贫攻坚成效

“疫情就是命令，防控就是责任。”病休期间的普布丁真接到上级疫情防控工作的通知后，忍着脚骨折的疼痛，拖着未痊愈的身

体积极投身全乡新冠肺炎疫情防控工作中。他第一时间组织全乡干部、驻村工作队、驻寺干部召开专题会议，及时将党中央、西藏自治区、昌都市、察雅县关于疫情防控工作的重要指示精神予以传达，特别是组织全乡干部认真学习《吴英杰 齐扎拉致全区各级党组织和党员干部一封信》精神，站在增强“四个意识”、坚定“四个自信”、做到“两个维护”的高度，切实把思想和行动统一到县委、县政府的决策部署上来。普布丁志作为一名共产党员，始终坚持每天深入各村、各寺，对全乡各领域疫情防控的工作方案、预案、值班备勤、口罩配备、消毒、返乡人员统计、隔离、信息上报等各项工作开展情况进行详细督导检查，及时指导各村更好、更有效地开展工作。普布丁真积极参与藏药包扎、发放，进行过往人员登记、体温检测、消毒和全乡环境卫生整治等工作，发动全乡干部群众，做到联防联控、严防严控，以自身实际行动努力践行一名共产党员的初心和使命，有效确保疫情防控工作的有序进行。

故事五　聚焦“六个精准”，落实贫困残疾人脱贫工作

——全面建成小康社会，残疾人一个也不能少

农村贫困残疾人是脱贫攻坚战的重点和难点群体，残疾人贫困发生率比一般人口贫困发生率高出 2 倍以上。习近平总书记指出：“全面建成小康社会，残疾人一个也不能少。”农村贫困残疾人顺利脱贫是检验精准扶贫政策落到实处的试金石。如果残疾人脱不了贫，解不了困，“一个也不能少”小康目标就有打折扣的风险。

一直以来，察雅县坚持把贫困残疾人脱贫工作作为脱贫攻坚工作的重点和难点来抓，通过政府主导，民政作为，部门联动，社会

协同，大力实施“六个精准”残疾人脱贫工程，进一步增强贫困残疾家庭的“造血”功能，在察雅县形成残疾人脱贫攻坚工作齐抓共管的良好格局，确保“全面建成小康社会，残疾人一个也不能少”；进一步确保残疾人小康进程迈出坚实步伐，残疾人获得感、幸福感和安全感持续提升。

一　抓精准康复，服务脱贫攻坚

一是按照《贫困残疾人脱贫攻坚行动计划（2016～2020年）》《西藏自治区打赢深度贫困地区脱贫攻坚三年行动计划》等各级文件精神，结合察雅县实际，第一时间制发《察雅县贫困残疾人帮扶计划》，民政、卫健等部门凝聚合力，组成5个专班，出动50余人深入各乡镇，走村入户开展残疾人上门办证服务，截至2019年8月累计为2693名群众办理残疾证（其中建档立卡残疾人1045人）。二是及时开展察雅县残疾人康复需求摸底调查、建档立卡和康复服务工作。在深入了解残疾群众辅助需求及康复需求后，分门别类对辅助器具完成统计，确定有324人需要轮椅，225人需要盲杖、拐杖，222人需要助听器，由县财政投入专项资金50万元进行辅助器具购置，已完成采购及发放工作；确定434人需要做白内障筛查手术，419位患者需要进一步诊断、治疗耳疾，卫健委通过援藏已组织实施一批残疾人进行白内障筛查。2019年8月底，重庆市儿童救助基金会对察雅县18岁以下先天性手足残疾且符合康复手术治疗条件的儿童进行筛查，筛查出10人符合康复治疗，将分批次通过昌都市民政局对接重庆市民政局启动康复手术治疗工作。

二　抓项目攻坚，助力脱贫攻坚

利用实施农村危房改造工程的契机，帮助贫困残疾人家庭解决住房安全问题，2019 年农村危房改造项目累计惠及 95 名残疾群众家庭。察雅县特困人员集中供养服务中心近 3 年来累计投入 450 万元，共为 159 名集中供养五保老人（其中残疾人 58 人）提供基本生活照料等服务。各类民生项目的实施为残疾人供养提供场所保障，有效解决智力、精神和其他残疾人的托养问题，减轻残疾人家庭负担。

三　抓教育就业，推进脱贫攻坚

借疑似失学儿童情况核查和劝返复学工作开展之机，民政、卫健等部门及时完成残疾、重病儿童数据筛查，依法依规为 104 名残疾儿童办理残疾证。为切实做好县内残疾儿童的关爱帮扶工作，采取随班就读、送教上门等方式，确保把残疾儿童纳入义务教育体系。针对有就业能力和就业意愿的残疾人，通过残疾人劳动技能培训，提高残疾人的劳动素质，促进就业、实现增收。2019 年组织宗沙乡 2 名残疾人、王卡乡 1 名残疾人前往西藏自治区残疾人就业服务中心参加培训。

四　抓示范带动，创新脱贫攻坚

按照“政府+大学生创业+困难残疾人”模式，计划投入 78 万元（其中县级财政配套 60 万元）注册成立察雅县福志商贸有限公司，通过积极开展洗涤业务、手工艺品编织、电子商务等业务拓展 7 个就业岗位，成功解决 1 名大学生和 6 名贫困残疾人的就业问题，实现贫困残疾人月人均增收 1500 元。2019 年积极配合市残联将 8 名残疾人送往昌都市职业技术学院，根据残疾人意愿开展摩托车维修、服装制作、房屋绘画等技能培训，培训班结束后，与市残联积极帮助残疾人就业，实现贫困残疾人月人均增收 1500 元。

五 抓人文关怀，引领脱贫攻坚

一是在残疾人助残日，利用电视台、报刊等媒体，不断对残疾人事业进行广泛宣传，让社会更多地了解残疾人生活。近年来累计发放宣传资料 800 余册（本）；在助残日等重大节日期间开展 54 次贫困残疾人慰问活动，送出慰问金 3 万余元。二是积极落实残疾人两项补贴资金（困难残疾人生活补贴、重度残疾人护理补贴），2016 年至 2019 年累计向 8568 名残疾人发放两项补贴资金 1633.29 万元，及时开展 2019 年残疾人动态更新工作，有力保障困难残疾人生活。三是全面落实农村低保政策，实现建档立卡残疾人社保兜底脱贫，通过农村低保保障困难残疾人 426 人。四是积极协调上级有关部门实施免费医疗康复，2019 年西藏自治区残疾人康复服务中心组织医生及专家深入察雅县开展康复筛查工作，累计为 200 名残疾人提供康复服务。

故事六 精准安排饮水项目，民众饮水不再难

——做好民生答卷，让察雅县人民喝上放心水

切实做好饮水安全保障工作，是维护最广大人民群众根本利益、落实科学发展观的基本要求，也是实现全面建成小康社会目标、全面完成脱贫攻坚任务的重要内容。察雅县水资源相对紧缺，人均水资源占有量少，降水时空分布不均，工程性缺水和季节性缺水较为严重。再加上自然地理条件复杂，海拔较高，平稳地带少，储水能力差，农牧民群众取水、用水不便，农村地区饮水问题突出，严重影响人民群众的生活。党中央、国务院领导高度重视饮水安全工作，要求把“切实保护好饮用水源，让群众喝上放心水”

作为首要任务，把“让人民群众喝上干净的水、呼吸清新的空气，有更好的工作和生活环境”作为政府工作的目标。

2018年以来，察雅县高度重视农村饮水安全巩固提升工程，始终坚持把抓好农村饮水安全巩固提升工程作为落实“两不愁三保障”的根本保障，严格落实自治区、昌都市关于农村饮水安全工作部署要求，将农村饮水安全巩固提升工程作为造福百姓、惠及民生的实事来抓，以“不漏一村一户”原则扎实做好贫困群众饮水安全全覆盖工作，为坚决打赢脱贫攻坚战奠定坚实基础。

一　基本情况

察雅县有13个乡镇、138个行政村、520个自然村。1999年以来，察雅县农村饮水安全工程累计解决520个自然村的饮水问题，实施514处（含26个安置点供水工程）人饮点（其中部分水源点可覆盖多个自然村）。2020年计划投资1760万元，解决60个点的双水源供水保障措施。

二　主要做法

（一）一个专班促合力

察雅县按照农村饮水安全保障地方行政首长负责制和农村饮水安全实行“县负总责，乡镇、村抓落实”的工作机制，成立以县委副书记、县长其珠多吉为组长的察雅县农村饮水安全巩固提升工程领导小组，县水利局牵头组织，县发改委、县财政局、县扶贫办、县卫建委、县环保局、各乡镇等部门协调配合，县发改委积极做好资金筹措、规划审批、计划下达等工作；县财政局抓好资金计划落实，确保资金及时拨付到位，并加强资金监管；县扶贫办及时分解落实年度脱贫和易地搬迁建设任务；县卫健委积极开展水质监测工作；环保局对划分的水源保护区设立保护措施，积极推进其他水源保护区划分，确保“三个责任”落实。

（二）“两大规划”摸实情

结合察雅县改善农村人居环境的总体工作，坚持眼前效益与长远利益相结合，坚持集中供水和分散饮水相结合，以提高集中供水工程比例、人口覆盖率和自来水入户率为目标，以人饮工程改造提升和改善水质为核心，以贫困村、自然村和不通水、季节性通水地区为重点，制定察雅县饮水安全工程建设规划和实施方案。严格按照“两不愁三保障”标准，对照《西藏自治区农村饮水评价标准》中“水量评价、水质评价、用水方便程度评价、供水保障率评价”精准摸底，成立专班深入乡镇和村居进行数据摸底，对察雅县各人饮点开展冬季供水实地调查，切实做到贫困村、贫困户和贫困人口饮水安全问题底数清、数据明，落实“一村一策”饮水摸底调查表，真正实现不漏一村一户一人。

（三）“三大保障”作基础

一是县政府同各乡镇政府签订农村饮水安全目标责任书，各乡镇政府也成立相应领导小组，从县、乡两级给予农村饮水安全工程建设强大的组织保障。二是健全完善县级农村饮水工程运行管理机构、运行管理办法和运行管理经费“三项制度”，确保农村饮水工程有机构和人员管理、有政策支持。三是整合资金，全面推进。充分发挥县政府的主导作用，积极争取上级资金扶持。2020 年投资 1760 万元，落实 60 个点的双水源供水保障措施；投资 66 万元，对察雅县 189 个人饮点开展水源检测，对 2017 年以前建设的 127 个水源重新开展委托检测工作，2020 年对 62 口新建机井水源开展委托检测工作。

（四）“四大监管”保质效

一是察雅县多次召开会议研究农村饮水安全巩固提升工程实施方案，优先落实公路沿线及村委会所在地各自然村的饮水安全巩固提升。2020 年农村安全饮水巩固提升项目进展到招标工作。二是持续深入全面推行“项目法人制、建设监理制、工程招标制和合同施工制”的“四制”管理，每处工程组建项目法人，明确法人代表、技术和安全负责人，将责任落实到人头。三是每处工程都经过村“一事一议”民主议事讨论通过，邀请当地群众参与水源地的选择，再由县水利局技术人员现场查勘、编制工程设计或实施方案，确保工程建设的合理性。严把竣工验收关，水利部门参与建设全过程，确保每一道工序验收合格，邀请参建四方及乡镇、驻村工作队、村“两委”班子及村民代表共同进行验收，实行质量一票否决制，对存在质量问题的工程，一律不予验收，不予拨付资金。四是理顺管理体制，明确政府为责任主体，各乡镇政府为主要负责单位，对所在辖区内的农村饮水安全工程进行监管。深入研究相关发展政策，引进推广成功经验，总结适合察雅县实际的发展模式。协调农业、环保、住房建设、发展改革、卫生防疫等部门，加强对农村饮水安全工程的管理。

三　取得成效

（一）群众饮水安全得到保障

察雅县高度重视饮水安全，强化顶层设计、保障资金来源，按照“水利工程补短板、水利行业强监管”的总基调，从“挂图作战、动态管理，多元投入、统筹推进，建立机制、规范管理，突出重点、狠抓整改，强化监管、加强帮扶”五个方面迅速推进农村饮水安全工程，在 2020 年 6 月底彻底解决了群众饮水安全问题，达到“小康路上饮水安全一户都不落下”的要求。

（二）农村饮水安全建设更加规范

察雅县狠抓农村饮水安全组织领导、制度保障，确保管理机构、项目资金到位。县水利部门负责工程规划等前期工作并及时组织实施、指导、监管农村饮水工程建设等工作，工程质量监督和建后管护培训得到规范。

（三）生产发展短板得到补齐

2020年投入1760万元实施农村饮水安全巩固提升工程，彻底补齐、补强饮水安全基础设施短板，使群众从“用上水”到“用好水”，为察雅县发展扶贫特色产业提供坚实的水利支撑与保障，促进扶贫特色产业的可持续发展，充分发挥水利工程建设补齐短板的重要作用。

（四）告别饮水难，日常生活有保障

解决饮水难问题是水利扶贫的重点工作之一，也是贫困群众脱贫致富的必然需求。察雅县部分高海拔乡镇群众在过去主要饮用冰川融水、河流等生活用水，冬季经常出现缺水现象，群众需前往几公里外提水。用水难、水质差的问题给群众生活带来极大不便。实施农村安全饮水工程，通过引流水库水源、修建蓄水池，使群众用上放心水，让群众饮水得到保障。

故事七　精准帮扶雪中送炭，危房改造圆梦安居

——以“六改”为抓手推进危房改造工作，让群众住上好房子

“唯有安居才能乐业，唯有安居方可安民。”千百年来，居者有其屋就是中国老百姓最朴实的愿望与追求。在深入推进精准扶贫

工作中，察雅县着力聚焦“两不愁三保障”，加大精准扶贫力度，多措并举改善农村贫困群众的居住条件，以“六改”为抓手全面落实农村危房改造政策，有效保障一大批住房最危险、经济最贫困农户的住房安全，坚实托起一个个贫困家庭的“安居梦”，让村民安居乐业奔小康，开启幸福新生活。

前不久，察雅县香堆镇仁达村村民西热卓玛搬进加固改造后的老宅。西热卓玛说：“以前，通往二楼住房的梯子都是窄窄的独木梯，又险又滑，屋内昏暗无光，对我们这些老年人来说非常不安全。现在，政府对独木梯、狭小的窗口进行了改造，我们住得多安全、多舒服啊。”2019 年以来，察雅县在精准认定危房改造对象的基础上，按照“六改”思路制定“一户一策”的个性化加固改造方案。

2018 年以来，察雅县聚焦脱贫攻坚战“两不愁三保障”住房安全有保障具体要求，坚持解决农牧区困难群众基本居住安全问题，严格按照“科学规划、统筹发展，政府引导、群众自愿，经济适用、确保公正”的原则，根据自治区、昌都市关于农牧区危房改造统一安排部署。察雅县人民政府第一时间全力启动危房改造工作，确定将察雅县危房改造工作与农村人居环境整治紧密结合，作为当前乃至今后一段时间内的重大民生工作和重要政治任务，紧紧围绕“一个目标”，重点突出“两个倾斜”，严格把握“三个环节”，坚决狠抓“四个到位”，危房改造工作进展顺利。2018 年以来，察雅县累计投入资金 3980 万元，确定实施农村危房改造 1328 户，已全部完成改造。

一　紧紧围绕“一个目标”

察雅县作为深度贫困县，群众收入低、建档立卡户多、农牧区住房存在问题多，住房安全一直是打赢脱贫攻坚战的短板。察雅县坚持将危房改造工作视为改善群众住房条件、夯实“两不愁三保障”基础的重大机遇，先后召开数次专题会议研究部署该项工作，明确要求各相关单位要把农村危房改造工程作为一项政治任务、民心工程实施好、落实好。认识论揭示规律，方法论提出路径。为彻底厘清危房改造“症结”所在，察雅县主要领导多次与县住建局等部门负责同志深入各乡镇、村居，入院进屋实地调研勘察，将危房改造突出问题分为房屋地基差、屋面防水不严、独木梯隐患较大、门窗较小采光不足、厨房及厕所设置不合理六大类，结合上级做好危房改造的工作指导意见，在因地制宜的基础上，经过多次讨论研究创造性地提出“六改”工作思路，为做好危房改造工作指明方向，提出具体要求。

二　突出“两个倾斜”

2018 年危房改造任务重点向建档立卡贫困户、低保户、农村分散供养特困人员、贫困残疾人家庭、偏远户 5 类重点对象倾斜，确定对象注意轻重缓急，真正做到“雪中送炭”，切实把建档立卡贫困户及边缘贫困户的利益放在首位，极大地调动困难群众投身生产、建设美好家园的积极性，增强广大干部把农村危房改造工程办实、办好的信心和决心。

三　严格把握“三个环节”

（一）强化舆论宣传

开展工作，舆论在先。自开展危房改造工作以来，察雅县一是充分利用微信公众号、广播电视等形式对农村危房改造工作进行广泛宣传动员，各乡镇利用宣传栏、横幅、村民会议等形式大力宣传，确保农村危房改造这一惠民利民政策家喻户晓、深入民心。察雅县发动群众、依靠群众、让群众满意，摆好基本盘、打好基础战。二是先后召开乡镇负责人和具体经办人动员会、调度会、培训会、现场会等70余次，详细讲解农村危房改造工作的政策方针，明确危房改造工作流程，做到政策清、措施明，有条不紊地推进前期工作。

（二）精准识别危房改造对象，合理确定补助标准

农村危房改造作为一项为民办实事的项目，对象精准是关键。一是为确保住房不安全、家庭最困难的群众切实享受党和国家的优惠政策，严格按照“户申请、村审核、乡镇审批”原则，规范危房改造对象的审核审批程序，实行留痕管理，各乡镇积极组织工作人员深入危房户，彻底排查危房情况，确保上报数据绝对精准，形成13个专项小组，发动138个驻村工作队先后用40余天深入3000余户群众家中进行危房摸排工作，统计危房户共1804户。二是为确保农村危房改造工作公平、公正、阳光、透明，住建部门及时组织14名干部与4名工程师、4家监理单位、4家设计单位成立7个专项小组，2018年11月至12月底前往13个乡镇111个行政村开展为期13天的危房鉴定工作，对各乡镇上报危房户1804户实地核查，核查完毕后组织各小组组长、工程师、设计、监理召开“察雅县危房改造技术讨论会”3次，根据危房等级从实地核查的1804户中划出重点危房1291户（2019年5月昌都市住建局新增察雅县指标37户合计1328户）明确进行危房改造，完成察雅县危房改造技术导则及标准图集和工程预算工作，形成《察雅县危房改造技术导则》、察雅县危房改造调研报告3份。建立健全公示制度，将补助对象基本信息和审查结果在乡镇、村两级公开栏公示，逐户签订危房改造协议。三是整合县级资金889万余元专项用于危房改造

工作，结合上级危房改造标准，最终确定察雅县农村危房改造户户均投资29970元（其中国家补贴13275元，市财政补贴10000元，县财政补贴6695元）。将一些“六改”项目通过投工投劳形式交给当地群众实施，实现危房改造户户均领取9300元劳务费用，在调动危房改造户积极性之余合理增加群众收入，实现危房改造、脱贫两步走。

（三）强力推进工程进度

察雅县危房改造工程任务重、时间短，为确保工程保质保量于2019年8月底完成，将整个工程实行分片实施、专人负责工作格局，把1328户危房改造工程分为7个作业片区，按照各片区工作量合理制订施工计划，要求施工方实行一周一报施工信息；要求各乡镇严格执行农村危房改造月报制度，每月5日上报本辖区危害改造工作进度；确定每个片区由一名住建部门业务骨干专门负责，严格执行住建部门每10天召开一次调度会制度，累计召开10余次调度会，集中解决各片区个性问题，联合住房建设、发展改革等部门不定期深入危房改造工程现场检查政策执行、资金保障、组织管理、工程质量等情况。

四　坚决抓好“四个到位”

（一）领导到位

一是及时成立由县长任组长，相关县级领导为副组长，县直属部门主要负责人为成员的农村危房改造工作领导小组，领导小组下设13个县级领导包乡镇工作组和规划设计、质量安全和验收指导、督查问效3个专项工作组。各乡镇对应成立由主要负责人任组长的领导小组，明确乡镇专门负责此项工作的经办人。二是及时制发《农村危房改造实施方案》，签订县、乡、村“三级”目标责任书和村“两委”与群众协议书，做到任务明确、责任到人、措施到位，形成一级抓一级、层层抓落实、一个阶段一调度的管理机制。

（二）档案管理到位

一是各乡镇按工程实施时间节点，及时准确地将每一户危房改造对象的家庭情况，改造前、中、后 3 张农房照片等信息及时准确录入信息系统，并认真做好纸质档案整理等工作。二是按照农村危房改造档案管理要求，确定 1 名专职档案管理人员，对 1328 户危房改造户信息进行管理，完善好“一户一档、一户一策、一户一方案”等台账，做到改造一户、销号一户；强化对各乡镇农户信息录入和档案整理的校核和抽验，确保档案信息的真实、准确、规范。

（三）环节监管到位

一是各片区责任人采取不定期、不通知形式对施工现场进行督导检查，严格按照“六改”要求和施工技术准则对危房改造工程质量进行督导，对关键环节严格把关，及时发现和纠正施工中存在的问题，确保工程质量。二是农村危房改造严格按照工程建设管理制度实施，坚决落实法人责任制、工程监理制、合同管理制、招投标制、领导责任制。三是财政部门负责农村危房改造补助资金管理，按照中标合同价，根据危房改造总体进度情况及时进行拨付。

（四）信息公示到位

确保各乡镇农村危房改造政策、进度、补助对象等基本信息和各审查环节结果公开公示，建立完善信息反馈机制，及时处理群众举报反馈线索，积极回应群众关切和关心的危房改造信息，切实保障群众的知情权、参与权和监督权。

察雅县始终坚持把农村危房改造工作作为精准扶贫工作的重中之重来抓实抓好，不断总结经验，创新思路，统筹推进，积极探索出一条农村危房改造的新路子，“两不愁三保障”目标中群众住房安全得到有效保障，村容、村貌有明显变化，群众生活环境得到明显改善，群众满意度不断提升。

故事八　因地制宜谋产业，项目发展促脱贫

——要致富，种蔬菜

2020 年实现全面脱贫同步小康是我们党向全世界人民做出的庄严承诺。面对脱贫攻坚这一重任，在党和国家的大力扶持下，农村地区扶贫产业如雨后春笋般出现，产业发展势头不断向好。产业扶贫是脱贫攻坚的战略重点和主要任务，是全面小康的“源头活水”。大力发展产业项目，利用项目发展来带动群众脱贫，确保脱贫有成效，脱贫不返贫。

察雅县位于西藏自治区东部、昌都市中南部。地处横断山脉，地貌类型以高山深谷区、山原区和丘陵区为主，峡谷幽深，平均海拔 3500 米。澜沧江、金河、麦曲河等河流流经县境。察雅县日照充足，干湿分明，气候温和，适宜特色种植业发展。察雅县在充分尊重当地资源禀赋、产业基础以及其他主客观因素的基础上谋划扶贫产业，因地制宜制定蔬菜产业扶贫措施，切实发挥好气候优势，走出一条特色产业发展的新路子和群众脱贫致富的新途径。

一　主要成效

察雅县蔬菜种植面积 560 亩，设施蔬菜种植占地面积达 180 亩，共计 216 座（普通温室大棚 126 座，高效日光温室 90 座），蔬菜年产量 800 吨。2016~2017 年，在巩固原有基地的基础上，扩大基地规模，新建一批蔬菜基地，主要分布在烟多镇、吉塘镇等河谷

地带，主要新建烟多镇如给村高效温室蔬菜大棚、达巴村温棚工程建设项目，吉塘镇莫东村食用菌基地建设项目、亚许村大棚蔬菜种植项目、西西村食用菌培植项目，总投资 3127.02 万元，总面积为 59348.17 平方米，共建 90 座高效温室大棚。每座温室大棚年产蔬菜 1.25 万公斤，年产值 2.6 万元，年利润 1.28 万元；90 座温室大棚年利润 115.2 万元，带动建档立卡户 106 户 473 人以务工、土地流转、效益分红等方式实现增收致富，人均年增收约 1230 元。

二　主要经验

在察雅县蔬菜产业发展过程中，坚持“请进来、走出去”的模式，既要引进区内外有经验的技术人员，也要鼓励群众走出去，开阔视野，拓宽思路。积极吸纳当地群众参与种植业，加强当地群众技术、技能培训，让更多群众懂技术、善管理、会经营的发展特色种植业的主力军，使这项惠民工程更多、更好地造福于当地群众。切实发挥好气候优势，建立并发展瓜果、蔬菜等基地，走出一条特色产业发展的新路子，形成打造一个基地、突出一个特色，形成一个龙头、带动一批发展、富裕一方群众的良性互动发展格局。

（一）发展蔬菜种植，必须立足当地实际，确定好发展思路

一是从实际出发，立足于察雅县的自然条件和区位优势，紧紧围绕察雅县和昌都市场需求，发展本地蔬菜特色产业。二是明确察雅县的发展重点和方向，主攻方向一旦确定，就要坚定不移地、一届接一届地抓下去，不能朝令夕改，中途变卦。三是抓典型，抓龙头，迅速扩大产业规模，形成规模效益。四是调动各方面的积极性，多渠道、多形式参与产业开发。察雅县充分利用自身的自然条件和传统优势，把蔬菜作为农业产业化的主导产业来经营，逐步引导，循序渐进，发展壮大。

发展特色产业，必须学习先进，少走弯路。借鉴先进经验与技术，建设先进的日光温室，引进先进的种植、管理、经营技术，做到高起点、高标准、规模化，并起到示范带动作用。从寿光市的成功做法中发现适宜察雅县蔬菜产业发展的道路，可以少走弯路，减少蔬菜产业发展过程中的“弯路”成本。察雅县组织干部和群众全面系统学习蔬菜种植技术，学习寿光市在筹资、建设、管理、技术、土地流转等方面的经验与做法。充分发挥示范基地的带动作用，以点带面，在察雅县条件适宜的乡镇推而广之，推动察雅县蔬菜产业发展。

（二）发展蔬菜产业，必须强化政府引导，切实搞好产销与流通服务

实施蔬菜产业化的最终目标是提高商品率，大幅度增加农民收入。察雅县在蔬菜产业发展过程中给农民提供技术、资金、物资帮助，扩大生产规模；建市场，抓销售，使菜农生产的蔬菜销得好。注重察雅县市场体系建设，建设察雅县农贸市场和农副产品批发市场。在市场建设方面，察雅县注重规划布局，避免有市无场，重复建设。

（三）搞规模化生产，为农服务

切实解决好群众在产前、产中和产后各个环节中遇到的困难和问题。一是运用典型引路。善于发现、培养和总结产业化典型经验，并及时推广，让群众自己说服自己。二是落实扶持措施。蔬菜产业化发展初期困难较多，政府必须加大扶持力度。特别是优先扶持引进的龙头企业、带头户和示范基地。察雅县在发展大棚初期和集中发展大棚时期，在技术指导、调整土地、物料供应、资金扶持等方面出台优惠政策，调动群众的种菜积极性。三是理顺管理体制。按照产业化发展的要求，服从管理和调控，特别是农牧局等单位更要充分发挥其行政和服务职能，多服务，多支持，为产销经营提供方便，实现增产增收。

三　主要做法

（一）确定发展思路，围绕中心服务

察雅县结合脱贫攻坚总任务，以保障市场供应、增加农民收入、扩大劳动力就业为目标，促进察雅县蔬菜产业又好又快发展，统一思想，明确蔬菜种植业在察雅县经济结构中的发展定位，不三心二意，遇到困难和挫折“咬定青山不放松”，将蔬菜产业发展与扶贫攻坚相结合。务实，不标新立异；实干，不花拳绣腿。

（二）加大宣传动员力度，激发建设热情

农牧民群众是推进蔬菜产业发展的主力军，只有把群众的智慧和力量凝聚起来，把群众的积极性和创造性激发出来，才能成就一番事业。察雅县广泛宣传蔬菜种植的重大意义、政策措施，营造蔬菜种植致富增收的浓厚氛围，使蔬菜种植富民增收深入人心，让群众认识到蔬菜种植是脱贫致富的一次重大机遇，是一项“惠民工程”。使广大群众明白自己是建设主体和受益主体，调动广大农民群众的积极性和主动性，营造“要想发展快，赶紧种蔬菜”的良好局面。察雅县将挖掘符合本地特点的典型（亮点村）示范经验和成功实践，推广典型，让群众看到蔬菜种植的具体成效，加强引导，因势利导，通过树立典型，把“星星之火”放大为“燎原之势”，激发有条件的乡镇种植蔬菜的热情。大力宣传察雅县蔬菜基地建设的环境优势和资源优势，吸引各类社会资本投资蔬菜产业发展。

（三）加强组织领导，强化基地管理

察雅县成立“蔬菜办”，有专门人员抓蔬菜种植工作。在蔬菜

基地建设的过程中，建立机制，健全各项制度，解决重建设、轻管理的问题。察雅县组建领导指挥体系，成立蔬菜基地种植领导小组，具体负责蔬菜基地规划、协调土地租用、流转入股等各项工作，并对工作进展情况、资金使用等情况进行督查，严格操作程序。

（四）选育优良品种，增加经济效益

不同的气候、温度和光照导致产量不同。选育适合察雅县种植的良种是投资少、见效快、经济效益最高的措施。察雅县坚持引进与培育，保障种子质量，加强新、特、优品种的种植，更新优化察雅县大宗蔬菜品种，积极引进特色蔬菜品种，培育适合察雅县气候特点、土壤条件的蔬菜新品种、新技术，加快蔬菜品种的更新换代并示范推广测土配方施肥、喷灌等先进技术，提高生产效率和蔬菜产量、质量，增加经济效益，使察雅县的蔬菜种植品种与市场需求相对接，增强察雅县蔬菜产品的市场竞争力。

（五）增加技术投入，提高种植效益

察雅县“蔬菜办”负责蔬菜种植技术服务，统筹解决蔬菜产业发展的技术问题，健全和完善县、乡、村三级技术服务体系，并聘请寿光市农业局蔬菜种植专家作为技术顾问，指导察雅县蔬菜生产。察雅县采用发放藏汉双语技术资料，办培训班等方法，普及推广蔬菜技术，加强蔬菜种植基地农牧民之间的互相交流、互相学习，提高农民自我服务意识；特别在基地中根据蔬菜生产季节，实行培训与实地指导相结合，组织科技人员深入田间地头采取先调研、后讲课的形式，有针对性地进行技术指导。大力引进、推广实用新技术、新品种、新材料、新设备、新工艺，不断提高科技含量，切实提高蔬菜的生产能力。强化技术培训，有计划、有步骤地对蔬菜技术人员和菜农进行培训，力争在 3 年内，使每个示范基地都有一批科技带头人，每户都有 1 个技术明白人，村村都有“土专家”。

（六）盘活蔬菜流通，促进市场发展

察雅县坚持“产销并重，生产、流通两手抓，两手都要硬”的指导思想，加快建设察雅县吉塘镇蔬菜物流中心，现已完成县城蔬菜批发市场建设。蔬菜批发市场在蔬菜生产和销售之间搭建蔬菜流通的快速通道，为察雅县蔬菜种植户搭建农产品交易平台，引导蔬菜科学合理生产，提高蔬菜产品的经济附加值，解决蔬菜生产的销售问题，使蔬菜的生产和流通步入良性运营轨道。察雅县多渠道帮助群众解决蔬菜销售问题，购买察雅县示范基地生产的蔬菜用于察雅县机关食堂、公安局食堂、中小学食堂，把这些蔬菜发往察雅县蔬菜平价超市，并积极争取昌都市的支持和帮助，将察雅县生产的蔬菜发往昌都市蔬菜直销点销售，保障农牧民群众的蔬菜卖得出，销得快。

（七）创建蔬菜品牌，促进群众增收

开拓市场后，还需要创建自己的品牌，树立自己的形象，才能在市场赢得一席之地，要让买菜的人知道吃的是察雅蔬菜，让销售的人知道卖的是察雅蔬菜，这样才能提高察雅蔬菜的知名度。察雅县抓生产、抓流通，重点放在品牌创建上，坚持把推进“三品”认证、商标注册和名牌申报作为实施品牌战略三大内容，不断强化措施，推进品牌创建。逐步开展蔬菜基地产地认定和产品认证，大力发展无公害蔬菜生产，加快商标注册，扩大市场份额，避免市场有察雅县的蔬菜，但不见察雅蔬菜的品牌。

（八）落实相关政策，夯实发展基础

一是落实土地承包政策。继续完善农村土地制度，健全土地承包经营权流转机制，按照“依法、自愿、有偿”的原则，使土地合理流转向蔬菜种植大户倾斜，扩大单户种植规模，发展蔬菜产业专业化生产，扩大商品蔬菜基地规模，使蔬菜产业的发展真正走上依靠科技和提高劳动者素质的轨道。二是落实扶持政策。利用好上级部门划拨的项目资金，加大对蔬菜基地的投入力度，并加强对产业发展投入资金的规范管理，努力提高项目建设质量。扩大蔬菜种植规模，合理引导企业、种植大户的资金投向蔬菜产业；加大招商引资力度，吸引客商在察雅县有条件的乡镇投资建设“菜篮子工程”基地。三是落实奖励政策。鼓励先进的，鞭策后进的。对积极支持并投资参与建设日光温室大棚建设项目的种植户给予资金奖励，对达到察雅县要求的蔬菜种植村、户分别给予资金补贴，对扩大蔬菜种植面积的农牧户给予生产奖励资金。四是建立风险保障。推广蔬菜政策性保险，将设施生产、集约化育苗和规模种植等纳入政策性保险范围，提高农民参加农业保险的意识和积极性，逐步全面实施商品蔬菜生产的政策性保险。

故事九　扶贫资金落实处，齐心修路暖人心

——荣周乡佐通村苏如组扶贫路上的“最后一公里”

“要想富，先修路”，这句老百姓口口相传的朴素话语既是对修路致富实践的认可，也是老百姓对未来美好生活的向往。2016年9月，习近平总书记在指导交通运输工作时强调“要想富，先修路”不过时，既充分体现亲民、爱民、为民的真挚情怀，也蕴含深刻哲理。脱贫致富靠发展，发展先行是交通。在脱贫攻坚指挥部带领下，荣周乡佐通村苏如组扶贫路上的“最后一公里”建设取得实实在在的成效，将扶贫资金落到实处，接受群众和社会监

督，聚集人气、财气，也为党在基层凝聚民心。

光阴荏苒，岁月如梭，察雅县脱贫攻坚蓝图早已绘好，各方人马在这片热土上干劲十足，风景这边独好。脱贫攻坚指挥部接待过形形色色的“客人”，“柴米油盐，吃穿住行”各式各样的问题在这里汇集、解决，急群众所急、想群众所想、解决群众所难亦是脱贫攻坚指挥部成立之初衷。

一 路难行，马逡巡

2018 年 7 月的一天，苏如、格长等几个自然村的几位群众代表来到脱贫攻坚指挥部，他们急切地表示有 50 户 450 余名群众居住在距乡政府直线距离仅数公里的大山深处，峰高路险，就算去乡政府也是朝发夕归，群众的生产、生活苦不堪言。脱贫攻坚指挥部指挥长其珠多吉向群众承诺不管有多艰险，一定要打通这条康庄大道，让群众先回去等好消息。

不日，指挥长其珠多吉与县发展和改革委员会、交通运输局的同志来到荣周乡佐通村苏如、格卡、西大扩、都巴自然村实地勘察，远远看到在佐通村等待的村干部洛追。其珠多吉知道很多时候群众盼星星般盼着各项政策落实。

从山底望去，苏如、格卡、西大扩、都巴自然村分布在大山半山腰和山顶，群众的幢幢房屋和开辟的一块块梯田像白纸上的几个小点杂列山间，山坡坡度远远超过 25 度，满目荒芜。

了解清楚前行路线后，其珠多吉牵过马匹，笑着告诉洛追：“我是高原的孩子，从小是骑马长大的。何况近些年来下乡骑马也是家常便饭，骑术好着呢。”说完便熟练地跳上马背，率先催马而行。

常言道：“望山跑死马。”寻径前行，山路最窄处仅有 10 厘米落脚处，怪石嶙峋，两小时艰难行进后终于来到半山腰缓坡处，其珠多吉从马鞍袋中掏出干粮，与村民一起席地而坐，与群众聊起家常，“这里海拔多少？什么时候搬来的？平时孩子们上学怎么办？今年下雨少，粮食收成怎么样？”不说大话，只聊民生，其珠多吉谈道：“只有真正走到这里，我们才能体会到群众有多难，才知道要为群众解决什么问题，政府的公信力就是要通过这些对群众民生问题的践行才能逐渐竖立起来，群众才知道是党关心他们，是党帮助他们，群众才知道恩向谁报，所以说为群众做实事，就是最好的党建、最好的民生、对习近平总书记新时代中国特色社会主义最好的遵循。”

每到视野开阔处，其珠多吉便对着地图与大家商量路线规划方案。在苏如村，其珠多吉决定兵分两路，分别前往苏如村北面和南面，查看与外界公路交汇的路线哪一条的施工难度小，哪一条对生态的影响小，哪一条能让更多的群众享受到交通的便利。

近 5 小时马程后，大家在布噶寺管委会汇合，商讨决定完成以下事项。一是先解决实际问题。由县交通局安排小型机械，自下而上开出一条摩托车通行标准的骡马驿道，初步解决群众的出行难问题。二是抓紧拿出前期成果。以苏如村为中心，做双边公路延伸，联结南北两面已经通达的公路，避开自然灾害点，真正让天堑变通途，规划设计要切合实际不可纸上谈兵。三是积极跑办，争取落地。将项目申报材料做扎实，按照实事求是的原则，尽最大努力使项目落地，解决交通问题，改善民生。其珠多吉和其他同志辞别几位热心的村民，马蹄声渐渐消失在山后。

二　停车再看雪满头，欢歌笑语把家还

11 月的察雅山尖有雪，距 7 月已经过去 4 个月，指挥长其珠

多吉并没有忘记他的承诺，也没有忘记荣周乡佐通村苏如、格卡、西大扩、都巴自然村群众饱含希冀的目光。

2018 年 11 月 22 日，其珠多吉与县交通运输局、县发展和改革委员会的同志再次踏上这条“望山跑死马”的崎岖马道，不同的是这一次不用骑 5 个小时马。路面虽然颠簸，车辆却可以通过，但遇到陡峭弯道越野车还是显得有心无力，于是大家下车一起推车，笑着说：“不管怎样总算是通车了，现在要是骑马肯定冻惨了。”不久大家到达山顶，久久不语，远处山尖浮雪，寒风凛冽，看着脚下千回百绕的小道。

不久，苏如自然村从一个芝麻似的点渐渐清晰起来，村口的群众不知在聊些什么。看见车子，群众簇拥过来，洁白的哈达、暖心的笑容，感谢的话一句接着一句。其珠多吉与每个村民一一聊过，大家席地围坐，其珠多吉谈道：“这一切都是党的惠农政策带来的，我个人只是做一些微不足道的工作，大家一定要知道恩从何来、恩向谁报。”在酥油茶的淡淡香味中大家拉起家常，你一句“收入今年增加多少”、我一句“今年的扶贫政策给一个谋生岗位”、他一句“这条路真正打开通向外界的大门”……日头西下，牛羊还家，鸦归巢，好一幅温馨的田园画！

返程途中，其珠多吉同志感慨道：“有路总比没路好，虽然现在只有摩托车道，以后一天会比一天好的，这 55 万元花得值，不落下一户群众是我们党对群众的庄严承诺。”脱贫攻坚指挥部的成员作为打赢脱贫攻坚的指挥员，一定要“眼观六路、耳听八方”，紧盯“两不愁三保障”，发现群众困难，主动作为，加强部门间协调，能解决的问题坚决解决，不能解决的问题也要想办法解决，决不能让群众心寒。

据了解，荣周乡佐通村苏如组摩托车道路工程设计里程 3.837

公里，挖路基土方 20319 立方米（其中普通土方 5080 立方米、硬土方 15239 立方米），挖石方 162814 立方米，设计摩托车道宽度 1.5 米。开挖道路全长 4.5 千米，道路宽度 2.5 米。

这是一条简易便道，却是通向群众的“最后一公里”，不打通这条路党与群众的隔阂便永远存在。党员应深入群众中，看看初心和使命究竟在哪里、究竟是什么、究竟该怎么去践行。

故事十　多措并举精准施策，扶贫项目显成效

——扶贫路上我们高歌猛进

在察雅县，一场以扶贫攻坚为主题的战役也早早地吹响号角。察雅县严格执行脱贫攻坚“一把手”负责制，由县委书记担任精准扶贫领导小组组长，县长担任脱贫攻坚指挥部指挥长，成立 11 个专项工作组，全力以赴打好脱贫攻坚战；重点培育特色产业、农产品加工业、现代服务业、新型经营主体等富民产业，抓关键，找路径，以业育人、就业安人；优化调整贫困乡镇学校布局、增强师资队伍、加大贫困生资助力度，不让一个孩子因贫失学，最终实现教育脱贫。2016 年，全国进入全面建成小康社会攻坚阶段。一年多来，察雅县坚持按照全国经济工作会议、中央扶贫工作会议精神、东西部扶贫协作座谈会精神，结合中央第六次西藏工作座谈会、全区扶贫开发工作会议等系列重要会议精神，扎实推进产业脱贫、劳务输出脱贫、医疗脱贫、教育脱贫、生态补偿脱贫、社会保障兜底脱贫，打响一场轰轰烈烈的精准扶贫保卫战，确保到 2020 年，实现贫困人口整体脱贫，与全国、全自治区一道全面建成小康社会。

一　精确谋划，找准路径

察雅县贫困人口多，贫困情况复杂。做好察雅县脱贫扶贫，必须围绕贫困人口精准施策、精准发力，确保精准脱贫。察雅县精准扶贫领导小组和脱贫攻坚指挥部成立以来，召开专题部署会22场次，理清工作思路11项，制定工作措施40条，编制完成《察雅县扶贫工作规划（征求意见稿）》和20个行业扶贫计划，形成“党政一把手亲自抓，分管领导具体抓，各部门紧密配合抓”，一级抓一级、层层抓落实的工作格局。

在此基础上，针对当地的环境、地质、区位和产业发展现实，察雅县因地制宜，重点培育富民产业，以改善贫困地区基础设施为重点，以增加贫困群众收入为核心，加大政府投入，动员社会帮扶，让广大农牧民群众成为脱贫致富的主人翁和生力军，使更多农牧民群众依靠自己勤劳的双手脱贫致富。

二　精准发力，有效脱贫

有明确的发展思路，察雅县精准发力，通过项目投资、产业扶持、扶贫开发区建设和易地搬迁等一系列有效措施，推动困难群众脱贫。工作中，察雅县将产业扶持工作作为首要任务，以“丰富产业结构、扩大产业规模、发挥产业效能、战略化推进产业建设”为主线，结合园区打造区域化产业，扩大招商引资范围，加大果蔬产业发展力度，深挖牧业经济，重点发展旅游业，大力实施产业推进行动。

围绕“五大养殖基地”“七大种植基地”的产业布局，以市场为导向、以效益为目标、以辐射带动贫困群众增收为根本。其中，依托地域资源禀赋，察雅县着力打造一批特色种养殖业、加工业、民族手工艺、优质建材基地、旅游观光热线等项目。

通过筹建扶贫经济合作组织，结合园区打造区域化产业，积极推广有机蔬菜、食用菌、黑青稞等特色种植产业，深挖牧业经济，加大招商引资力度等，不断带动地方经济发展。

遵循昌都市委、市政府提出的“重镇、干道、开放、开发、开阔、搞活、安全”的要求，察雅县以易地扶贫搬迁和产业配套为重点，统筹建设吉塘镇物流和特色农产业园、烟多优质公共服务和万亩果蔬基地项目区、荣周农业综合开发和集中搬迁安置区、香堆特色农业与文化旅游开发区四大扶贫特色开发区。

作为精准扶贫最为难啃的“硬骨头”，在易地搬迁方面，察雅县确保群众“搬得出、稳得住、能致富”。把扶贫搬迁与美丽新村、小城镇建设结合起来，采取集中搬迁和插花安置两手措施。

三　精准帮扶，多措并举

百年大计，教育为本。脱贫工作最终能否取得实效取决于人们的思维方式和发展观念能否真正转变。教育脱贫显得尤为重要。

近年来，察雅县以教育脱贫为目标，通过优化调整贫困乡镇学校布局、增强师资队伍力量、加大贫困生资助力度等措施，全面改善贫困乡镇办学条件，不断提高贫困地区的教育水平。察雅县各级各类学校学生浴室及多个村级教学点陆续完工，察雅小学改扩建、香堆中心小学改扩建等项目积极规划落实；教师轮岗交流制度不断完善，偏远乡村学校教师补充力度日益加大，贫困学生帮扶资金得到更好的使用。

察雅县通过不断完善社会救助体系，实施社会保障兜底脱贫；举办蔬果种植、汽车驾驶、建筑施工等实用技能培训，千方百计地扩大就业转移脱贫；通过完善生态综合补偿、推进林业、草原生态保护补助奖励机制，帮助察雅县 2305 户 11596 人实现生态效益补偿脱贫。通过加快基础设施建设、提高贫困农村饮水安全保障程度、医疗扶贫、建立金融扶贫优先工作机制、支持社会力量结对帮扶、启动“1369”帮扶工作机制、选派“第一书记”和扶贫（驻村）干部等措施，察雅县把新农村建设与实施精准扶贫、精准脱贫结合起来，紧紧围绕破解农村发展的瓶颈，优先安排贫困地区实施新农村建设项目，取得显著成效。

四　精准规划，确保实效

脱贫是一项长期性的艰巨任务，必须谋划长远。为此，察雅县在总结、提炼脱贫攻坚好经验、好做法的基础上，提出狠抓扶贫开发区规划建设、精准扶贫产业项目建设和金融扶贫政策落地，做好精准扶贫。其中，在扶贫开发区规划建设方面，察雅县将科学编制集新农村、基础设施、公共服务、社会组织、产业发展于一体的扶贫开发区规划。加快落实扶贫开发区交通、水利、农牧、医疗、文化等项目，并派驻工作组专班蹲点落实。全力抓好 7 个易地搬迁安置点建设，建设功能完善、景观优美、底蕴深厚、环境舒适的个性搬迁点，确保搬迁群众顺利如期入住。

产业项目建设方面，通过实施烟多镇康巴香猪、荣周乡奶牛养殖基地，宗沙牦牛、阿孜绵羊养殖，察拉乡花岗岩以及吉塘镇“萨咧营地”、烟多镇“藏家乐”旅游等项目，实现大产业带动贫困群众长期增收；通过实施一批摩托车、汽车修理店、扶贫面食加工店等“短平快”项目，增加贫困群众现金收入；通过组建农牧业技术服务指导队，“点对点”“面对面”“一对一”包产业、包基地、包项目，切实将各类难题解决在一线。

此外，借助扶贫开发区建设的历史机遇，按照“五大养殖基地”“七大种植基地”的产业布局，察雅县加强与农业银行等金融机构的衔接、沟通，实施一批好的致富项目，最大限度地争取金融扶贫政策支持。立足群众小额信贷、扶贫贷款的实际需要，协调农业银行等金融机构深入开展金融政策下乡宣讲和上门服务，使群众能够就近就便办理金融业务。金融扶贫政策的落地为察雅县脱贫致富工作再添一把热火。

第十一章　讲好“五个一批”脱贫发展故事

习近平总书记在2015年10月的减贫与发展高层论坛上首次提出“五个一批”脱贫措施，即发展生产脱贫一批、易地搬迁脱贫一批、生态补偿脱贫一批、发展教育脱贫一批、社会保障兜底一批，为打通脱贫“最后一公里”开出破题良方。2015～2020年，察雅县各部门以习近平总书记扶贫开发战略思想为引领，深入贯彻各级各类精准扶贫会议的总体工作安排，按照“六个精准”“六个结合”“八个到位”的工作要求，强力实施“五个一批”脱贫措施，着力在“补短、补缺、补软”上下功夫，不断提高扶贫质量，巩固脱贫成果。察雅县立足生态优势，狠抓生态建设，通过生态保护补偿促进西部地区产业结构调整，生态产业助力脱贫；不断均衡、完善城乡医疗保障，防止因病致贫、因病返贫；多措并举建设社会的兜底性、基础性工作；借助产业扶贫增强贫困地区内生发展动力，变“输血式”扶贫为“造血式”扶贫；处理好扶贫搬迁，统筹考虑，合理布局，有序推动。“五个一批”脱贫措施让精准扶贫有的放矢，让扶贫成效落地开花。

故事一　语言不通阻扶贫，普通话和民族语言双促进

——察雅县实现普通话和民族语言双促进

少数民族语言文字是中国语言文字的重要组成部分，为民族文化的发展提供重要支持，西藏少数民族语言自然也不例外。普通话作为现代标准汉语，应当被全民学习运用。在民族地区如何实现普通话和民族语言（“双语”）教育是关键问题，事关民族地区经济社会的发展，更关乎各民族融合与发展。

察雅县属全国深度贫困县之一，地处西藏自治区东部，昌都市东南部，北连卡若区，东邻贡觉县，南与芒康县、左贡县接壤，西与八宿县毗邻，属于以藏族为主体的少数民族地区，以康巴藏语为主。伴随国家经济社会全面发展和综合国力日益提升，全球掀起“中文”热，我国56个民族深度融合发展，形成包容并蓄的中华文化。自脱贫攻坚战打响以来，察雅县高度重视普通话推广工作，以“五个认同”（对伟大祖国的认同、对中华民族的认同、对中华文化的认同、对中国共产党的认同、对中国特色社会主义的认同）为出发点和落脚点，通过推广普通话（简称“推普”）教育拓宽对外交流渠道，提升贫困群众自身的“造血”能力。

一　坚持党委领导，压实各方“推普”责任

明确“推普”任务目标，夯实党组织的领导责任、政府的主体责任、学校的教学责任、驻村工作队的具体责任，动员社会各方面力量参与国家通用语言文字推广工作。

二　立足民族文化，学校“双语”教育先行

“十三五”规划实施以来，教育基建项目共计投资 1.83 亿元，实现县、乡、村三级学校对所有适龄儿童入学全覆盖；持续加大学生就学保障力度，通过中铝·格桑花教育助学基金等助学渠道，先后为 1766 名学生发放各类助学、补助及奖励资金 1123.31 万元，切实保障贫困家庭子女入学率，严格落实“三包政策”和“营养改善计划”，大力实施“大米工程”。察雅县控辍保学成效明显，实现所有适龄儿童全部入学，为实施“双语”教育提供有力保障。

三　深入贯彻落实教育“五结合”目标，强化推广“双语”教学工作

察雅县大力加强学校语言文字工作，强化校长、教师和学生自觉规范使用国家通用语言文字和自觉传承弘扬中华优秀语言文化的意识，按期完成语言文字规范化达标建设任务，把学校作为“推普”工作主阵地，通过学校举行演讲比赛、诵读比赛、书法比赛，大力营造“推普”氛围。严把教师语言关，新录用的各级各类学校教师普通话水平要达到国家规定的等级标准，加大对不达标的新入职教师和老教师的普通话培训，大力提升教师的国家通用语言文字应用能力。

经过多年的“双语”教学和“推普”工作，察雅县普通话推广率得到较大提升，现有青壮年劳动力具备基本普通话交流能力，实现普通话和民族语言双促进，自身脱贫能动性进一步加强，社会凝聚力、向心力和国家认同感得到全面巩固。

故事二　经济脱贫使其富，教育脱贫使其智

——察雅县政府部门联动，齐心协力助推教育

“扶贫先扶志，扶贫必扶智”是习近平总书记新时期对坚决打好、打赢脱贫攻坚战的新论断之一。让贫困地区的孩子接受优质的知识教育，是扶贫开发的一项重要决策。教育扶贫与扶持生产、转移就业、移民搬迁、低保政策、医疗救助等扶持方式相比，教育资助的扶贫方式更加实际。扶贫除必需的“输血”式措施外，主要在于“扶智”，即培养一名贫困学生，脱贫一户贫困家庭，造福一村，教育是脱贫的重要手段。治贫先治愚，知识改变命运。在扶贫工作中，应注重发挥教育的作用，让知识产生动力，从根本上解决贫困问题，促进经济增长，建立一个和谐稳定的社会主义社会。

近年来，察雅县始终高度重视教育，按照党中央、西藏自治区、昌都市教育工作部署，深入贯彻教育优先发展战略，以办好让人民满意的教育为宗旨，以立德树人为根本任务，深化教育体制改革，优化教育资源配置，形成“不抓教育察雅没有希望，不抓质量察雅教育没有希望”的统一认识。察雅县党政重教、全民支教，义务教育均衡发展水平不断提升。

一　明确政府职责，细化工作任务

察雅县始终把教育摆在优先发展地位，将其作为精准扶贫“两不愁三保障”的重要抓手，纳入经济社会发展总体规划。建立健全教育工作领导小组，成立以县委书记为组长、以县长为常务副组长的教育均衡发展工作领导小组，出台推进义务教育均衡发展的实施方案，明确均衡发展推进时间表、路线图。建立县委常委包

乡、县级领导包校的责任工作机制。把推进义务教育均衡发展作为“一把手”工程，列入党委、政府重要议事日程，县委、县政府定期听取教育工作汇报，为落实推进义务教育均衡发展提供强有力的组织保障，察雅县上下形成“县委重教、政府兴教、群众助教”的良好局面。在推进县义务教育均衡发展的过程中，提出“一乡一策，一校一清单、一校一案”义务教育均衡发展迎检整改思路，全面开展整改。

二　察雅县部门联动，齐心助推教育

察雅县各职能部门无条件配合义务教育均衡发展工作，各尽所能，将人、财、物等资源向教育倾斜。在项目建设审批、校园基础设施建设、师资力量补充、校园安全建设等方面取得良好效果。县委组织部出台关于从党政机关事业单位选派人员支援基层教育工作的通知，共选派 82 名机关事业单位人员到学校支教，县人力资源和社会保障部门将 2018 年察雅县招聘的 82 名公益性岗位人员全部分配到学校任教，以有效解决乡镇学校教师紧缺问题。县林业局、县农牧局在学校绿化建设上无偿为学校提供绿化树苗和草种，校园绿化、美化稳步推进。县卫生健康委员会积极筹措资金为各学校卫生室配备医疗设施设备和医疗药品，选派精通业务的医务人员在学校卫生室坐诊，有效提升学校医疗卫生工作水平。各部门在学校项目审批，土地征用、规划、设计、建设等方面给予大力支持，积极推进察雅县学校基础设施建设项目进程。县人力资源和社会保障部门在教师职称评聘上优先支持教师职称评聘。县公安、消防等部门经常组织力量对校园安全工作进行检查指导，提高学校安全工作水平。县水利局积极筹措资金、设备，为学校解决师生饮水难问题，有效改善学校师生的生活条件。

三 落实经费保障，加大投入力度

县政府高度重视完善义务教育经费保障机制，按照西藏自治区要求，结合本县实际，实行预算到校、“校财局管”制度。在落实国家和西藏自治区有关义务教育经费投入政策方面，察雅县继续坚持县财政收入投入教育的比例不低于21%的规定，进一步增强政府办学责任，有效提高义务教育投入水平。2015~2017年县财政收入对教育投入分别为537.81万元、674.94万元、827.82万元。2018年察雅县财政收入投入教育经费达到1134.187万元，县财政还投入95.1万元用于资助建档立卡户贫困大学生，以上两项财政投入合计1229.287万元，占上年度财政收入的25.9%。2015~2017年义务教育预算内经费拨款分别为17316.21万元、17825.05万元、21057.88万元，占本辖区财政总支出的比例分别是15.94%、16.16%、17.89%。2018年投入专项资金1000万元用于义务教育均衡发展。2016年和2017年征收教育附加费投入教育资金分别为53.72万元和80.82万元。按要求提取土地出让金，2016~2017年共拨付129.535万元用于义务教育运行和发展。

四 加强德育教育，培养合格人才

一是加强学生思想道德建设。察雅县各学校以立德树人为根本任务，抓住“为谁培养人、培养什么样的人、怎样培养人”的德育工作方针，以培育和践行社会主义核心价值观为主线，以“扣好人生第一粒扣子”为主题，在广大青少年学生中广泛开展爱国主义教育、民族团结教育、新旧对比教育，注重学生的学成教育、感恩教育、法制教育、安全教育，提高德育工作的针对性和实效性。二是重视德育场所建设，积极筹措资金开展学校德育室建设，各学校德育室建设突出“我们的核心、伟大的祖国、美丽的家乡、可爱的学校、我们的组织、我们的榜样、我们的活动、我们的目标”八大主题，德育室建设内容丰富，展现形式多样且各有特色，学校德育阵地建设水平全面提升。

五　加强队伍建设，关爱乡村教师

不断完善中小学教师继续教育、学历教育和校本培训相结合的师资培训工作机制。每年举办两次校长述职大会和一次校长论坛，组织中小学教师课堂教学竞赛。2017 年以来，察雅县参训教师达到 400 余人。2017 年，察雅县用于中考、小考教学质量奖励资金达到 60 万元。每年举行班主任、学科教师教学经验交流大会，集中开展理论授课、现场观摩与交流。出版《察雅教育》杂志，交流先进教育经验和理念，展示教育教学成果，扩大教育影响力。察雅县与重庆市綦江区签订教师三年帮扶协议，察雅县学习内地学校先进的管理及教育教学经验，推动察雅县学校管理科学化和规范化，提高教师教育教学水平。2017 年 5 月、2018 年 5 月先后组织两批 73 人到綦江区参加校长援藏项目培训和小学教师专题班培训。

察雅县在教师职称评聘、评先选优等方面，优先向乡村学校教师倾斜。2015~2017 年，乡村学校教师评聘职称 89 名。严格落实自治区乡村教师生活补贴政策，2015~2017 年共兑现乡村教师生活补贴 574.7 万元。积极整合、筹措资金 199 万元，建成乡村学校教工之家 31 个。为乡村学校率先建成教师周转房，12 所乡镇中心小学及 5 所村完小建设教工周转房 280 套，解决了 320 名乡村教师的住房问题，有效改善乡村学校教师的居住和生活条件，营造了良好的留人环境。

六 传承优秀文化，助推特色发展

察雅县各学校按照“一校一品一特色”的思路，大力开展富有地域特色的校园文化建设，提升校园文化建设内涵。香堆镇第一小学将藏区最有名的“蓝色面具派”的流派藏戏、自治区级非物质文化遗产香堆藏戏融入校园文化，邀请非遗传承人担任指导教师，向学生定期传授、表演藏戏。荣周乡第一小学以传统歌舞荣周麦堆卓庆融入校园文化，提升学生的艺术修养。荣周乡第二小学将当地著名的麦堆银器制作文化引入校园，增强学生热爱家乡的感情，积极提升校园文化建设水平。香堆镇第二小学作为昌都市唯一一所有少代会的小学，致力于创建少先队活动，在推进少先队建设过程中通过开展多种形式的主题活动提升少先队建设水平。吉塘镇小学大力倡导开展学生每日读书活动，建设读书长廊，完善设施设备配备，大力开展书香校园建设。县小学在精细化管理的基础上，探索将传统的察雅县烟多镇石刻文化、热巴舞文化引入校园，大力推进小学生足球校园建设。

七 关爱弱势群体，促进教育公平

察雅县积极构建“政府主导、部门协作、社会参与”的关爱网络，保障弱势群体平等接受教育的权力。加强对进城务工人员子女的关爱，外来务工人员随迁子女全部进入公办学校就读。加强对留守儿童的关爱，由县政府主导，教育局牵头，妇联、团委、乡镇政府等相关部门共同参与，构建关爱网络。学校教师与留守儿童结成帮扶对子，加强对留守儿童的教育与管理。增加对经济困难家庭学生的关爱，积极兑现各类贫困生助学金，建立中铝·格桑花教育助学基金，加大对家庭经济困难学生的资助。近年来，通过上级部门拨入、援藏投入、自筹资金等方式资助贫困生 1479 人，兑现各类资助金 719.5 万元。其中，上级拨入建档立卡户大学生资助金 478.3 万元，资助人数 636 名；援藏投入大学生及高中生资助金 59.7 万元，资助人数 238 名；县级自筹建档立卡户大学生资助金 181.5 万元，资助人数 605 名。

面对发展机遇，察雅县将不断深化教育优先发展战略，深化特色学校建设，缩小校际差距，提升义务教育均衡水平。我们相信，在各级党委和政府的关怀和察雅县人民共同努力下，察雅县教育一定会迎来更加美好的明天。

故事三　察雅县立足生态优势，生态产业助力脱贫

——察雅县勇做“绿水青山”守护者

生态补偿是以保护和可持续利用生态系统服务为目的，以经济手段为主调节相关者利益关系，促进补偿活动、调动生态保护积极性的各种规则的制度安排。“十三五”规划以来，在县委、县政府、县脱贫攻坚指挥部的坚强领导下，县生态补偿组全面贯彻落实习近平总书记关于脱贫攻坚讲话精神和“绿水青山就是金山银山”“冰天雪地也是金山银山”“做神圣国土的守护者、幸福家园的建设者”的重要指示精神，深入贯彻落实西藏自治区、昌都市关于脱贫攻坚的会议精神，抓住精准扶贫这条主线，勠力同心，砥砺前行，精准施策，精准脱贫。以助农增收为核心，推动察雅县生态补偿再上新台阶。

一　生态补偿政策落实方面

（一）强化生态岗位政策宣传和落实

察雅县高度重视政策解读工作，加强对村居“两委”和驻村

工作队的政策解读，确保各级生态补偿脱贫攻坚工作责任领导及扶贫干部学好政策、懂好政策、用好政策。采取各种宣传教育形式，加强对农牧民群众尤其是岗位人员的政策解读，让群众了解生态保护岗位的招收条件、补助标准及需要履行的职责。确保招收工作精准落实、岗位人员按职履责。二是严格按照相关政策和要求，察雅县认真做好各项工作。严格按照“定岗定员、定岗定责、定岗定酬、一人一岗”的要求及生态保护政策性岗位的招收政策，进一步核实确认已招收生态保护政策性岗位人员的基本条件，对无劳动能力的人、长期外出者、在校生、死亡人员等不符合招收条件的人员要坚决踢出，并将腾出岗位安排给符合条件的人员。确保不出现有不符合生态岗位招收政策人员鱼目混珠的情况，对符合要求的人员建档立册，确保贫困人员切实享受生态岗位扶贫政策。

（二）强化考核

一是制定《察雅县脱贫攻坚生态保护转移就业岗位考核管理办法（试行）》，加强和规范察雅县脱贫攻坚生态保护转移就业岗位人员管理，落实工作责任，严格日常监管，切实维护好管护区域的自然资源安全，积极推进生态文明建设。对生态岗位人员半年和年度工作情况进行考核。考核监管由乡镇和村居共同完成。村居主要对生态岗位人员的日常管理情况进行全面监督与考核；乡镇负责生态岗位人员日常履职及管护成效进行抽查，并做好抽查记录，作为考核评分及动态管理的重要依据。考核小组由乡政府与村居“两委”班子和驻村工作队人员组成，共同开展生态岗位人员的考核，并对考核结果负总责。二是进一步规范管理察雅县生态补偿脱贫一批的档案资料，建立准确无误的管理台账。严格按照生态补偿岗位及生态保护工程管理台账模板，认真填写相关数据，并做好审核及归档工作。按照“定岗定员、定岗定责、定岗定酬、一人一岗""退耕一批、补贴一批""投劳一批、补助一批"的原则，乡、村、户做好资料归档工作。三是县脱贫攻坚指挥部统一安排，由县生态补偿组统一制作生态保护政策性岗位上岗证和合同书。各乡镇按照"定人定职、定职定责"原则，向核实调整后绝对符合条件的岗位人员发放上岗证并签订合同，及时填写上岗证和签订合同须知。要在发放上岗证和签订合同时，对新招收人员进行培训，确保所有生态保护岗位工作人员明确其责、发挥其用。

二　生态治理及生态扶贫项目建设方面

（一）落实情况

因地制宜，大力发展经济林产业促脱贫。利用地理优势、自然优势、区位优势，2018 年察雅县启动林业产业项目，总投资 6822.39 万元，总面积为 8320 亩。项目吸纳当地群众投工投劳，共计吸纳群众 137 户 795 人，其中建档立卡户 59 户 304 人预计获得工资性收入 110 余万元，户均增收 8000 余元，实现群众不离乡、不离土在家门口就业的愿望。根据规划，经济林项目建成 3～5 年后，将移交给当地群众作为集体经济，采取"公司+基地+农户"的模式为群众脱贫增收。

大力发展苗圃，拓宽就业渠道，增加收入。2017 年，察雅县引进龙头企业，租用卡贡乡邓学村群众土地 309 亩开展苗圃建设，投资 2800 万元培育当地云杉、核桃等苗木 93 万株，年出圃苗木 4 万株以上。年兑现群众租地费用 30.9 万元，全村 33 户 197 人全部参与苗圃建设并从中受益，其中建档立卡贫困群众 21 户 104 人，户均增收 9364 元，人均增收 1568 元。通过苗圃建设项目，当地贫困群众有致富门路，真正实现在家门口就业致富。察雅县坚持"培训一人，就业一人"的原则，结合实际，对邓雪村贫困群众开展育苗、苗圃管理等技术培训，并吸纳他们为苗圃工人，参与育苗、管护等工作，促进贫困群众长期稳定增收。培训群众 50 人，其中 40 人被吸纳为察雅县 2018 年林业产业扶贫项目务工人员。

科学实验高原新树种，生态产业助力精准扶贫。依照国家十大精准扶贫工程部署，察雅县通过阶梯式、科学性论证种植杂交构树的可行性，利用荒山荒坡进行种植，引进龙头企业建立种植示范点，带动当地贫困群众增收致富，实现杂交构树精准扶贫项目规模化、产业化和杂交构树“林—料—畜”一体化产业扶贫目标。2018 年以来，察雅县投资 1000 余万元，种植中科一号杂交构树超过 1500 亩，种植规模 2500 亩。

（二）生态扶贫促增收的三个亮点

察雅县大力发展林业产业促脱贫的做法好、思路清，以发展杂交构树产业为例，带动当地群众增收的思路模式有借鉴之处。

第一，土地流转得租金。在杂交构树产业项目中，荒山荒坡土地流转费每亩 45 元。通过土地流转，群众每年可获得土地流转费 48735 元。

第二，转移就业得薪金。与其他经济林产业相比，杂交构树扶贫产业可以带动更多当地富余劳动力就近就业，从种植、管护、收割到衍生产品销售等环节均可能大量吸纳建档立卡贫困户参与，发放群众工资 10 万余元。

第三，参与经营得股金。杂交构树栽植 3～5 年进入盛产期后，整体项目将移交给当地群众，项目每年可产饲料原料 5625 吨。按每吨饲料原料 700 元的价格估算，预计年收入 393.75 万元，村集体预计每年分红 15 万元。

故事四　医保政策深研读，城乡均衡有保障

——察雅县重视政策理论学习，
城乡医疗保障有序开展

习近平总书记在党的十九大报告中提出，要完善统一的城乡居民基本医疗保险制度和大病保险制度，全面建立中国特色医疗保障制度。他在党的十九届四中全会进一步强调，要坚持应保尽保原则，健全统筹城乡、可持续的基本医疗保险制度。2019 年 11 月 26 日，习近平总书记主持召开中央全面深化改革委员会第十一次会议，审议通过了《关于深化医疗保障制度改革的意见》，作为贯彻落实十九届四中全会精神的成果，研究明确了一系列重要改革举措。为了进一步贯彻落实十九大精神，着力解决人民群众最关心、最直接、最现实的利益问题，进一步健全医疗保障体系，满足察雅县城乡居民基本医疗保障需求，察雅县按照制订好的工作计划，加强领导，明确责任，精心组织，周密部署，抓好落实。察雅县医疗保险工作以全面完成上级下达目标任务为核心，以建立统一城乡居民基本医疗保险制度为切入点，以提高参保群众医疗待遇水平为着力点，通过强化管理、优化服务，不断夯实医保基础，努力构筑多层次医疗保障体系，保障广大参保人员医疗待遇，维护社会稳定，促进全民医保体系持续健康发展。为推进健康中国建设，防止因病致贫、因病返贫，实现到 2020 年让农村贫困人口摆脱贫困目标奠定坚实基础。

一　加强政策理论学习，不断提升领导干部自身修养

学习是提高修养的必要前提。对于党员领导干部来说，学习是

加强思想政治建设、运用理论指导实践、不断提高政治素养的重要形式，是提高政治水平、理论水平、决策水平、服务水平的重要途径。在政治理论学习活动中，结合医保工作和单位工作实际，深入贯彻学习党的十九大精神和习近平新时代中国特色社会主义思想、学习总书记关于脱贫攻坚重要讲话精神以及抓好“不忘初心、牢记使命”主题教育活动。2020 年以来，昌都市医保局党支部召开理论中心组学习 12 次，党支部会议 12 次，党支部书记上党课 4 次，开展主题党日活动 12 次，从德、能、勤、绩、廉五方面全方位提高党员干部的政治素养。

二　城乡居民基本医疗保险工作有序开展

建立统一的城乡居民基本医疗保险制度，实现城乡居民基本医疗保险“六统一”，推动察雅县基本医疗保障更加公平、管理更加规范，促进全民医保体系持续健康发展，使每位居民更加公平地享有基本医疗保障权益。根据《昌都市人民政府办公室关于印发〈昌都市城乡居民基本医疗保险制度整合实施方案〉的通知》文件要求，察雅县按照方案进度有序开展城乡居民基本医疗保险制度整合工作。

一是按照《昌都市人民政府办公室关于印发〈昌都市城乡居民基本医疗保险制度整合实施方案〉的通知》文件要求，成立以察雅县县委副书记、常务副县长覃波同志为组长，县政府副县长古金容同志为副组长，以 22 家县中（直）单位及 13 个乡镇为领导小组成员的察雅县城乡居民基本医疗保险制度整合工作领导小组，并制定《察雅县城乡居民基本医疗保险制度整合实施方案》（以下简称《方案》），并按《方案》规定的时间节点有序推进察雅县城乡居民基本医疗保险制度整合工作。

二是做好宣传动员工作。自城乡居民基本医疗保险制度整合工作开展以来，由市医保局主要领导带队的宣讲小组先后前往 13 个乡镇进行城乡居民医保政策宣传动员工作。各乡镇积极配合，分别召集医保专干、就近村“两委”及村民群众召开专题宣讲会。宣讲过程中，就保障对象、参保人信息采集、个人筹资档次以及不同档次的报销比例进行了详细的讲解。向各乡镇强调：医疗费用报销一定要实事求是，规定中不能报销的案例乡镇领导要做好严格把关，杜绝出现开假证明的现象，一旦发现此类骗保行为将严肃处理。此外，还印发一批宣传手册、海报下发至各乡镇。各乡镇、村居通过走村入户、集中讲解等方式积极将宣传手册发放给每一户，并开展城乡居民基本医疗保险制度整合政策宣传咨询活动，共计发放宣传册 11000 余册，张贴海报 1400 余张。

三是召开察雅县城乡居民基本医疗保险制度整合工作推进会。通报察雅县近期城乡居民基本医疗保险制度整合工作开展情况，对城乡居民基本医疗保险整合工作进行再安排、再部署。城乡居民基本医疗保险整合是事关脱贫攻坚工作的大事，做好城乡居民基本医疗保险整合工作，对于保障农村贫困人口享有基本医疗卫生服务，推进健康中国建设，防止因病致贫、因病返贫，实现 2020 年让农村贫困人口摆脱贫困目标具有重要意义。参会领导从组织保障、宣传培训、参保登记、缴费、督导考核等几个方面进行了强调部署，要进一步加强统筹协调和资源整合，采取有效措施切实做好城乡居民基本医疗保险制度整合工作。

四是各乡镇领导高度重视城乡居民基本医疗保险制度整合工作。积极开展各乡镇城乡居民基本医疗保险制度整合工作推进会，各乡镇书记或乡镇长亲自抓，督促各村驻村工作队积极配合医保专干开展群众基本医疗保险信息采集工作，确保信息采集工作不落下每一名群众。组织驻村工作队通过入户走访、召开村民大会的形式对整合后新的医保政策进行反复宣讲，1 万多户群众对 2020 年城乡居民基本医疗保险制度整合后的政策入心入脑，广大群众清楚认识到整合后医疗保险缴纳及报销的相关政策，彻底转变因不了解政策而不积极缴纳医疗保险费用的心理。

五是参保登记工作有序开展。自参保登记工作开展以来，县直各单位，各乡镇、村居积极配合，按照昌都市医保局的要求，察雅县安排专人负责，统一操作规范，全面开展参保人员登记、信息录入，确保参保人员数据准确无误。

针对各乡镇自发搬迁户暂时联系不上的群众，医保局联系各乡镇，让相关村“两委”或搬迁户亲戚进行联系，由驻村工作队或村“两委”对 2020 年城乡居民基本医疗保险整合制度进行详细讲解，自发搬迁户可将个人参保信息发给户籍所在村居进行参保信息登记，也可以选择在搬迁所在地就近参保，将参保信息反馈给搬迁地村居，由村居统一上报至医保局进行信息录入；乡镇派出所核实新生儿或尚未上户的群众，出具村居或乡镇证明，由乡镇派出所上报公安局户籍科，可以为其办理上户手续；确保参保人信息录入不漏一人。

六是进一步加强医保基金监管，坚决打击欺诈骗保行为。医保局共计开展四次“严厉打击欺诈骗保行为，坚决维护医保基金安全”现场宣传活动，发放宣传资料 1500 余份。

采用现场咨询、现场讲解、发放宣传资料、张贴海报及走村入户相结合的方式，让广大职工、城乡居民了解欺诈骗保、维护基金安全的重要性。向广大职工宣传以下三方面内容：一是基本医疗保险基金监管的相关法律、法规及政策解读，并对照医保服务协议的违规行为进行宣传；二是欺诈骗取医疗保险基金的行为类型，以及欺诈骗保行为的举报投诉渠道；三是对欺诈骗取医疗保险基金典型案例进行宣传。

七是做好2020年以前住院群众医疗费用的清算工作。城乡居民基本医疗保险整合工作完成前，医保局对2020年以前产生的住院费用及时进行报销，及时核销原城镇居民医疗保险专户和新型农村合作医疗专户，确保城乡居民基本医疗保险专项基金及时转移，为建立县级城乡居民医疗保险专户工作打下基础。

三　城乡居民医疗有保障

（一）基本医疗有保障

城乡居民基本医疗保障制度整合前，察雅县不设住院起付线，支付比例如下。乡级医院住院：按90%进行报销；建档立卡贫困群众提高5个百分点，即为95%。县级医院住院：按85%进行报销；建档立卡贫困群众提高5个百分点，即为90%。市级及以上医院住院：按70%进行报销；建档立卡贫困群众提高5个百分点，即为75%。报销封顶线为6万元。共计为2019年住院群众报销住院费用3209064.88元，涉及396人，其中包含建档立卡户153人，报销住院费用1341903.36元。

2020年察雅县开展城乡居民基本医疗保险制度整合工作，基本医疗保障不再有农牧民群众与城镇居民之分，且城乡居民基本医疗保险制度整合后，原有的基本医疗报销制度不再执行，察雅县城乡居民本年度基本医疗保险缴费等级分为每年60元、120元、250元三个档次，群众可根据自身意愿自愿前往国税局缴纳基本医疗保险。特殊参保人群基本医疗费用按照最高档次由财政或医疗救助代缴，以下为不同缴费档次的报销标准。

缴费档次为250元的参保居民。在统筹区县域内乡镇卫生院和一级、二级定点医疗机构住院治疗的居民，其符合基本医疗保险支付范围的医疗费报销 90%；在统筹区内三级定点医疗机构住院治疗的居民，其符合基本医疗保险支付范围的医疗费报销 85%。缴费档次为 120 元的参保居民。在统筹区县域内乡镇卫生院和一级、二级定点医疗机构住院治疗的居民，其符合基本医疗保险支付范围的医疗费报销 75%；在统筹区内三级定点医疗机构住院治疗的居民，其符合基本医疗保险支付范围的医疗费报销 70%。缴费档次为 60 元的参保居民。在统筹区县域内乡镇卫生院和一级、二级定点医疗机构住院治疗的居民，其符合基本医疗保险支付范围的医疗费报销 65%；在统筹区内三级定点医疗机构住院治疗的居民，其符合基本医疗保险支付范围的医疗费报销 60%。

居民在统筹区内县域外乡镇卫生院和一级、二级定点医疗机构住院治疗产生的合规医疗费用，参保个人选择缴纳 60 元、120 元、250 元档次的报销比例比统筹区县域内同等级定点医疗机构低 5%。居民在统筹区外各级定点医疗机构就医产生的合规医疗费用，参保个人选择缴纳 60 元、120 元、250 元档次的报销比例比统筹区内同等级定点医疗机构低 10%。对建档立卡贫困户符合基本医疗保险支付范围的住院、门诊、特殊病医疗费用提高 5%报销比例的政策不变，封顶线仍为 6 万元。

（二）大病保险有保障

城乡居民大病保险由西藏自治区统一购买，对住院医疗费用超过城乡居民基本医疗保险封顶线（6 万元）的患者，超出部分由大病保险支付，昌都市人保公司已在察雅县设立分公司，住院患者在大病统筹报销后，把相关材料送至保险公司，经保险公司审核后直接支付给大病患者。封顶线为 14 万元。

（三）医疗救助有保障

针对在大病统筹、大病保险支付后自付比例仍较高的患者，进行医疗救助。对建档立卡贫困户、低保人员、特困患者住院医疗费用100%报销；残疾一级、二级和60岁低收入家庭住院医疗费用按70%报销；特殊病种住院医疗费用按70%报销。普通医疗救助每人每年累计救助资金不超过10万元；重特大疾病医疗救助用药范围和诊疗项目参照大病保险相关规定，年救助标准最高不超过20万元。2020年结算2019年住院患者获得医疗救助385人，共计1081499.3元，其中包含建档立卡户280人，救助金额为766150.31元。

故事五　察雅县兜底保障促民生、安民心

——察雅县民政局“调压减震”改善民生

为全面贯彻落实习近平总书记“聚焦脱贫攻坚、聚焦特殊群体、聚焦群众关切”的重要指示精神，解决“两不愁三保障”突出问题，察雅县民政局高度重视、全面部署，完善政策、规范操作，精准识别、精准施策，保障基本民生，助力脱贫攻坚。坚持问题导向，围绕脱贫攻坚，强化“两不愁”助力“三保障”，进一步加强社会救助政策与脱贫攻坚政策有效衔接，充分发挥脱贫攻坚工作中的兜底保障作用，全面推进社会兜底保障工作向纵深发展。察雅县认真学习习近平总书记对民政工作的重要指示：“民政工作关系民生、连着民心，是社会建设的兜底性、基础性工作。”作为“五个一批”的成员单位，按照“兜底保障、不落一人”的要求，县民政局立足县情，积极行动，多措并举，始终坚持“以民为本、为民解困”的工作宗旨，充分发挥民政工作“调压减震”的作用，

以保障和改善民生为出发点和落脚点，打好以最低生活保障为基础，以特困救助供养、临时救助等专项救助为辅助，以其他救助、救济和社会帮扶为补充的社会救助体系的社会保障兜底“组合拳”，按时保质保量完成脱贫攻坚的各项工作任务，为察雅县脱贫摘帽做出应有贡献。

一　社会救助水平稳步提高，基本民生保障有力

（一）保障资金落实到位

四年来，察雅县加强社会救助。社会救助体系日趋完善，社会救助制度健全，服务水平日渐提升，建成针对城乡最低生活保障、特困人员供养、临时救助、困难残疾人的全方位的社会救助体系。截至2019年底，落实31226人的农村低保对象保障资金5608.2万元；落实949人的城镇低保保障对象资金647.38万元；落实8568人的困难“残疾人两项补贴”资金1633.29万元；落实困难群众临时救助2346人，落实资金487.15万元；医疗救助4304人，落实资金1497.06万元；向分散特困人员落实生活补贴资金802.84万元；落实2633位“寿星老人”的补贴资金89.06万元；落实2726位经济困难高龄失能老人的补贴资金163.56万余元；落实4304人的城乡困难群众医疗救助对象资金1497.06万元。

（二）救助标准稳步增长

城镇低保补差标准已由2016年的640元/月/人提高到847元/月/人；农村低保标准从2016年的A类2170元/年/人、B类1630元/年/人、C类1023元/年/人增加到2017年A类2931元/年/人、B类2327元/年/人、C类1613元/年/人；从2018年开始农村低保标准实行差额补贴，由2018年的3840元/年/人提高到4713元/年/人；特困老人供养标准从2016年4740元/年/人提高到分散供

养老人7743元/年/人、集中供养老人12480元/年/人；“两项补贴”标准重度残疾人员护理补贴从2016年1320元/年/人增加到2400元/年/人、困难残疾人生活补贴从2016年首次发放以来的660元/年/人增加到1200元/年/人。

（三）救助范围覆盖面广

近年来，察雅县不断加强社会救助规范建设，完善城乡低保、特困人员、困难残疾人、临时救助等方面的救助审批程序、动态管理制度、内外监督制度，实现“应保尽保”，有效解决了困难群众的后顾之忧，察雅县城镇低保保障对象从2016年的235人调整至241人；农村低保保障对象从2016年的7828人调整至7779人；特困供养对象从2016年的464人调整至399人，持证残疾人对象从2016年的1932人增加至2348人。

二　发挥社会保障兜底作用，全力助推精准扶贫

自脱贫攻坚工作开展来，为打赢全面决胜脱贫攻坚战，与全国一道步入小康社会，作为“五个一批”成员单位，县民政局立足县情，积极行动，多措并举，打好以最低生活保障为基础，以特困救助供养、临时救助等专项救助为辅助，以其他救助、救济和社会帮扶为补充的社会救助体系的社会保障兜底“组合拳”。一是每年多次全面开展农村低保动态管理，确保应保尽保、应退尽退，应扶尽扶。通过动态管理、精准排查，对不符合低保保障条件的群众及时给予退出，将没有劳动能力或暂时无法通过扶贫开发脱贫的困难家庭，按程序及时纳入农村低保范围，实行“兜底保障”。截至2019年底，察雅县识别农村低保保障对象7779人，其中建档立卡7283人，约占察雅县识别农村低保保障对象的94%。无劳动能力的3358人，约占察雅县识别农村低保保障对象的43%。二是健全

特困人员供养制度，确保供养人员基本生活得到保障，全面落实孤儿基本生活保障，提升了困境儿童关爱保护水平。特困人员保障399人。三是规范临时救助制度，确保不发生因病或因灾致贫或返贫现象。健全完善“救急难”和“一门受理、协同办理”的工作机制，做到早发现、早救助、早干预，让困难群众“求助有门，受助及时”。切实将遭遇突发性、紧迫性、临时性生活困难的群众纳入救助范围。四是做好贫困残疾人扶贫工作，严格按照重度残疾人护理补贴和困难残疾人生活补贴标准落实“残疾人两项补贴”，不断完善困难残疾人救助体系，继续加大困难重度残疾人纳入特困人员救助范围，切实做好贫困残疾人脱贫工作。

三 “双集中”供养工作稳步推进，社会服务提质升级

2016年至今，察雅县建成特困人员集中供养服务中心1座，2015年底建成并投入使用，项目总投资2278万元，占地面积3500平方米，建筑面积6937平方米，共有83间卧室，可容纳近170名老人居住，大大提升了察雅县特困人员集中救助水平。近年来，按照统一安排部署，察雅县通过多项措施，切实保障“双集中”工作顺利推进，调整充实工作小组，建立专班，强化组织领导，明确工作责任。为进一步推进“双集中”工作，层层签订责任书，责任到人，督导落实到位。积极创造条件，推进机构运转，加强机构管理，切实发挥职能作用。察雅县有孤儿158人，送往西藏自治区福利院、林芝市福利院、昌都市第一福利院、昌都市第二福利院等福利机构集中供养孤儿123人，孤儿集中供养水平稳步提高。

四 部门联动社会协同，残联工作不断推进

近年来，察雅县坚持把贫困残疾人康复帮扶和脱贫工作作为工

作的重点和难点来抓，通过政府主导、民政作为、部门联动、社会协同，大力实施残疾人脱贫工程，进一步增强贫困残疾家庭的“造血”功能，在察雅县形成残疾人帮扶工作齐抓共管的格局，确保“全面建成小康社会，残疾人一个也不能少”。一是按照《贫困残疾人脱贫攻坚行动计划（2016~2020年）》《西藏自治区打赢深度贫困地区脱贫攻坚三年行动计划》等各级文件精神，结合察雅县实际，第一时间制发《察雅县贫困残疾人帮扶计划》，县民政、卫健委等部门凝聚合力，深入各乡镇走村入户开展残疾人上门办证服务，累计为2787名群众办理残疾证。二是以“政府+大学生创业+困难残疾人”模式投入78万元（其中县级财政配套60万元）注册成立察雅县福志商贸有限公司，通过积极开展洗涤业务、手工艺品编织、电子商务等业务成功解决1名大学生和3名贫困残疾人的就业问题，实现月人均增收1500元。2019年，县民政局积极配合昌都市残疾人联合会将8名残疾人送往昌都市职业技术学院学习。根据残疾人意愿，县民政局开展摩托车维修、服装制作、房屋绘画等技能培训。三是在深入了解残疾群众辅助需求及康复需求后，县民政局分门别类对辅助器具完成统计，由县财政投入专项资金50万元购置辅助器具，已完成采购及发放工作。四是县民政局积极协调上级有关部门实施免费医疗康复服务，4年来西藏自治区康复中心和昌都市残疾人联合会4次组织医生及专家深入察雅县开展康复筛查，累计为700余名残疾人提供康复服务。

故事六　产业扶贫续成果，改不足、添动力

——察雅县产业扶贫在探索中前进

产业扶贫最主要的目的在于变“输血式”扶贫为“造血式”

扶贫、变“开发式”扶贫为“造血式”扶贫，增强贫困地区的内生发展动力，提高贫困人口的自主脱贫能力，促进贫困人口增收，实现稳定脱贫，确保如期全面建成小康社会。

察雅县深入贯彻落实习近平总书记的扶贫开发战略思想和党中央、西藏自治区、昌都市系列扶贫工作会议精神，主动对接昌都市委、市政府确定的“五大养殖基地”“七大种植基地”产业布局，明确“狠抓河谷经济、破解瓶颈制约、加大对外开放、统筹城乡发展”的整体发展路子，以“六县六化”为强县抓手，将发展产业作为脱贫攻坚长久之策和治本之举，以“五个一万级”产业［万亩良种青稞基地、万亩饲草料、万亩经济林、万头（只）牛羊、万吨花岗岩］为载体，以“六个千万级”工程（吉塘镇藏东现代农牧业科技示范园、县扶贫开发产业园、阿孜乡阿旺绵羊养殖基地、宗沙乡牦牛育肥场、察雅县杂交构树种植基地、察雅县蔬菜基地）为龙头，按照大、中、小类型产业项目分别带动县、乡、村工作机制，紧抓察雅县既定发展经济林果、苗木、蔬菜、牛羊育肥等特色主导产业不放松。严格执行规划定项目、项目定人员、产业定收入、收入定增幅、增幅定目标，以及项目公示牌和贫困群众明白卡、信息档案之间内容相一致的“五定三统一”机制，实行一个产业项目一个法人、一个利益联结机制、一套资料的“三个一”制度，绵绵用力，久久为功，努力做大、做强脱贫产业。

一　产业扶贫工作开展情况

察雅县“十三五”期间共规划产业扶贫项目 95 个（包含 10 个深度贫困地区产业扶贫项目），2016~2019 年共计到位产业扶贫资金 58060.76 万元（其中 2016 年 11567.45 万元、2017 年 13326.02 万元、2018 年 18207.79 万元、2019 年 9579.5 万元）。开工实施产业项目93个，完工75个，投入运营69个，发挥扶贫带动效益项目58个，并为建档立卡贫困群众发放务工工资、效益分红、资产收益约2268万元，贫困群众增收效果逐步显现，从根本上巩固夯实了产业发展基础。

二　产业扶贫工作的主要做法和经验

一是加强规划。察雅县依托区位优势和各乡镇资源禀赋，坚持“宜农则农、宜牧则牧、宜林则林、宜商则商、宜游则游”的原则，组织编制了《察雅县“十三五”产业精准扶贫规划项目库》《察雅县深度贫困地区产业扶贫项目投资计划》，并调整了《察雅县“十三五”产业精准扶贫规划项目库》，调整后共规划产业扶贫项目95个（其中“十三五”规划85个、深度规划10个），进一步明确了产业发展方向和重点领域，提高了产业扶贫项目的可行性。

二是强化政策执行落实。察雅县严格按照西藏自治区、昌都市产业精准脱贫项目管理办法开展产业扶贫工作，结合自身产业发展实际，发布了《察雅县产业扶贫项目管理办法（暂行）》《关于进一步完善产业扶贫项目利益联结机制的指导意见》《察雅县产业扶贫项目相关资料归档目录》《察雅县脱贫攻坚项目库建设管理办法》等，细化了对产业扶贫项目库建设、项目实施、资料归档、经营管理、利益联结机制等的要求，提高了产业扶贫项目的可行性、科学性以及经营管理水平。

三是加强项目可行性论证。察雅县严格执行《昌都市产业精准脱贫项目管理办法》，加强产业扶贫项目前期调研论证，先后召开万亩杂交构树产业建设项目（一期）、阿孜乡阿旺绵羊养殖基地、经济林种植等8次以上产业项目评审会，召集县直相关单位、相关乡镇、设计公司就项目可行性、建设内容及规模、投资、预期效益等进行了讨论、评审，有效提高了项目的科学性和可操作性。

四是加强会议调度安排。为加大产业项目推进力度，2020年以来多次召开县委常委会和专题会、政府常务会和专题会、指挥部会议、产业工作推进（调度）会等会议，制订产业项目实施计划、研究重点项目推进措施、批复项目实施方案、推动项目加快实施。县产业脱贫组更是形成双周工作例会制度，主要为安排部署产业扶贫项目的各项落实工作，及时分析解决工作中遇到的困难和问题，有效加快察雅县扶贫产业项目实施进度。

五是明确责任分工。为确保制订的产业项目实施计划全部落到实处，察雅县实行"三个一"制度，制定了《察雅县"十三五"产业精准扶贫规划项目实施任务分解表》和《察雅县"短平快"产业精准扶贫规划项目实施任务分解表》，对规划内每一个产业扶贫项目确定1名县级领导作为指导监督员，全面落实指导和监管责任，促使项目早开工、早建设、早投产、早盈利。

六是加强督导和督查。围绕项目落地开工、投产见效的最终工作目标，察雅县通过乡镇自查、县级督查、区市抽查等多种层级，采取实地走访、资料梳理等多种形式，统筹指挥部综合查、乡镇交叉查、部门专题查等多种手段，形成常态化、制度化的项目督导和督查机制。2020年以来，多次深入项目点开展产业扶贫专项调研、项目验收、效益分红、资金评审等，通过督导、督查，发现问题，及时处理，消除项目实施过程中的"肠梗阻"现象，对积极作为的人员强化激励表扬，对消极怠工的人员严查问责，以强化督导问责。

七是强化利益机制联结。为确保产业项目带动贫困群众增收，根据西藏自治区脱贫攻坚指挥部《关于进一步加强产业精准扶贫提高贫困群众产业精准受益的通知》《昌都市关于规范产业扶贫项目利益联结机制的实施意见（试行）》以及察雅县制定的《关于进一步完善产业扶贫项目利益联结机制的指导意见》要求，察雅县严格执行“五定三统一”机制，完善利益联结机制。

故事七　迪嘎纳山经济林产业助力察雅县脱贫

——察雅县因地制宜发展经济林产业显成效

经济林产业是集生态、经济、社会效益于一身，融第一、二、三产业为一体的生态富民产业。察雅县以推动经济绿色增长和提高农民收入为根本目标，转变发展方式，坚持协调发展，不断做大、做强特色经济林产业。近年来，察雅县和上级林草主管部门十分重视迪嘎纳山经济林产业的发展，把发展经济林作为改善和加强地区生态环境建设，保障粮食安全，优化人民膳食结构，增加农民收入和促进新农村建设的重要内容来抓，在政策、项目、资金等方面给予大力扶持，使经济林产业迅速发展，产业规模不断扩大，产量明显增加，质量效益显著提高。经济林是实现生态效益和经济效益双赢的富民增收产业，大力推进林草扶贫，是实现精准扶贫的最有效途径。察雅县今后将继续以农民增收为目的，以产业兴旺为目标，全力推广、普及经济林的种植，让经济林成为农民的“摇钱树”。让广大农民从脱贫走向致富实现小康，从而实现乡村振兴。

一　项目简介

察雅县迪嘎纳山经济林产业建设项目于 2015 年 3 月开工，位于察雅县烟多镇色嘎村，面积约 3000 亩，总投资约 2535 万元，建设工期为 5 年，现已完成造林工程和附属工程。造林工程包括经济林和生态林，其中，经济林占总造林面积的70%，主要种植干杏树、桃树和苹果树；生态林占30%，树种以油松、榆树、杨树和云杉为主。附属工程主要包括提灌站、蓄水池、滴灌设备、盘山公路、供电设施和防护栏等工程。

二　主要做法

因地制宜，采取适合察雅县经济林产业发展的模式，千方百计使群众增收。迪嘎纳山经济林产业建设项目是察雅县运用林业产业资金，对烟多镇色嘎村荒山荒坡进行绿化的项目，聘请承建方来进行植树造林。察雅县每年对项目进行一次验收，存活率达标、验收合格后拨付当年项目资金。项目建设5年验收合格后，将此项目移交给色嘎村作为集体经济，将采取“公司+基地+农户”的经营模式促进群众脱贫增收。项目在建设期间，以每人每天100元的工资吸引当地群众投工投劳。项目植树造林期间最多一天可吸纳130人务工，其中建档立卡贫困户51户109人；现处于管护阶段，最多一天可吸纳80人务工，其中建档立卡贫困户23户50人。可使建档立卡户人均月收入增加700余元，人均年收入增加8000元以上。长期稳定在迪嘎纳山经济林产业建设项目打工人员30人，其中建档立卡贫困户13户30人，人均月收入3000元。

促进林业产业结构调整，振兴地方经济，维护社会稳定。察雅县地处山高谷深地带，农牧民收入单一，经济发展相对落后，而发展经济林是察雅县社会经济发展的有效途径。迪嘎纳山经济林产业项目的建设为察雅县调整产业结构提供了突破口，是壮大和振兴察雅县经济、实现富民强县的先导产业和支柱产业。经济林产业是劳动密集型产业，无论是生产初级产品的第一产业，还是贮藏保鲜加工和流通领域的第二、三产业，都可以消化大量的富余劳动力，缓解就业压力，维护社会稳定。

种植具有生态效益和经济效益的树种，解决经济发展和生态环境保护之间的矛盾。迪嘎纳山经济林产业建设项目主要种植的是生态和经济兼用树种。树上干杏因其果熟后不掉落，在树上慢慢自然风干而得名，而且干杏树耐土壤瘠薄、耐寒、耐旱，植保管理简单，结果早，不与耕地相争，其持续挂果时间可达 50 年以上，有绿化国土、改善生态环境的作用，经济效益高。迪嘎纳山经济林产业建设项目既是察雅县经济林产业项目又为“绿色察雅”提供了生态安全屏障，有效解决了经济发展和生态环境平衡间的矛盾。

三　取得成效

（一）经济方面

迪嘎纳山经济林产业建设项目已种植 155000 余株干杏树、桃树和苹果树，待项目建成验收合格后，每年迪嘎纳山上的树上干杏、桃子和苹果等产量将达到每亩 2000 斤以上，按当前的市场价格来算，鲜果每亩能为烟多镇色嘎村群众带来 10 余万元收入，未能及时销售的鲜果可加工成干果，在非产果季节进行销售，形成一条“四季销售”的循环产业链。这不仅调动了色嘎村、雪东村等周边群众造林的积极性，而且可辐射带动贫困人口增收致富。

（二）生态方面

迪嘎纳山经济林产业建设项目中种植了以干杏树、油松、榆树、杨树和云杉为主的生态林。特别是干杏树，它不仅是经济林，而且可大面积栽种于荒山荒坡等“四荒土地”上，有利于保持水土流失、防沙固土。油松、榆树、杨树和云杉都有净化空气、滞尘、保持水土的作用，所以迪嘎纳山经济林产业建设项目将成为察雅县绿色生态安全屏障。

（三）社会方面

项目建设期间以群众投工投劳的方式带动了烟多镇色嘎村、雪东村建档立卡贫困户 62 户 249 人增收，人均年收入可增加 8000 多元。通过对农牧民群众进行技术培训和指导，结合“扶智”和“扶志”的理念，逐步提高群众的现代科技素质和管理水平。

故事八　易地搬迁是手段，脱贫致富是目的

——察雅县产业、就业齐发力，搬迁群众奔小康

2017 年我国印发《关于支持深度贫困地区脱贫攻坚的实施意见》，其中提到有条件的中央一般性转移支付、财政专项扶贫资金进一步向“三区三州”倾斜。在此基础上，2018 年至 2020 年中央财政结合财力情况统筹安排部分新增投入，重点支持“三区三州”脱贫攻坚，并且还会加大易地扶贫搬迁实施力度。西藏作为“三区”之一，积极贯彻落实国家政策，重视易地搬迁扶贫工作，争取让搬迁群众富起来。察雅县结合自身实际，围绕发展、稳定、生态、增收四个方面，合理布局，有序推动，投入资金 8.63 亿元，建设易地扶贫搬迁安置点 26 个，入住群众 2406 户 12751 人。为处理好扶贫搬迁向城镇聚集和向生产资料富裕、基础设施相对完善地区聚集的关系，察雅县从产业和就业两个方面齐发力，让搬迁群众搬出来并且过上好日子。

一　产业聚焦，有的放矢，三个层面促增收

察雅县安置点数量多、搬迁群众基数大，为提高易地搬迁贫困群众的发展能力，切实提高易地搬迁户收入，改善生产、生活条件，察雅县在开展扶贫产业规划时充分考虑易地搬迁安置点的规模

和方位，大力发展优势特色产业，确保搬迁户稳定脱贫。一是扶贫产业向易地扶贫搬迁安置点聚焦。产业扶贫是最直接、最有效的办法，也是增强贫困地区“造血”功能、帮助群众就地就业的长远之计，察雅县本着坚持“宜农则农、宜牧则牧、宜林则林、宜商则商、宜游则游”的原则，规划易地搬迁安置点配套扶贫产业项目53个，投入产业扶贫资金2.66亿元，带动搬迁群众3285人增收致富。二是结合区位优势和资源禀赋，因地制宜发展扶贫产业。察雅县依托各个安置点的区位优势、资源禀赋以及贫困群众发展意愿等，围绕唐琼孜、岗孜卡等搬迁点群众着力构筑产业园经济产业，打造烟多产业园区、麦曲综合产业城产业集群发展新平台，引进矿植物颜料加工、唐卡绘画、民族手工艺制作、苹果醋加工、汽车美容、维修等产业项目带动就业增收。围绕吉塘居委会、新卡乡乃帕村、荣周乡佐通村易地搬迁点实施河谷经济产业，建设万亩经济林，澜沧江沿线一带超过12000亩经济林项目全面启动。已建立西藏自治区内首个藏东地区杂交构树繁育基地；在卡贡共建立480亩苗木培育基地，在荣周、香堆片区实施黑青稞种植、青稞良种基地项目2.3万亩；围绕王卡乡王吉村、阿孜乡扎拉牧区、扩达乡易地搬迁点壮大特色养殖业，实施黄牛改良、奶牛养殖、绵羊养殖、棚圈改造等项目。宗沙牦牛育肥超过2000头，阿孜绵羊育肥超过3000头，主动构建阿旺绵羊品牌体系。围绕香堆居委会易地搬迁点，加大能源和资源开发力度，实施香堆镇果日砂石厂等能源、资源开发项目，成效明显。三是加大“短评快”小产业发展力度。为使搬迁群众能较快地实现就业和增收，察雅县充分利用易地扶贫搬迁安置点配套建设的门面房、商业房、农贸市场等，大力扶持和发展扶贫馒头店、扶贫超市、扶贫维修店、扶贫蔬菜店、扶贫理发店、扶贫鞋店等落地快、实施周期短、经营管理简单、见效快、带动性强的“短评快”小产业。已在烟多镇唐琼孜、香堆镇香堆居委会、荣周乡佐通村、王卡乡王吉村等易地扶贫搬迁安置点实施“短平快”产业项目40个，投入产业扶贫资金886.25万元，带动建档立卡贫困群众394人。

二 建立平台，扩宽渠道，六个办法促就业

易地扶贫搬迁安置点群众能否实现稳定就业事关搬迁群众如期脱贫摘帽大计，察雅县牢牢把握“搬迁一户、就业一人、稳定一家”的任务目标，因地制宜抓措施，千方百计促就业，确保察雅县易地扶贫搬迁安置点贫困群众如期脱贫摘帽奔小康。察雅县采用以下六个办法促就业。一是抓就业组织建设，形成转移就业合力。成立察雅县就业联席会议专班，在13个乡镇建立就业服务所，138个村居建立就业服务站，形成了县、乡、村三级就业服务工作平台，通过明确责任、细化措施、制定任务，为易地扶贫搬迁群众转移就业工作打下坚实基础。二是抓市场需求调研，找准转移就业方向。深入易地扶贫搬迁安置点开展劳务市场需求调研20余次，就业意愿调研30余次，走访搬迁群众1800余户，撰写调研报告11篇。从搬迁安置点市场经济发展、配套产业建设、群众就业意愿三方面充分分析就业市场前景，制定了《察雅县精准扶贫转移就业工作实施方案》《察雅县农牧区劳动力转移就业增收工作实施方案》，确立了年职业技能培训、转移就业、务工创收任务目标。三是抓职业技能培训，提升内生发展动力。结合扶贫产业发展前景、劳务市场用工需求以及重点工程项目的带动就业能力，持续扩大搬迁群众职业技能培训范围，努力提高搬迁群众的就业能力和劳动价值，做到应培尽培，将培训班设在搬迁安置点，采取军旅式、以干带训、先定岗后培训的方式，培训了一批厨师、餐厅服务员、客房

酒店服务员等市场紧缺的现代服务行业从业人员；依托产业配套，培训了一批大棚蔬菜种植、牦牛育肥养殖等农牧业种养殖从业人员；根据群众就业意愿，开办了一批装（挖）机操作、汽车驾驶、建筑施工、唐卡绘画、颜料加工等涉及面广、就业率高的职业技能培训班，总计培训搬迁群众 1807 人。充分激发了搬迁群众自我改变贫困状况的干劲和决心，内生动力得到了进一步增强。四是抓就业体系建设、强化就业服务水平。通过成立劳务派遣公司、农牧民合作社，发展村级集体经济、劳务经纪人等多种就业模式，就业跟踪回访 8000 余名搬迁群众，帮助 2000 人解决实际就业困难；为搬迁群众提供职业介绍、就业指导、政策宣传等系列服务 40 余场，发放宣传资料 20000 余份，利用媒介向搬迁群众推送招聘信息 40 余条，涉及就业岗位 5000 余个。2016 年以来，察雅县通过建立完善的职业技能培训阵地，全面开办技能培训班，培训农牧民群众 4169 人，实现察雅县农牧民富余劳动力转移就业 4.5 万人，创收 1.2 亿元，实现人均增收 2600 余元。贫困群众劳动价值不断增强，形成全社会广泛参与、共同促进就业的良好局面。五是抓就业平台建设，拓宽就业增收渠道。在岗位开发、就业引导、观念转变、政策宣传等拓宽就业增收渠道上下真功夫。将 33 个政府投资 400 万元以内的项目交由当地农牧民施工企业（队）承建，在工程项目领域实施吸纳本地农牧民工 30% 的硬性规定，实现政府有组织输送 400 名搬迁群众参与工程建设。通过促进产业发展模式，持续扩大产业促就业成效，察雅县 98 个扶贫产业项目使 5415 名搬迁群众实现就近就便就业；30 个民族特色产业带动搬迁群众 1700 人实现转移就业。13 家企业入驻察雅县扶贫开发产业园，带动搬迁群众 200 人实现稳定就业。精心打造察雅县“双创”孵化池就业创业中心，创造良好的就业创业环境，出台优惠的就业创业政策，扶持 5

名高校毕业生实现创业起步，带动搬迁群众20人实现转移就业。在察雅县社会经济高速发展的黄金时期，通过定期举办室内外招聘会，为用人单位和求职者搭建就业平台，推荐引导搬迁群众500人实现转移就业。六是抓信息数据建设，实现就业资源共享。对察雅县搬迁群众转移就业地点、岗位、收入等就业信息进行详细记录，并录入西藏自治区公共就业服务信息管理平台，与西藏自治区实现资源共享，推动察雅县就业服务工作向信息化转变。

故事九 产业生态化，生态产业化

——察雅县杂交构树产业的扶贫经验与做法

察雅县地处横断山脉北部，山高谷深，日照充足，干湿分明，气候温和；面积825558.84公顷，其中林地面积约355340公顷，森林覆盖率39.87%，林木绿化率40.18%；年平均气温11℃，年平均降水量为350毫米，大部分集中在7~9月，年平均蒸发量2431.7毫米。河流总长度1428公里，年径流量21.9亿立方米，水资源丰富。土壤呈明显垂直带谱，褐土（海拔3700以下）—灰褐土（海拔3700~4500米）—亚高山草甸土（海拔4000~4400米）—高山草甸土（海拔4600~5200米）—高山寒漠土（海拔5200米以上）。

一 杂交构树产业发展背景

我国人多地少，粮食供需缺口较大。杂交构树适应性强，在丘陵、河滩、荒地荒山上都可以种植，发展杂交构树产业可以减轻耕地和粮食压力。杂交构树，桑科，无侵略性、排他性，是中国林业科学院通过杂交育种结合现代生物技术培育出的富含粗蛋白的树种，杂交构树具有速生、丰产、多抗、耐砍伐等特点，在饲料、造纸、生态绿化等方面具有重要经济和生态价值。

国务院扶贫办将构树扶贫工程列为2015年我国十项精准扶贫工程之一，于2018年7月下发《国务院扶贫办关于扩大构树扶贫试点工作的指导意见》。为推动构树扶贫工程，国务院扶贫办、国家林业局及中国科学院植物研究所多次召开专题会议，营造发展构树扶贫工程的良好氛围。2019年5月，西藏自治区常委副书记在实地查看察雅县万亩经济林产业建设项目——杂交构树片区种植情况后指出，要把生态建设与富民利民结合起来，将科学技术与西藏实际充分结合起来，协同推进植树造林和林业产业发展，既绿了生态、美了家园，又富了口袋，让群众共享生态文明带来的成果。

2017年察雅县扶贫开发工作特别是产业扶贫发展动力不足，加之生态环境脆弱，农业产业结构单一、效能低下，产业扶贫项目出现投资大、影响力有限、辐射带动贫困户能力弱、扶贫效益不够持久的情况。为解决产业扶贫发展瓶颈，结合察雅县种植桑树的历史、经验（桑树大多数为野生，主要分布在烟多镇、吉塘镇、卡贡乡、新卡乡等地），察雅县政府按照“一环、二线、一圈、点状结合”的区域造林规划思路，于2017年3月开始种植杂交构树。经过3年不懈研究、探索，总结经验，开拓创新，察雅县已培育出适宜于西藏地区（海拔3800米以下）种植的速生、丰产、多抗、耐砍伐饲用构树品种。察雅县杂交构树种植面积已达2735亩，总投资3654万元（其中政府投资2624万元，企业投资1030万元），存活率超过80%。为延长产业链条，已建成杂交构树茶叶加工厂、杂交构树饲料加工厂，探索出一条产出高效、产品安全、资源节约、环境优化的高原山区杂交构树“林—料—畜”产业化发展路子，这对于构树精确扶贫工程在昌都市乃至西藏自治区迅速推广、普及具有重要意义。

二　主要做法

一是引种实验，提供依据。2017 年 3 月，察雅县政府投资 3 万元，引进中国科学院植物研究所培育杂交构树中科 1 号 1 万株，在不同海拔的 4 个乡镇（卡贡乡海拔 2900 米、烟多镇 3100 米、王卡乡 3500 米和香堆镇 3600 米）试种植。组派 8 名专业技术人员每天对 4 个乡镇杂交构树生长情况进行详细记录，根据不同环境下杂交构树的生长情况及时调整种植技术，当年户外试种植杂交构树存活率超过 70%。试种植成功表明，杂交构树适宜在察雅县种植，可采取扦插繁殖方式将“外来物种”对西藏生态环境的影响降到最低，需加大专业技术投入以保障杂交构树种植、生长，为建设杂交构树繁育基地、苗圃及种植基地提供科学依据。

二是母本培育，打好基础。2017 年 8 月，察雅县政府通过招商引资，引进龙头企业吉祥农林公司，投资 830 万元（其中政府 600 万元，企业 230 万元），在吉塘镇莫东村建设 20 亩杂交构树繁育基地，种植杂交构树中科 1 号母本 1.4 万株，经过 3 年培育，现有 6 万株幼苗。幼苗经温室培育达到地径 1 厘米、苗高 60 厘米后，再经过 40~60 天炼苗期，适应西藏昼夜温差、土壤湿度后可移植户外种植。移植户外幼苗当年生长量可达 2 米（年生长期达到 6 个月，即开春 4 月萌动出芽，9 月底停止生长），当年单株构树鲜枝叶可采收 1 千克。作为昌都市乃至西藏自治区首个杂交构树繁育基地建设成功，为杂交构树在察雅县扩大规模、形成完整产业链打下坚实基础。

三是扩大规模，完善产业链。为形成构树扶贫项目规模，建立完整产业链，2018~2019年，察雅县在烟多镇帮嘎村、新卡乡乃帕村种植2462亩杂交构树，存活率超过80%，长势良好。2018年7月，吉祥农林公司投资26万元建立杂交构树茶叶加工厂，年产量8000~10000盒，年产值150万元~200万元，带动建档立卡20户103人就业，实现户均年收入1000元。2019年4月，吉祥农林公司投资约60万元建成杂交构树种—养—销循环产业体验中心。察雅县已投资400余万元，正在建设年产量达2万吨的杂交构树饲料加工厂，预计年产值为2000万元。

三　取得成效

构树扶贫产业作为我国的新兴产业，在河南、贵州、天津等地蓬勃发展，但在西藏自治区没有成功模式可借鉴。与其他种植产业不同，构树扶贫产业仅种植不够，核心应形成集制作饲料、发展养殖、饲畜购销为一体的种—养—销循环产业链。察雅县“摸着石头过河”，稳扎稳打、稳中求变，发挥杂交构树绿色环保、绿色再生、持续循环特点，实现生态效益、社会效益、经济效益、扶贫效益的有机统一。构树扶贫产业成为贫困户脱贫致富的新路径。

一是生态效益明显。杂交构树具有极强的吸附二氧化硫和滞留烟尘作用，减少酸雨生成和腐蚀，是节能减排的好树种。发展构树扶贫产业能有效缓解牧业养殖与草场生态之间的矛盾，杂交构树较强的生态适应性可有效配合退耕还林和水源涵养、水土流失治理，充分满足荒山荒坡绿化需要，对改善生态环境、提高森林覆盖率、推进国土绿化有积极作用。构树也为察雅县群众构建起一道绿色生态安全屏障。

二是社会效益突出。杂交构树产业使企业与农户结成种植、加工、销售的利益共同体，形成“苗圃—种植基地—生产加工—市场销售”产业链。采取“扶志”“扶智”理念，在吸纳群众投工投劳的同时，对其进行种植、管护、绿色发展等技术培训和思想宣传，提高群众综合素质，引导群众克服“等靠要”思想，拓宽群众思路，促使其主动参与栽种和管理树林，变过去“伐薪毁林”“靠山吃山”为发展木本粮食、木本饲料，从根本上保障“稳得住、有就业、能致富”目标实现，使产业扶贫效益真正、长久地发挥作用。

三是经济效益喜人。第一，流转出让土地，获得土地租金。杂交构树项目采取“企业+农户”方式流转土地，莫东村和邓学村因土地条件较好（弃耕地），以1000元/亩分别流转20亩和235亩，帮嘎村因只有荒山荒坡，以45元/亩流转1083亩，以每年30.3735万元的土地流转费，带动3个村67户贫困户通过流转土地增收。第二，进入公司务工，获得劳动酬金。“一人一岗”就业扶贫是可靠、稳定、有效的脱贫办法。优先安排贫困户从事土地整理、构树种植、田间管理、饲料加工，获取工资。杂交构树产业在烟多镇、新卡乡、卡贡乡、吉塘镇吸纳建档立卡户68户276人投工投劳，户均年收入增加约9200元，实现一人在家门口就业则全家脱贫。第三，扶贫资金获分红，资金零投入。帮嘎村杂交构树种植基地项目采取“政府+企业+贫困户”的方式，政府利用扶贫资金投资建设，引进龙头企业对基地进行施工、管护，每年企业向政府缴纳20万元用于帮嘎村贫困户分红，帮嘎村集体按照本村贫困户数进行再分配，贫困户参与分配比例达到100%。

四是畜牧业健康发展。察雅县现有8万头羊、14万头牛，每年需消耗1160万千克饲料，庞大的需求量造成每年察雅县在饲料购买上投资大，畜牧业发展成本增加。杂交构树种植一次，可持续收割15~20年，种植当年就可收割，每年可收割1~2茬，每亩可收割 1～2.5 吨饲料原料。种植杂交构树从源头上解决了饲料紧缺问题，降低了牲畜养殖成本，是发展畜牧业破颈之作，有利于实现畜牧业“优质、高产、高发展”，为畜牧业持续发展提供了保障。

四　推广经验

一是西藏地区杂交构树种植条件。根据察雅县多年种植杂交构树经验，因西藏小气候特点较明显，杂交构树可种植在海拔高度 3800 米以下、坡度小于 30 度、年降水量在 300 毫米以上的避开风口区域及有灌溉条件的荒山荒坡或弃耕地，集中连片种植效益更高。建议植苗数量可按照 0.8 米×0.5 米的株行距，1600 株/亩高密度定植以提高单亩产量，当年亩产量可达 1 吨，次年可达到 1.5 吨，第三年进入丰产期，亩产量可稳定达到 2.5 吨以上。在西藏地区进行杂交构树种植、推广可按照以上条件、因素进行科学规划，因地制宜优先发展，合理布局。

二是加大技术投入，培育龙头企业。西藏杂交构树产业发展相较河南、贵州等地起步晚、实施难度大、对种植推广技术要求苛刻，这对西藏地区发展杂交构树产业是一种挑战也是一种机遇。杂交构树产业发展的最终目的是将打通杂交构树全产业链，形成杂交构树可产业化、规模化标准体系，走出一条科研与产业并举的发展道路。应加大技术支撑、投入，引进杂交构树种植专业龙头公司，充分发挥其技术力量、专业知识等优势，全程参与种植、养殖、销售等环节，降低杂交构树产业发展失败的概率，提高产业效益，增加产业价值。加大对龙头企业的政策扶持力度，鼓励村集体与龙头企业签订最低保护价购销协议，解决群众发展杂交构树产业的后顾之忧，实现“打造一个产业，带动一方经济，造福一方百姓”的目标。

三是发展构树饲料，助力“饲料革命”。构树植物蛋白饲料具有以下特点：第一，不含农药、激素，属绿色天然无公害产品，能够显著提高肉、禽、蛋、奶品质。第二，比传统饲料价格低20%，替代全价饲料比例高达30%~50%，节约饲料成本。第三，利用生物发酵技术，饲料消化率达90%以上，能全面提高畜禽免疫水平，降低死亡率。第四，具有独特清香味，适口性好，畜禽喜食，所以畜禽生长速度快、抗病能力强。以羊为例，食用构树饲料的羊，饲养周期缩短、发病率低、羊圈清洁无异味、羊毛色鲜亮、羊肉肉质纯正、味道鲜美、营养丰富。第五，真正的种养循环经济。构树一次种植，可以连续收割至少15年。在喂饲牲畜过程中，构树制成的饲料无任何工业添加剂，牲畜粪便中不含重金属，可以充分发酵分解，制成有机肥料，返还构树种植，形成循环经济。杂交构树是优质的饲草料加工原料，发展构树饲料，助力“饲料革命”，解决饲草料紧缺问题，为畜牧业发展打下坚实基础。

四是治理“荒漠化”，修复生态环境。西藏地区有超过2/3的区域属于干旱和半干旱气候，年平均降水量在400毫米以下，长期干旱缺水，阳光暴晒，使西藏地区土地荒漠化日趋严重。自治区第五次荒漠化监测结果显示，荒漠化土地面积已达4325.62万公顷。杂交构树是治理荒漠化土地的先锋树种，在跑水、跑土、跑肥严重荒漠化土地种植，绿化效果明显。杂交构树可在年降水量300毫米以上地区种植，这是治理西藏干旱和半干旱荒漠化土地，改善生态环境的有效途径。被称为“世界屋脊”“人类最后一块净土”的西藏，在全球生态环境保护中具有极为重要地位，治理西藏“荒漠化”，保护、改善其生态环境，是“功在当代，利在千秋”的工程。

第十二章　讲好全员全县脱贫故事

切实推进各项工作，才能实现扶贫工作卓有成效。自脱贫攻坚战打响以来，察雅县严格按照习近平总书记召开的脱贫攻坚座谈会和全国扶贫开发工作系列会议精神，深入学习贯彻习近平总书记关于扶贫工作的系列重要论述，认真贯彻落实西藏自治区、昌都市关于脱贫攻坚工作部署，聚焦“两不愁三保障”和贫困村退出标准目标，按照“四不摘”要求，以巩固提升脱贫攻坚成果为抓手，继续响鼓重锤、一鼓作气，持续强化责任落实，细化方案措施，推进脱贫攻坚各项工作。经过不懈的奋战，察雅县群众基本医疗得到全面保障，教育精准扶贫工作取得明显成效；发展绿色生态产业，实现生态与经济、绿色与脱贫共同发展；兄弟省份对口支援，先富帮后富，为察雅县经济发展插上腾飞的翅膀。全方位推进实施精准脱贫工作，察雅县于 2019 年 9 月底和 10 月初高质量通过国家第三方评估组考核验收和自治区 2019 年脱贫攻坚成效考核，顺利实现脱贫摘帽，消除绝对贫困。

故事一　医疗扶贫路上砥砺前行，照亮贫困家庭的明天

——第五批医疗队为察雅县群众筑起“健康防线”

早日步入小康社会，贫困地区人民彻底脱贫，不仅是我国政府的奋斗目标，而且是我国贫困人民的美好愿望。由于我国贫困人口数量庞大，诸多导致贫困因素中，因病致贫比例排名首位，在精准扶贫大政策背景下，不断完善医疗体制是解决因病致贫的有效方法。在大力推进精准扶贫政策背景下，农村医疗扶贫是其中重要一环，打好脱贫攻坚战，解决农村人口因病致贫、因病返贫问题，是实现全面建成小康社会奋斗目标的有力保障。自 2016 年 6 月 26 日起，复旦大学附属中山医院积极响应习近平总书记和国家卫生部门精准扶贫、健康扶贫和医疗“组团式”援藏部署，与察雅县医院签订五年援助计划，至 2018 年底已派出 5 批（25 人次）12 个不同科室人才组成医疗队，进行医疗帮扶。各批医疗队均秉承“一切为了病人”的中山精神，发扬“甘于奉献、勇于坚守”的西藏精神，为察雅县人民奉献自己的力量。

第五批医疗队接过前几批医疗队的接力棒，肩负起帮助察雅县医院进行“创甲”冲刺准备和“大病不出藏、小病不出县”的宏大目标重任。考虑到在察雅县的工作内容与在上海的工作内容有所不同，也为了更好地进行医疗援助工作，在入藏前 1 个多月，5 位医疗队成员便积极联系上一批医疗队成员，初步交接，在上海进行各种资料准备。队长王会仁得知自己要对接医务科工作后，利用工作空余时间提前至中山医院医务科学习，副队长王天浩更是将中山医院全科医生培养模式和方案提前反复斟酌，以便制定出适用于藏

区的乡村医生培养模式。另外三位队员也提前准备了各种察雅县医院紧缺管理制度，准备在入藏后迅速融入工作，为察雅县创建二级甲等医院做足准备。

一　医院管理扶贫

2018年7月底，医疗队还未完全克服高原反应，便紧锣密鼓地投入工作中，与当地同人积极对接，形成“小组团”模式。梳理“创甲”制度，密切协作，通过共同努力，使受援科室发展呈现积极向上的良好势头。援藏队员们充分发挥自己桥梁和纽带的作用，让察雅县医院与复旦大学附属中山医院在学科建设、人才培养、医教研管等方面深度对接，形成“中组团”，7月底成功召开由昌都市卫健委和复旦大学附属中山医院共同主办，察雅县卫健委和医院承办，重庆市綦江区人民医院、日喀则市人民医院以及昌都市人民医院共同协办的“首届西藏昌都察雅论坛——医院管理及等级评审交流会”。

在深入了解察雅县医院现状后，医疗队针对当地医生临床技能薄弱，尤其是病历书写质量不过关问题，在8月中旬举办了2018年首届察雅县医院住院医师临床技能大赛（病历书写大赛），以赛促改，以改促进，并在全院大交班时进行颁奖。通过病历评比、病历点评，提高了住院医师病历书写的积极性和准确性，使住院医生深刻领会到病历书写的重要性和意义，临床医生纷纷表示此次比赛对于以后的临床书写病历具有很重要的参考意义。

第五批医疗队以此为契机，针对病历问题进一步挖掘，利用PDCA工具对病历进行持续改进，将“提高住院病历的甲级率”作为主题上报全国医院QCC（品管圈）大赛，与来自31个省、市、自治区的406个圈组参与决赛的角逐。西藏自治区察雅县医院关于提升病历质量的“同心圈”作为西藏自治区唯一一家医院强势入围二级综合性医院决赛，与全国医院管理精英同台竞技。院长顿珠亲自挂帅，与医生益西拉宗配合，经过医疗队夜以继日的排练及指导，西藏自治区察雅县医院以全国二级医院的最高分取得了决赛一等奖的好成绩，这是西藏自治区医院在全国医院品管圈大赛上历史性的突破，此事引起西藏自治区卫健委的高度关注，并在自治区卫健委官网上进行专题报道，增强全院职工“创三甲”的信心与决心。

通过 QCC 持续改进活动，察雅县医院病历甲级率已由 69% 提升至 90% 以上，3 日归档率从 0 升至 90% 以上，7 日归档率达 100%。

2018 年 11 月 22 日，西藏自治区察雅县医院隆重举行了“质量持续改进活动”全院推广动员大会暨第一轮活动启动大会。此次为全院第一次全面推广并开展质量持续改进活动，活动在全院的临床、护理、医技以及行后 4 个部门开展，每个部门在一个活动周期内，至少组成一个品质管理圈；至少完成一个 PDCA 循环；至少解决一个问题。活动内容主要包括，全院品管圈活动推广方案、品管圈知识巩固与提升计划、医院内训师的培养方案、全院第一轮品管圈活动的计划、时间节点以及院内评审规则。此次培训和演练大大提高了本院医生自我管理的意识和能力。此外，医务科定期召开形式各样的安全管理委员会，如信息管理委员会会议、病历质量与安全管理委员会、药事管理与安全委员会、护理质量与安全管理委员会等，指出医疗中存在的问题，讨论和制定整改措施和具体时间节点。各项委员会的按时有序召开极大地推动了医院质量与安全管理，为察雅县医院创二甲奠定了良好的基础。

二　人才及教学扶贫

在健康扶贫中，对当地医学人才的培养可谓重中之重。虽然打造一套班子比输送一套班子难得多，可“中山人”血脉中这种迎难而上的精神就根深蒂固，第五批医疗队队员坚持贯彻变“输血”为“造血”的理念，实行导师制，共带教察雅县医院的医疗骨干9人，最大限度地激发了察雅县医院自身的“造血”功能，希冀留下一支带不走的“援藏队伍”，察雅县医院医护人员的自身管理水平和业务能力得到了极大提升，也得到了医院领导班子的认可，其中队长王会仁带教的学生张浩医生被提拔为外科副主任，刚刚至医务科工作的王显敏现在也能独当一面，担负起医务科的日常工作。副队长王天浩带教的和恒莉医生被提拔为内科业务组组长，信息统计科西热科旺秀被提拔为信息科副科长。蒋晶晶队员带教的冯梁医生被提拔为急诊科副主任，队员沈赟和王成浩指导的药剂科和护理部更是被医院评为年度先进集体。

在教学上，首先，医疗队负责的医务科和科教科组织不定期医务培训和定期三基培训30余次，内科每周固定进行一次教学查房，外科每两周进行一次教学查房，在日常临床工作中，队员们充分发挥“传帮带”作用，悉心指导本院医生如何进行正确的临床思维和规范化的技能操作，切实提高了他们的业务能力。其次，察雅县医院与昌都职业技术学校协作成立后者的教学实习基地，医疗队制定了教学实习基地医生和护士的管理制度、培养方案和轮转计划，制定了察雅县乡村医生培训方案和预算，并借此契机提出建设县级临床技能中心的设想，帮助察雅县医院从一家普通临床医院升级为一家临床教学复合型医院。最后，医疗队与上海中山医院进行了远程医学人文和医患沟通教学，捐赠了大量医学专业书籍并完善了图书馆目录和借阅制度，使察雅县医院医护人员能以学促进，在临床工作中治疾慰心。

三 医疗扶贫

医疗队结合察雅县具体情况，发挥各自专业，力争推动察雅县卫生医疗工作不断进步。

时值“首届中国医师节”之际，医疗队驱车至察雅县烟多镇敬老院进行巡回医疗活动，帮助孤寡老人测量血压，检查身体，发放药物，对不能下床的老人专门至床边进行诊治。一位身患心脏病的 70 岁藏族老人，夜间不能平卧睡觉多年，生活十分痛苦。住院后，医疗队组织开展了察雅县医院第一次多学科会诊，通过正规的药物治疗，及时解除了这位老人的病痛。

孩子是祖国的花朵，国家的希望，少年强则国家强。儿童先天性心脏病筛查事关青少年儿童身心健康，上海中山医院医疗队全体队员高度重视，2018 年 9 月医疗队协助察雅县医院对县内幼儿园、中小学进行了先天性心脏病筛查工作。9 月 13—14 日，医疗队队员们不辞辛劳，加班加点，在县幼儿园、中小学老师和同学们的配合下对 0~18 岁儿童、青少年进行了先天性心脏病筛查工作，共筛查 3389 名学生，其中筛查出 22 人疑似患先天性心脏病。检查后工作小组立即通知学校，要求校方及家长密切关注这些孩子的心脏情况，叮嘱家属注意事项，尽早带疑似患儿至医院做进一步检查，并避免剧烈运动出现意外。此外，队员们还多次协助察雅县医院进行“六病筛查”“世界艾滋病日”宣传活动等，把健康扶贫落到实处。

每逢佳节倍思亲，对于援藏医疗队的队员们来说，这是一个不寻常的中秋佳节，不仅是远离亲人的节日更是在抢救中度过的节日。晚上 9 点 20 分，队员们正聚在一起赏月品食，蒋晶晶医师接到电话，有一位患三度房室传导阻滞、阿斯综合征的75岁老年病人来院急诊，经及时抢救和应用异丙肾上腺素治疗后，老人病情暂时稳定，家属立即表示不希望转昌都市治疗，要求住察雅县医院病房治疗，待病情好转后再转内地治疗，此时已过零点，队员们仰望夜空，看到的不仅是明朗的月光，更是医院的未来和察雅县老百姓对县医院医疗水平的充分信任。当然这仅仅是援藏医疗队日常工作中的一部分，平时，医疗队成员多方位、多层次参与察雅县医院的三级查房、门诊排班，并承担了内外科二线值班工作。在短短5个月内急诊抢救、平诊会诊次数达100余次，其中不乏一些危重疑难病例。此外，医疗队充分利用上海中山医院的远程会诊平台，组织了察雅县医院第一次远程MDT（多学科诊治），并将远程会诊常态化，使原来需要至内地大医院就诊的病人在察雅县就能得到有效治疗，给察雅县人民带来了实惠。通过与上海中山医院远程会诊，5个月来医疗队治疗了肾病综合征、类天疱疮、血清阴性脊柱炎、多重肺部感染、特发性癫痫等察雅县乃至自治区无法诊治的多种疑难杂症，真正让察雅县老百姓实现“小病不出县，大病不出藏”。

在援察期间，第五批医疗队先后使用了骶管内注射、血气分析等临床新技术。队长王会仁在外科工作中，敢于挑战高难度手术，减少病人远赴上级医院的不便，精心的术前准备和手术技术取得了良好效果，得到了病人的信任和感谢，提升了医院声誉。

中山医院第五批医疗队发扬“刻苦钻研，挑战临床疑难危重病例，一切为了病人”的中山精神。自8月正式进行帮扶工作以来，察雅县医院急诊就诊人数逐月增加，病人转诊率逐渐降低，急诊病人转诊率由8月的30%降低至11月的5.56%，相信在新园区建成、内镜中心和CT装备完成之际，更多的病人将在察雅县医院得到有效救治。

四　科研扶贫

本批援藏队伍中不乏科研人才，他们积极发挥自身“严谨、创新”的科研精神，帮助察雅县医院申请到西藏自治区自然科学基金一项，开展院内基金1项。

10月中旬，在上海中山医院援藏医疗队的指导下，由顿珠院长牵头申请的“藏族人群中慢性阻塞性肺病发病危险因素的分析及相关临床生物信息学研究”项目经过层层选拔和角逐，顺利获批通过。居住在西藏的藏族和汉族的疾病谱不一样，提示遗传因素可能会影响不同种族的疾病易感性。复旦大学附属中山医院呼吸内科是上海市医学重点学科和上海市重点建设学科，也是国内最早开展临床肺功能检查的单位，本项目依托于中山医院呼吸科，实现了科研项目零的突破，这也是西藏县级医院中能获得的为数不多的省部级课题项目。医疗队还结合察雅县医院管理、医疗和护理具体情况帮扶撰写了3篇研究性论文，并投稿到国家级核心期刊，这3篇论文均已接受待发表，其中两篇拟于12月出版发表。此外，医疗队还鼓励本院医生积极开展科研工作，探索临床难题，帮扶成立医院院内基金项目，筛选评审立项，并指导立项的住院医师开展科研工作，提高本院医生的科研工作能力。

五　积极参与新园区建设

医疗队多次到新园区工地进行实地考察，给新院区病房、急诊科、放射科、手术室、感染科、药房提出切实可行的意见及建议，为了药房有序搬迁，沈赟药剂师亲自设计并绘制了药房各项物品和设备布局图，制定了搬迁方案。

“缺氧不缺中山精神”这是复旦大学附属中山医院党委汪昕书

记送别援藏队员时鼓劲的话，也是提醒援藏队员们要团结，队员与队员之间团结，与当地政府团结，与共同援藏的其他医疗队团结，共同形成“大组团”，建起既符合医院管理规律，又符合当地实际，行得通、接地气的医疗服务体制。医疗队的医生要真正为藏区医疗卫生事业、老百姓长远健康福祉留下点东西，并且通过不断地挑战自我，使自身综合能力也得到提高。

察雅县医院顺利完成新院搬迁和使用任务，不断提升服务能力，在人才、学科、信息化和内涵建设等方面更上一层楼，发展成一所包括临床技术、技能培训教学、科学研究、远程医疗、信息化在内的高质量区域性综合二甲医院，打赢脱贫攻坚战，真正实现“健康脱贫”，造福察雅县 13 个乡镇、138 个村居的 6 万名藏区百姓。

故事二 教育精准扶贫，察雅县提交答卷

——察雅县教育脱贫工作取得明显成效

《中共中央国务院关于打赢脱贫攻坚战三年行动的指导意见》指出，“坚持扶贫同扶志扶智相结合。正确处理外部帮扶和贫困群众自身努力的关系，强化脱贫光荣导向，更加注重培养贫困群众依靠自力更生实现脱贫致富的意识，更加注重提高贫困地区和贫困人口自我发展能力”，并将教育作为“扶志”“扶智”的重要手段，提出“着力实施教育脱贫攻坚行动”。

世界银行的研究结果显示，以世界银行的贫困线为标准，如果家庭中的劳动力接受教育的年限少于 6 年，则贫困发生率高于 16%；若将接受教育年限增加 3 年，则贫困发生率会下降到 7%；若接受教育年限为 9~12 年，则贫困率会下降到 2.5%；若接受教

育年限超过12年，则几乎不存在贫困的状况。受教育程度的变量同样反映在平均收入的结果上：随着劳动者平均受教育年限的提高，从6年提高到6~9年、9~12年，再到长于12年，平均收入指数从100分别上升到130、208、356。可以看出，教育扶贫具有基础性、根本性的作用，是拔掉穷根、稳定脱贫的关键，也是阻断贫困代际传递的根本手段和重要方式。

察雅县为阻断贫困代际传递，实现从根本上扶贫、“扶智”，进行了多方面的努力。察雅县教育局深入贯彻习近平总书记扶贫开发重要战略思想，各级各类扶贫工作会议精神，结合西藏自治区、昌都市、察雅县关于精准扶贫工作“五个一批”的总体工作安排部署，以强化控辍保学、推进学校基础设施建设、全面落实教育惠民政策和贫困生资助为重点，加强教育精准扶贫工作的落实并取得了明显成效。

一　全面落实控辍保学工作

察雅县积极推行制度控辍、条件控辍，做到应招尽招。实施“县、乡、村、户”“局、校、班、户”双线控辍责任制，全面落实控辍保学“四书制”，将防流控辍和足额招生作为乡镇党政“一把手”工程，作为经济社会考核的重要内容。关爱特殊群体，县教育局、团委、民政、妇联等部门积极开展多种形式的关爱活动，动员和组织全社会大力开展留守儿童、残疾儿童、贫困生关爱行动，着力构建学校、家庭、社会三位一体的关爱工作体系，稳定学生队伍。察雅县义务教育阶段有在校学生7719人，其中小学在校生5940人，初中在校生1779人，在疑似失学儿童复学和建档立卡无学籍失学儿童复学方面，察雅县应复学的疑似失学儿童共1017人，已返校复学，复学率100%。

二　认真落实教育惠民政策，资助贫困生

察雅县认真落实国家教育惠民政策，落实“三包”制度，及时足额拨付学生“三包”经费和学生营养改善经费，给农牧民发放和解读西藏自治区教育惠民政策明白卡及察雅县教育惠民政策宣传资料。2016 年以来，国家共计投入学生“三包”经费 10230.92 万元，投入营养改善计划资金 2045.12 万元，学生生活条件得到持续改善，办学吸引力进一步提升。2016～2019 年 9 月以来兑现区、市、县三级“三免一补”免费教育补助资金约 1081 万元，受益大学生 1555 人次，兑现中铝·格桑花教育助学基金资助金约 59 万元，受益学生 238 人。

三　着力推进学校基础设施建设，不断改善办学条件

以推进义务教育均衡发展为契机，大力实施义务教育学校标准化建设，将资金和项目重点安排在薄弱学校，逐步实现城乡之间、校级之间的均衡发展。以改善学校办学条件为抓手，大力解决学校校舍、教学辅助用房、运动场不足等问题，实施易地扶贫搬迁点学校建设，积极争取资金推进中小学的改扩建，全面加快教师周转房建设，全覆盖建设教工之家，营造了良好的留人环境。2016 年以来，共计实施 20 所学校的新建及改扩建，国家投资 9883 万元，自治区配套资金 1100 万元，昌都市配套资金 1000 万元，援藏投资 5063.72 万元，其他资金 1274 万元，共计投入 18320.72 万元，察雅县各类学校办学条件持续改善。

四　积极开展牵手结对帮扶活动

县教育局按照“精准扶贫、不落一人”的要求，进村入户，

帮助贫困群众办实事、解难事、做好事，先后多次深入帮扶联系户。先后多次为卡贡乡、荣周乡的60多户困难群众送去慰问金、慰问物资，积极与贫困户衔接沟通，认真倾听意见，为困难群众提供就业、技术等方面的信息咨询，为创业致富出点子。

2016年以来，在推进教育脱贫工作中，察雅县还通过教师分配向基层薄弱学校倾斜、选派骨干教师到薄弱学校支教、规范学校管理提升教学质量、加强教育扶贫政策宣传等全面推进教育扶贫工作。通过多方面努力，察雅县义务教育阶段学生巩固率不断提升，学校办学条件全面改善，教育教学质量逐年提升，教育脱贫工作取得了显著成效。

故事三　根植生态底色，生态与脱贫双赢

——察雅县卡贡村告诉你生态与脱贫如何两全

有一种惯性思维，那就是要发展好经济，就必须大力发展工业，要实现更快的增收脱贫，就得有更加雄厚的工业实力支撑。但工业污染重，对环境破坏程度大，由此陷入了发展工业—群众致富—生态破坏—政府买单—群众受损的恶性循环，多年积累的发展成果毁于一旦，又得重新开始。有没有实现生态与经济、绿色与脱贫共同发展的路子？有！察雅县卡贡乡卡贡村就有这种发展路子。

卡贡村有58户284人，但建档立卡户就有30户100人，贫困发生率为35.2%，该村既不像东边紧邻的村帮村有着丰富、优质的砂石资源，又不像西边接壤的邓学村有着集中、肥沃的生产资料。卡贡村只有高山峡谷，唯一有利的条件或许就是流经村内的那条澜沧江和每天8小时的日照了。耕地少、土地贫瘠、无优势资源限制了全村发展，艰苦的条件和不明朗的未来留不住人，大量青年

外出，该村要脱贫，更难了。

既然只有水和阳光，那就发展只需要水和阳光的绿色生态产业，这是县委、县政府，乡党委、乡政府联合驻村工作队在充分听取群众建议和反复论证的基础上做出的重大判断和决策部署。那如何将判断和决策变为现实，如何激发群众活力，成为摆在大家面前的难题。

一　依托一个产业支撑

驻卡贡村工作队是昌都市林业局派驻，这是发展绿色生态产业重大的优势和支撑。县委、县政府决定利用好这一巨大优势，多次前往昌都市林业局汇报工作，交流发展思路，争取有力支持，最终确定了在卡贡村建设昌都市苗圃基地项目。为确保项目尽快落地，察雅县制定《卡贡村苗圃项目建设方案》，通过土地流转、租赁等方式，在卡贡村建设苗木培育基地 240 亩，建成 450 平方米水塘、4000 平方米水渠和 320 平方米的业务用房等附属设施 5 个，该村绿色生态经济开好了局、起好了步。

二　明确两个发展定位

察雅县立足昌都市建设“七大种植基地”和建设察雅县林下经济产业规划，结合“狠抓河谷经济”的发展战略，确定全市最大苗木培育供应基地和沿澜沧江流域最大生态经济带定位，大力培育以金叶榆为主的生态林木，以构树为代表的高附加值林木和以苹果、核桃为主的经济林木，栽植各类苗木 84 万株，成功销往昌都市及各县（区）。

三 创新三种增收模式

通过大力发展绿色经济，卡贡村实现了从生态上要效益，拓宽了群众增收渠道，开拓了全新的增收模式。

一是通过土地流转让群众有了保底收入。市林业局与卡贡村签订土地流转、租赁合同，以每亩1000元标准租赁群众耕地10年用于苗木基地建设，仅此一项，每年向群众支付的土地租金就达24万元，产值比种植传统作物增加了整整1倍，还进一步解放了劳动力，更多的人能将精力用于更广渠道的增收致富。

二是通过人力输出让群众有了劳务收入。按照西藏自治区党委书记“就近就便、不离乡不离土”的重要指示精神，卡贡村苗圃就修在了群众身边，为群众前往苗圃务工提供了诸多方便，群众以每天80元的工资标准到苗圃务工。截至2017年底，累计发放苗圃劳务费120万元，群众收入有了很大提高。

三是通过产业分红让群众有了股份收入。作为卡贡村支柱产业，乡党委、政府正在规划将苗圃项目作为村级集体经济产业的布局，计划运营“企业+公司+支部+农户”的模式，通过社会资金的注入，进一步提升群众参与度和积极性，进一步拓宽群众增收渠道。

通过以上三种增收模式，卡贡村群众过上了更加宽裕、富足、收入来源稳定的日子。如村民妞妞拉姆，家中共有三口人，其中两人是在校学生，严重缺劳力，家里像样的家具都没有，属重度贫困户。卡贡村苗圃建成后，通过务工和土地租赁，家庭人均纯收入从未实施苗圃项目前的1800元，增加到现在的8600元，生活条件明显改观。

四　取得四项重大成效

通过大力发展特色产业，卡贡村群众找到了致富门路，激发了脱贫斗志，更多的群众通过自己的双手勤劳致富，实现了经济、社会、生态、宣传四项效益。

一是增加了群众收入。累计支付群众土地租金140余万元，发放苗圃劳务费120余万元，人均增收8900余元。苗圃还将通过流转、租赁的方式，新增面积942亩，全村仅年土地租金就高达84.2万元，再加上劳务输出，收入将比2017年翻一番，收入的增加看得见、摸得着，30户建档立卡户将如期脱贫。

二是夯实了林业基础。依托河谷优势发展经济是察雅县的既定决策部署。烟多镇万亩经济林、新卡乡露天构树基地、吉塘镇杂交构树繁育基地、卡贡乡千亩良种苗木培育基地等是发展的新引擎。察雅县新增林地面积20123亩，10210名建档立卡户通过林业项目预计人均增收1500元，生态立县、林业强县战略得到坚决贯彻执行，发挥出积极作用。

三是保护了生态环境。实施绿色产业是察雅县发展绿色循环经济工作态度和对环境保护高度重视的有力体现，扩大林地、草地等绿地覆盖面积，森林覆盖率达43.2%，实现人与自然和谐发展，现在察雅县的环境更宜人。

四是树立示范典型。通过项目实施，更多群众看到通过产业发展带来巨大红利，认识到只有发展产业才是脱贫治本之策，看到卡贡村群众通过辛勤劳作获得丰厚回报，真实事例转变了群众“等靠要”思想，为今后脱贫攻坚积蓄强大动力。

故事四　山海相连促协作，粤藏同心共奋进

——广东援藏迈步新征程、铸就新辉煌

在中国，自古就有扶贫济困、乐善好施、仁爱奉献、富而思源的美德。2015 年，中央召开第六次西藏工作座谈会，出台了一系列加快西藏发展优惠政策和支持经济社会发展若干政策和重大项目意见，对援藏工作提出新要求、明确新措施、进行新部署，调整广东省对口援助察雅县。广东与西藏等兄弟省（市）不分你我、齐头奋进，携手共创辉煌篇章。广东援藏队与当地干部群众一起，发展经济，建设家园。产业援藏从基础设施援助，到支持基础产业发展，从“输血”到“造血”，让老百姓收获真金白银，也推动援藏工作不断向广度、深度拓展。广东省委、省政府坚决贯彻中央战略决策，讲政治、顾大局，始终把援藏工作作为一项重大政治任务和义不容辞的责任，始终坚持把察雅县作为广东的一个地区来对待，把西藏人民的事情，特别是把察雅县人民的事情，当作自己的事情来处理。未来，广东省将以新的思路、新的举措和更大力度，不断开创对口援藏援察工作新局面，为察雅县与全国一道全面建成小康社会做出新的更大贡献。

一　落实中央政策，对口支援先富帮后富

西藏地处祖国西南边陲、青藏高原腹心，既是边疆民族地区、集中连片贫困地区，又肩负着维护祖国统一、国家安全、社会稳定的重要责任。

1951 年，自从五星红旗高高飘扬在西藏大地的那一刻起，西藏这片热土从来不缺少关注的目光和关怀的行动。新中国成立后，

党中央始终高度重视西藏工作，始终深切关怀西藏自治区各族群众，把西藏自治区工作放在党和国家工作全局的重要位置，对这片120万平方公里的土地倾注大量心血。改革开放以来，国家从人力、物力和财力等方面给予西藏自治区很大的支援，使西藏各项事业得到快速发展，藏族同胞的生活水平有很大提高，祖国大家庭手足之情和持久不断的温暖关怀，在这片雪域高原上涌动着。

1994年，中央召开第三次西藏工作座谈会，确定全国支援西藏建设62项工程，涉及农牧林、能源、交通、邮电通信等方面，累计总投资超过48.6亿元人民币。项目已全面建成投入使用，发挥出显著经济社会效益。

广东省认真落实中央第六次西藏工作座谈会精神和习近平总书记重要讲话精神，以高度的政治责任感，聚焦精准扶贫、精准脱贫，大力支援西藏昌都市察雅县经济社会的发展。为做好援藏工作，中央政治局委员、广东省委书记亲临察雅县吉塘镇开展实地考察，详细了解吉塘镇易地搬迁和新农村建设，为援助察雅县指明方向，提供理论基础，让整个援察工作具有可操作性和针对性。随后，广东省委、省政府组织相关人员，深入察雅县开展实地调研。结合察雅县实际，确定以民生援藏为龙头，以项目建设为抓手，合理安排部署援助项目和资金扶持，加大基础设施建设力度，为察雅县经济社会跨越式发展助添新的动力。

为促进援察项目尽早尽快建设，广东省委、省政府结合察雅县关于精准扶贫的战略部署，给予察雅县援藏资金和项目的自主使用权，为援藏资金和项目的落实，给予优先办理，大开方便之门。广东省强有力的资金支持和全力以赴落实各项援建项目，使察雅县吉塘镇建设突飞猛进。

二 聚焦精准扶贫，为察雅县插上腾飞的翅膀

一笔笔真金白银，凝聚广东人民对察雅的厚爱。一个个易地搬迁、教育、医疗等援藏项目，将察雅县和广东省更加紧密地联系在一起，有力推动察雅县发展进步，为察雅县的发展插上腾飞翅膀。广东省采取集中力量、整合资金、打造亮点等工作做法，在察雅县吉塘镇大力实施易地搬迁工程，积极推进当地教育和卫生事业发展。针对“一方水土养活不了一方人”的现象，广东省支援吉塘镇易地搬迁资金 7000 多万元，解决吉塘镇易地搬迁资金缺口，加快吉塘镇贫困群众脱贫步伐。

澜沧江畔，有一个热火朝天的工地。这个工地水泥、钢筋、砖等建筑材料堆放有序；部分已完工二层小楼整齐排列，尚未完工的也具雏形；轰鸣的卡车、吊车穿梭其间，施工人员干劲十足——这里，便是察雅县吉塘镇易地扶贫搬迁点。吉塘镇易地扶贫搬迁项目涉及该镇 4 个行政村 14 个自然村，共 130 户 695 人。整个项目包括扶贫搬迁安置和扶贫合作社两个部分，在征询群众意见的基础上，提供 5 种大小不等的户型供群众选择。吉塘镇易地扶贫搬迁点努力做到“搬得出、稳得住、能致富”，确保搬迁对象尽快脱贫，从根本上解决生计问题。

十年树木，百年树人。教育扶贫能让雪域高原的孩子掌握知识、改变命运、造福家庭，是最有效、最直接的精准扶贫，也是援藏援察建设最科学、最长远的建设发展渠道。让雪域高原的孩子们接受良好教育，是援藏援察建设的重要任务，也是最根本的援藏援察建设之道。作为沿海省份，广东省不仅在经济建设领域硕果累累，其教育发展水平和实力也同样不容小觑。为了让雪域高原的察雅县吉塘镇学子与全国各地的学生一起共享教育发展的最新成果，

广东省先从着手帮助改善察雅县吉塘镇的教育基础设施条件着手，援建吉塘镇广东中心小学。吉塘镇广东中心小学项目投资 1600 万元，项目完成后可收纳学生 540 人，将极大地解决吉塘镇教育问题。

三　新思路、新举措，不断开创援察工作新局面

在察雅县，除看到湛蓝天空、洁白云彩、苍茫草原、皑皑雪山、神秘庙宇外，还能明显感受到"地球第三级"对生存极限的挑战。为帮助改善察雅县吉塘镇医疗卫生条件，广东省投资 950 万元，援建吉塘广东区域中心卫生院，引进一流的技术、一流的设备，打造一流的质量和一流的环境，为察雅县吉塘镇广大患者提供价廉、方便、安全、优质的一流医疗卫生服务。为满足郊区及偏远地区群众的医疗保健要求，广东省还为吉塘镇配置一辆价值 100 万元的车载"流动医院"。

"流动医院"医疗车内配有 X 光机、心电图机、车载冰箱、生化仪等专业诊疗设备，除平常可以检查血常规和尿常规之外，还能做 X 光胸透等，为偏远地区的农牧民朋友解决就医难问题。车上还配备流动药房，适用于解决偏僻乡村及年老和行动不便群众的医疗保健服务问题。"流动医院"不仅完善了察雅县吉塘镇的医疗卫生服务体系，还增强了当地医疗卫生单位应对突发事件快速反应能力。

雄关漫道真如铁，人间正道是沧桑。珠穆朗玛峰见证了广东省对察雅县这片土地的厚爱，澜沧江见证了广东省对察雅县这片土地的贡献。

故事五　加强宣传阵地建设，把握舆论主动脉

——牢牢占领舆论宣传的主阵地和制高点

脱贫攻坚工作开展以来，察雅县坚持以新时代中国特色社会主义思想和党的十九大精神为指导，以增强“四个意识”、坚定“四个自信”，自觉以举旗帜、聚民心、育新人、兴文化、展形象为根本出发点，始终把加强宣传作为脱贫攻坚的重要抓手，严格按照脱贫攻坚指挥部职责分工做好宣传引导。不断创新宣传形式、丰富宣传内容、拓宽宣传阵地，多形式、立体化开展脱贫攻坚宣传，实现脱贫攻坚理论宣传、社会宣传、新闻宣传、文化宣传及资料宣传良性互动，营造察雅县上下共同关注、共同支持和共同参与脱贫攻坚的浓厚氛围，有力推动各项工作向纵深发展。2020 年是决胜全面建成小康社会的关键之年，也是脱贫攻坚全面验收交账之年。按照党中央、自治区和昌都市要求，察雅县深刻认识到在脱贫攻坚收官之年做好各项宣传工作重要性和必要性。宣传工作为察雅县打赢脱贫攻坚战、如期全面建成小康社会提供精神动力和舆论支持。

一　坚持领导干部先行先学

察雅县要求领导干部从自身实际谈学习心得为切入口，切实做到“读原著、学原文、悟原理”，充分发挥好党员领导干部的先锋模范作用，从而不断增强各族党员干部对习近平新时代中国特色社会主义思想和习近平谈治国理政等重要论述的领会，使各族干部进一步增强理论联系实际的能力，并坚定建设中国特色社会主义的信念，增强“四个意识”，强化全心全意为人民服务的宗旨。

二　政策宣传家喻户晓

察雅县通过多种形式进行政策宣传，以保障政策全落实、工作不走样。一是干部培训。以集中培训、夜校等方式对所有扶贫专干、各乡镇负责人、驻村工作队员等进行政策培训。二是通过LED显示屏、宣传栏、广告牌等方式将扶贫工作宣传到村、到户。LED显示屏滚动播放扶贫宣传标语7800余次，制作、更新大型户外广告牌、墙体广告、宣传栏、横幅等1100余条/个。三是发放宣传册，把政策宣传到户、到人，先后发放藏、汉文宣传资料24700余份。四是组织干部对群众进行集中宣讲和入户走访，点对点、面对面进行政策宣传。

依托“四讲四爱”群众教育实践活动和“文化、科技、卫生、法律、爱国爱教”五下乡创建活动，集中宣传党中央、自治区、昌都市重要扶贫工作会议精神，发放药品、惠民书刊（藏、汉双语）、宣传资料、宣传碟、挂历等，深入各乡镇开展文艺巡演活动50余场，开展“新旧西藏”图片对比展70余场。

借助县电视台强化对外宣传和网络宣传。媒体工作者坚守实事求是的职业操守，不弄虚作假，文过饰非，保证工作务实，过程扎实，结果真实，全方位、多角度报道察雅县脱贫攻坚各项工作推进情况，宣传精准扶贫的先进做法和典型经验，截至2020年先后播出精准扶贫新闻700余条，制作精准扶贫专题片十余部，使社会各界了解察雅县精准扶贫情况。坚持正面导向、激励为主的宣传基调，察雅县利用微信公众号平台每日至少更新1条扶贫政策或扶贫新闻。各乡镇也利用微信平台等网络媒体形式，与农牧民进行沟通。

三　宣传队伍建设卓有成效

察雅县与各乡镇协同开展工作，在各村居设立一名党性强、有威望、能讲解的农牧民宣讲员，已建立由138名农牧民组成村级宣讲员队伍，由农牧民宣讲员根据实际进行扶贫政策宣传，确保宣讲方式本土化，宣讲效果实际化。

扶贫宣传引导的效果正在慢慢体现，群众思想观念有了很大改变，生活方式也发生了转变。但根深蒂固的思想不是一朝一夕就能转变的，宣传引导工作任务艰巨，察雅县将继续用习近平新时代中国特色社会主义思想带领察雅县各族人民群众转变观念，为脱贫摘帽奠定良好的思想基础和舆论氛围。

附录　媒体报道助扶贫

察雅县脱贫攻坚实践相关报道表

序号	文章标题	链接
1	察雅县委巡察工作领导小组召开会议	http：//www. xzcya. gov. cn/cgyw_2154/201711/t20171116_2032315. html
2	察雅县人民政府	http：//chaya. changdu. gov. cn/
3	走进察雅	http：//chaya. changdu. gov. cn/cyxrmzf/c105851/zjcd. shtml
4	吉祥察雅 决战扶贫何以赢	https：//finance. huanqiu. com/article/9CaKrnJZ09G
5	为了察雅的繁荣——记中国铝业股份有限公司第三批援藏工作	http：//xz. people. com. cn/GB/139196/10854872. html
6	十九大代表任厚明：牢记使命再起航	http：//news. sina. com. cn/c/2017—11—06/doc—ifynmnae2292832. shtml
7	察雅启动新一轮退耕还林	http：//epaper. chinatibetnews. com/xzrb/202003/23/content_19547. html

续表

序号	文章标题	链接
8	任厚明：把党的十九大精神传进察雅县百姓家中	http：//news. cnwest. com/content/2017—11/22/content_15517319. htm
9	察雅至香堆公路改建工程全面启动	https：//www. tibet3. com/news/zangqu/xz/2016—03—23/6904. html
10	不忘初心 与察雅同行——重庆援藏察雅工作队一周年纪实	https：//www. meipian. cn/oq5mt9f
11	察雅县开展妇儿维权法律宣传	https：//www. tibet3. com/news/zangqu/xz/2019—12—24/143834. html
12	察雅开展技能培训 助推精准扶贫	http：//www. vtibet. cn/xw _ 702/sp/201608/t20160821 _ 420717. html
13	十九大代表、察雅县委书记任厚明："政策好干劲足"	http：//www. fjsen. com/zhuanti/2017—10/19/content_20277418. htm
14	凝心聚力 携手共创美好未来——重庆市南岸区对口援助西藏察雅县纪实	https：//www. sohu. com/a/200341038_115239
15	察雅到底有多美，看看就知道	https：//www. 51wzxz. com/news_hot/20130. html

后记

察雅县反贫困之路是一部多民族并肩奋斗史，是一部多民族团结友爱创业史，更是一部践行习近平新时代中国特色社会主义思想在西藏察雅县的全新实践。它凝聚党中央支持边疆地区高速度、高质量发展的深情关爱，凸显自治区党委、自治区政府高屋建瓴的决策部署，昌都市委、市政府因地制宜发展创新，察雅县砥砺奋进贯彻执行和周密细致的精心筹划。脱贫攻坚工作开展以来，察雅县把贫困人口脱贫作为全面建成小康社会的底线任务和决胜指标，践行一系列重大决策部署，做出一系列重大实践。昌都市政协副主席、察雅县委书记任厚明同志，察雅县委副书记、县长其珠多吉同志，亲自部署、亲自挂帅、亲自出征、亲自督战，全力推进脱贫攻坚。经过察雅县各族人民群众共同努力和广东省、中国铝业的无私援助，察雅县贫困群众生产、生活条件明显改善，贫困群众收入水平明显提高，农牧民获得感明显增强，脱贫攻坚取得优异成绩，察雅县于 2019 年 10 月成功脱贫摘帽。

本书得到了中共察雅县委、察雅县人民政府的大力支持，由西藏民族大学禄树晖副教授担任主编，张志恒教授、更登磋教授担任副主编，田旭副教授、李继刚教授、张伟教授等分别完成相应内容的编撰工作。西藏民族大学校长刘凯教授、中央党校王小彬研究员、四川大学工程设计院院长唐柳高级工程师、四川师范大学孙勇教授、西藏民族大学副校长史本林教授、西藏民族大学朱普选教授、咸阳师范学院秦玉洁副教授等专家通过不同方式给予本书大力支持和耐心指导，在此深表感谢。

在本书的实证研究过程中，无论是前期资料收集，还是现场实地调研，均得到很多人的帮助。十分感谢察雅县脱贫攻坚指挥部办公室主任田翠平副县长、县政府办及各专项组为本书提供了大量翔实的基础材料。西藏民族大学康婉馨、韩宇飞、朱莹玫、李影影、李欢、王昱鑫、张瑞、赵任平、次仁央吉、梅苓艳等同学，在本书前期调研和材料整理过程中，牺牲大量宝贵时间，在此深表感谢。

感谢中共察雅县委、察雅县人民政府相关领导和同志，在百忙之中抽出宝贵时间审阅此书，并提出了大量宝贵意见。感谢统稿、审稿的各位专家的辛勤付出。

脱贫攻坚工作政策性强、涉及领域广、内涵丰富，由于时间仓促，本书难免存在疏漏之处，敬请广大读者批评指正，并提出宝贵意见。

本书编写组

2020 年 06 月

图书在版编目（CIP）数据

新时代察雅县脱贫攻坚实践 / 禄树晖主编. -- 北京：社会科学文献出版社，2020.11

ISBN 978-7-5201-7324-7

Ⅰ. ①新… Ⅱ. ①禄… Ⅲ. ①扶贫-概况-察雅县 Ⅳ. ①F127.754

中国版本图书馆 CIP 数据核字（2020）第 180465 号

新时代察雅县脱贫攻坚实践

主　　编 / 禄树晖
副 主 编 / 张志恒　更登磋

出 版 人 / 王利民
责任编辑 / 吕　剑

出　　版 / 社会科学文献出版社 · 当代世界出版分社（010）59367004
　　地址：北京市北三环中路甲 29 号院华龙大厦　邮编：100029
　　网址：www. ssap. com. cn
发　　行 / 市场营销中心（010）59367081　59367083
印　　装 / 三河市东方印刷有限公司

规　　格 / 开 本：880mm × 1230mm　1/32
　　印 张：13. 25　插 页：0. 75　字 数：317 千字
版　　次 / 2020 年 11 月第 1 版　2020 年 11 月第 1 次印刷
书　　号 / ISBN 978-7-5201-7324-7
定　　价 / 98. 00 元